本书得到教育部人文社科研究规划基金项目(项目号:11YJA740022)及南京航空航天大学学术著作出版基金项目的资助(项目号:NR2016052)。

中日

否定与否定极性副词的研究

葛金龙 著

浙江工商大学出版社 | 杭州
ZHEJIANG GONGSHANG UNIVERSITY PRESS

图书在版编目(CIP)数据

中日否定与否定极性副词的研究 / 葛金龙著. —杭州:浙江工商大学出版社,2021.12

ISBN 978-7-5178-4211-8

Ⅰ.①中… Ⅱ.①葛… Ⅲ.①日语—否定(语法)—副词—研究 ②汉语—否定(语法)—副词—研究 Ⅳ.①H364.2②H146.2

中国版本图书馆 CIP 数据核字(2020)第 258649 号

中日否定与否定极性副词的研究
ZHONGRI FOUDING YU FOUDING JIXING FUCI DE YANJIU

葛金龙 著

责任编辑	姚 嫒
责任校对	鲁燕青
封面设计	望宸文化
责任印制	包建辉
出版发行	浙江工商大学出版社
	(杭州市教工路198号　邮政编码310012)
	(E-mail:zjgsupress@163.com)
	(网址:http://www.zjgsupress.com)
	电话:0571-88904980,88831806(传真)
排　版	杭州朝曦图文设计有限公司
印　刷	广东虎彩云印刷有限公司绍兴分公司
开　本	710mm×1000mm　1/16
印　张	14
字　数	232千
版 印 次	2021年12月第1版　2021年12月第1次印刷
书　号	ISBN 978-7-5178-4211-8
定　价	49.00元

前　言

　　迄今为止的语法研究是立足于肯定形式的基础之上的,关于否定的研究往往只是作为某个专题的扩展与补充。作为与肯定相对应的语法范畴,关于否定的研究却不如对肯定的研究那样充分。但是如果站在与肯定对立的立场和角度来观察语言,我们能看到从肯定角度的看不到的一面,对于语言的理解也能更加全面和充分。因此否定表达系统的研究有其独到的价值。

　　根据中右实(1994:28)的认知语言学研究,话语的语义结构可划分为命题(proposition)与主观(modality)两个层面①。以谓语为核心,结合主语、宾语等项构成中核命题。中核命题通过体(aspect)的补充与完善而扩展为扩大命题,又通过时(tens)的补充与完善而扩展为中立命题,再通过极性(polarity)的补充与完善而扩展为完整命题。完整命题与文内主观表达(sentence-modality)结合而构成文(句)义,再加上谈话主观表达(discourse-modality)而构成整段话语的语义。肯定/否定作为极性的两端位于命题与主观之间,既有命题的属性又有主观的属性,呈现出复杂的样态。

　　本书将否定的概念定义为:对肯定的事态进行想起、打消并留下残迹的思维过程及其表述②。本书将符合这一定义的语言表达都归为"否定",不论其是语法形式还是语义形式③的,是词语形式还是句型形式的。

　　否定是一个比较庞杂的语法范畴。否定从表达方式而言,有显性否定(以否定词为主的语法否定,如汉语的"不""没有"和日语的「ない」等)和隐性否定(没有否定词的语义否定以及部分含消极评价的词语);从层次而言,包括句法层面(否定句)、词法层面(否定构词)、语义层面、语用层面等;从范围而言,有全部否定和部分否定;从否定的方式而言,有直接否定和间接否定;从性质而言,又有属于对语句命题内容的命题否定和属于对命题态度的主观否定。

　　语言中大多数的副词既能在肯定环境中使用,也能在否定环境中使用,且

---

① 命题层面涉及话语中有关主谓宾成分的性、数(程度/频率)、格、动态、时体、时制等内容,主观层面涉及说话人的态度、语气、说话方式、理据等内容。
② 参照小川辉夫(1984:22-39)。
③ 参照近藤泰弘(1997)。

意义和语法功能不变,并无所谓极性,都是非极性副词。

然而也有一些副词或副词义项与功能是专门用于否定的语法环境的。它们带有很强的否定极性(Negative Polarity),具有特殊的语义、语法功能和语法构造。我们称之为否定极性副词(Adverb of Negative Polarity)[①]。这是一种有标的形式。

1 日语关于否定极性问题的研究

日语中关于否定的研究成果主要在否定本体方面,如否定的概念与语义(如小川辉夫,1984;小坂光一,1997)、否定的语义与形式(如太田朗,1980;工藤真由美,1999a)、否定的辖域与焦点(如金水敏、工藤真由美等,2000)、否定的表达与层面(近藤泰弘,1997)、否定的句法(如本田皀治,1981;王学群,2003)等。

关于专门用于否定句,与否定相共现、呼应的否定极性副词,早前山田孝雄(1936)就将其归入"陈述副词"类中,時枝城記(1941)将其归于"呼应的副词"类中,渡辺实(1971)将其归入"诱导的副词"类中,工藤浩(1982)又将其归入"叙法副词",再后来有学者将其归入"主观副词"类(如小矢野哲夫,1997),总之,一直没有作为一个单独的群组来研究。虽然并没有明确的否定极性副词的概念,日本的学者已经关注到与否定共现的副词。例如渡辺实(1971)以与否定相呼应的「決して」等副词为例提出了副词的"诱导"功能说。其后丹保健一(1981)、原田登美(1981)、坂口昌子(1999)、工藤真由美(1999b)等以副词和否定关系为焦点展开分析。

丹保健一(1981)就否定呼应副词和否定词的连接方法,以动词谓语为对象进行了分析。根据日语词组"副词+动词+否定词"的语义结构和副词的语义特征进行分类。具体如下:

A型 能够以 修用语→动词 ←否定词的形式理解意思内容。副词修饰动词,否定词修饰副词和动词的组合。副词表示样态。例如「いきいきと」「いっせいに」等。

B型 能够以修用语→ 动词←否定词 的形式理解意思内容。否定词否定动词,副词修饰否定词和动词的组合。副词表示时间(情况)、累加、心情(否定、决心、非意志除外)。例如「いつか」「おそらく」等。

[①] 山田小枝(1997)把专门用于否定句的词语、短句称为否定极性表现(Negative Polarity Item,NPI)。否定极性副词就是其中属于副词的部分。

　　C型　不允许否定的副词。例如「いいかげん」「おおよそ」等。

　　D型　总是伴随着否定的副词。这些副词中包含否定，具有预告否定的陈述性。例如「一向に」「一概に」等。

　　这个分类是将否定词和动词、副词并列，将其看作一个相对独立的语言单位。虽然可以看出作者想要阐明副词和否定、动词谓语的句法关系，但由于与日语否定词缺乏自主性且需附着在谓语上的特征背离，所以解释具有一定局限性。特别是D型的说明，沿袭了以往的诱导说（渡辺実，1971），并未阐明副词和否定、谓语的句法、语义关系，以及否定极性副词在否定句中的功能。

　　原田登美（1981）根据副词与否定词语的关系，把副词分为4种类型，其中「あまり」「大して」「決して」「ちっとも」「とうてい」等专门修饰谓语的否定形的Ⅱ型就相当于本书所指的否定极性副词。

　　程度副词向来被认为只修饰肯定而不修饰否定①，与否定形式共现的具有程度性的副词被归入叙法副词中。原田登美（1981）将与否定相关的程度副词单独作为一类，将其中对于肯定事态起到否定作用的副词称为"否定系"，对否定性的事态起到肯定作用的副词称为"肯定系"。根据同样的事实，小坂光一（1997）提出了否定性命题和对命题的否定②一说。

　　但是，这个研究忽略了「全然」「とても」「なかなか」等既能与肯定形相对应，又属于Ⅱ型的副词，以及其应用于肯定形、否定形时各自意义、功能上的差异。

　　工藤真由美（1999b）指出，以前被认为与否定共现的副词（即本书的否定极性副词）与句法否定形式的共现方式在质及量的层面上可以分为3类，有程度差但有连续性。在此基础上，根据否定意义的强度，将能够与否定极性副词共现的语义否定形式大致分为以下6种类型。

　　〈非現実〉类

　　①〈不可能〉系：不可能だ、無理だ、駄目だ

　　②〈困難〉系：～しかねる、～しがたい、～しにくい、難しい

　　〈非存在〉类

　　③〈欠如・消滅〉系：無意味だ、没交渉だ、未知だ、欠けている、空っぽだ、失せる、止める、忘れる

---

① 例如工藤浩（1982）主张（日语的）程度副词倾向于肯定语境（原文「程度副詞は肯定文脈に傾向する」），将与否定形式共现的程度性副词归入叙法副词。

② 关于否定命题和命题否定的区别，小坂光一（1997）的论述为"命题否定是否定居于命题之外，而谓语否定则是否定包含于命题之中"。

〈非同一性〉類

④〈異なり〉系：ちがう、嘘だ、反対だ、別だ

〈非肯定評価〉類

⑤〈マイナス評価〉系：駄目だ、悪い、異常だ、下手だ、苦しい、痛い

〈語用論的否定〉類

⑥〈かまわない〉系：平気だ、いい

工藤真由美（1999b）的研究着眼于否定和肯定都可使用的副词在语法功能上的特异性，但没有提及其语法性质上的特异性。

坂口昌子（1999）对与否定形式和肯定形式都能共现的程度副词（本书中称为非极性的副词）在句法上的表现和在意义上的关系进行了考察，认为这些副词位于最具程度副词典型特征的形态与相当程度上失去副词特征的形态之间的阶段。她指出这也是兼用于肯定形和否定形的副词的中间特性，比刚才的工藤真由美（1999b）距离其本质更近了一步。但是，仍然囿于程度副词说，未能突破。

关于否定极性表达的问题，太田朗（1980）首先把"否定极性表达"（Negative Polarity Items）这个概念由英语引入日本。山田小枝（1997）完成了对否定极性表达的正面研究。该书探讨了极化现象、否定极性表达的功能和特点、否定极性表达的生成条件、不同语言的极性表达的差异和类似点等，将日语和英语、德语、法语等语言进行了比较。由此明确了日语与英语、法语、德语等语言间的几条区别，具体如下：

Ⅰ．作为最显著的区别，在英语、法语、德语等语言中，除否定极性词语以外的其他句子成分都是肯定、否定共用的，而日语的肯定句与否定句却完全处于两个对极的磁场中。如果要把肯定句变为否定句，必须把句子的各成分一一替换成否定专用的词语，并且否定焦点的位置和显示方法也不相同。

Ⅱ．在焦点和否定极性表达的关系上，英语、法语、德语等语言中的否定极性词语或是处于否定焦点的位置，或是本身就担当着焦点提示的作用。但在日语中，即使是作为否定文脉专用的词语，也难以区分它到底是单纯作为焦点存在的还是作为否定极性词语存在的。

Ⅲ．日语中既没有英语、法语、德语等所具有的最高级形态，也不存在否定融合型、否定冠词、不完全否定词等语法范畴。这导致了日语与这些语言在否定的构造和否定极性词语在句中的功能作用方面存在差异。

Ⅳ．在日语中存在以下3个种类、3个层次的否定极性词语：

①单独作为否定极性词语使用的词（如「決して」「めったに」「なんら」「い

かなる」等）；

②原本具有复杂的构造，现在却作为一个集合而存在的固定组合[如「それどころ（ではない）」「ただごと（ではない）」「何一つ（ない）」「（名詞、代名詞）＋しか（ない）」「そんなわけ（ない）」等]；

③为了适用于否定环境而带上与肯定形态不同的助词，构成否定专用的短语[如「何か」—「何も」、「～つもりである」—「～つもりでは（ない）」等]。

该研究虽然认定了否定极性表达是特殊表达，但并未对如何与非极性表达的肯定表达进行区别，以及其具有怎样的结构进行探讨。虽然指出了日语的否定极性表达多见于副词，但并没有专门考察具体的否定极性表达方式或词语。

管见范围内，除葛金龍（2005）和朴秀娟（2010）外，未见更多关于日语否定极性副词的专门研究。葛金龍（2005）直接对日语的否定极性副词进行了整体、分组和具体词语的研究，并注目于日语否定表达由语法否定到语义否定，再到消极评价词语的连续性结构特征，考察了日语中肯否兼用型副词的肯定/否定用法的转换过程、条件和途径，揭示了日语肯否兼用副词中程度性与主观性的连续性。葛金龍（2012）将肯否兼用副词作为一个词群分为3种类型，从命题性与主观性的转换机制（依据与方式）角度分别进行了考察分析。

2　汉语关于否定及否定极性问题的研究

汉语中关于否定本体问题的研究有石毓智（1992）和聂仁发（2001）等。石毓智（1992:53）从量的观点出发总结出了自然语言的肯定与否定公理，指出了语义程度极大、极小的词语①对肯定、否定用法的取向性，即词语的语义程度越高越倾向于肯定用法，语义程度越低越倾向于否定用法。聂仁发（2001）对作为否定常用形式的"不"和"没有"等否定词进行了个案或对比的研究。关于否定周边的问题，安汝磐（1991）较早地注意到了对否定句式具有倾向性的一些词语。

汉语副词的研究历来都是在无极性意识的背景下，以语义和功能为中心进行的，对否定极性问题极少提及。沈家煊（1999）较早地在汉语研究中提出了"极性词"和"正负极性"的概念，并指出了极小量/极大量意义的词语对否定用法的倾向性。

袁毓林（2018）从语义认知角度，一方面对预设与辖域、焦点等否定的基本

---

① 该书对语义程度一词并无明确的定义，可以理解为指表示同一概念意义的同义词语之间的语义轻重。

理论进行了探讨,另一方面从显性否定与隐性否定两个方面对否定的形式与语义进行了考察探讨。其从显性否定方面探讨了否定式的偏正结构、并列结构、连谓结构的语义构成与形式、流水句中否定的辖域问题以及否定任指与任指否定的意义异同。在隐形否定方面,其分析了隐性否定动词的语义相关问题、隐性否定副词的语义问题等。总体来看,属于否定本体研究的范围,并未涉及诸如命题性否定与主观性否定、否定极性词语等内容,更没有涉及否定极性词语与原型否定句的互动作用问题。

至于否定极性副词,从栗学英(2010)的研究综述可见学界对汉语否定极性副词的研究,即主要限于词目的研究[如安汝磐(1991)、郑剑平(1996)等]、个别词语的研究[如关于"从来"的意义、功能的研究,见葛文杰、张静(2004),任海波(2005),唐为群(2007),刘甜(2009),匡鹏飞(2010)等。如关于"并(不)"的研究,见尹洪波(2008)]、个别组别的研究(如隋长虹、侯振岩(2000)对"根本"类否定性副词的语用分析),其少对否定极性副词的整体进行研究[仅孙琴(2005)进行了概述性研究]。研究的系统性不强,且全部集中于共时分析,缺乏历时发展的眼光,没有关注此类副词的形成过程和原因,也就不能很好地解释这类副词使用中的差异性和规律性。

葛金龍(2005,2012)从语义、结构、与副词的关系等角度对30多个汉语否定极性副词进行了综合分类和较为系统的考察,揭示了汉语否定极性副词的特点。

综观关于汉日语否定表达系统的研究,关于日语否定本体方面的研究较全面和深入,在否定周边方面相对薄弱一些,相比之下,关于汉语否定本体和周边的研究都比较薄弱。双方共同的缺陷还在于,往往知其然而不知其所以然,对于肯定/否定转换的机制、途径与过程,伴随肯定/否定变化而引起的相关成分的功能、意义的变化等的研究相当不足。

由于关于汉日语否定方面的研究不足,将否定及其相关领域作为一个完整的系统的研究在自然也都很缺乏,有关汉日否定表达的对比研究更少,且仅见于某些特定的否定词(如"不"与「ない」)、否定句型(如"一点儿也不~"与「少しも~ない」)、某些否定专用的词语(如"决不"与「決して」)等。葛金龍(1999,2003,2004)对汉语、日语否定极性副词"全然"与「全然(ぜんぜん)」、"太"与「あまり」等进行了比较研究。在此基础上,葛金龍(2005,2010)对汉语、日语的否定极性副词进行了较为系统的概观性的对比研究,并重新将「否定対極副詞」定义为且有"广义否定的从属性、辅助性的成分",指出了汉语、日语的否定极性副

词的共性和各自的特点。葛金龍(2012)对汉语副词"并"与日语副词「別に」从命题功能向主观性功能转换的条件、途径、方法等进行了比较研究。葛金龍(2016)对具有相近语义、功能的汉语"太"系副词和日语「あまり」系副词进行了组与组的比较研究。

3　关于中日否定极性副词的比较研究

葛金龍(2005)从概观角度研究了汉语和日语的否定极性副词,包括统一定义了否定极性副词的基本概念,厘清了否定极性副词的基本地位和价值,进行了语义、功能与结构的三维分类,编制了中日否定极性副词词表,对各类型否定极性副词所涉及的主要问题进行了研讨,并对中日的"全然"与「全然(ぜんぜん)」、"不大"("不太")与「あまり」「大して」、"并"与「別に」、"莫非"与「まさか」等几组否定极性副词进行了从发生理据到意义功能的比较研究。王欣(2011)立足于汉语对外教育,围绕汉语与日语的否定问题,从否定、否定极性问题、否定句法方面进行了比较研究,专门比较了汉语"不""没有"之间及其与日语「ない」之间的异同,并对否定极性成分的汉语"并"与日语「決して」的用法与语义构成、汉语"一量＋也"结构和日语「最小量词＋も」结构涉及的否定句法问题进行了探讨。研究范围甚至超越了否定本体和否定极性成分的界限。

4　以往研究残留的问题

综上所述,至今为止的否定极性表达的研究中还残留有以下 5 个问题点。

①否定极性副词整体的属性与功能的问题。在日语中,否定极性副词因与句尾的呼应关系而一直被称为"诱导的副词"①"呼应的副词",人们多少有些忽视了对其实际的功能、语义和对否定极性副词本质的追寻。否定极性副词与谓语及句末的形式之间到底是怎样的语法、语义关系,至今尚未彻底明了。

②否定极性副词和作为其根源的非极性形式之间,在结构、意义、功能等诸方面有何差异? 发生了怎样的变化?

---

① 见渡辺実(1971)。原文如下:否定表現や仮定表現であり得ないということが明瞭なように、「決して」や「もし」は、否定そのものを表現し過程そのものを表現するとは認められないのである。それらの役割は真の否定表現や真の仮定表現に先行して、その真の否定表現、真の仮定表現の予告をする、というに留めるのである。これが本書の「誘導の職能」である。すなわち表現お本体は後続する部分にあり、その後続する本体を予告しそれを誘導する、それがこの関係構成的職能の実質であるということができる。

③否定极性副词有怎样的类型分布？各下位分类在语法上意义上又有怎样的特点？它们是如何在句中发挥功能的？

④兼用于肯定、否定，在各自场合具有各不相同的功能和意义的所谓肯定/否定同形副词，这些副词的属性和用法转换的途径是怎样的？伴随着用法转换在功能与意义上发生了怎样的变化？

⑤中日否定极性副词在现状和发展上有什么一致性和差异性？其共同点和不同点又有什么意义？

5　本书的研究目标及构成

根据中右实(1994:124)的否定行为理论，否定分为否定的实施和否定的态度两个部分。否定的实施属于否定本体的部分，否定的态度属于否定周边的部分。具体到语法上，否定的实施表现为具体实行否定行为的否定词和使否定行为得以实现的否定句型，否定态度则依靠包括否定极性副词以及否定状态下特有的程度/数量表达、时体表达、助词、语气词、代词/疑问词等成分来表现。否定词、否定句式、否定极性副词以及否定状态下特有的程度/数量表达、时体表达、助词、语气词、代词/疑问词等成分统合起来成为否定表达系统的一个有机的整体。

本书的研究由否定本体和否定极性副词两大板块构成。

(1)关于否定本体的研究

否定本体的研究包括否定在整个语法体系中的定位，否定表达的形式、意义和功能，否定的命题性与主观性问题，否定与时制、时体的关系，否定的辖域与焦点，否定的词法、句法，等等，本书力求通过对以往研究的梳理和考察分析，反映汉日否定在宏观上的共同点和差异处。在汉语的否定本体研究中，重点考察包括"不大""不太""未必""无须""不见得"等来自古语、表示部分否定或间接否定的副词，将其单独作为一类特殊的否定词纳入考察范围，揭示其否定的行为与伴随否定的主观态度合二为一的语义特征以及在自身结构、与否定极性副词的关系上的特点。在日语的否定本体研究中，重点论证语法否定—语义否定—含消极评价的词语在语义、功能、形式上构成了一个相对闭合的连续的链式构造。两种语言的否定本体的差异影响到否定极性副词的生成机制和途径的差异。

（2）关于否定极性副词的研究

几乎所有语言在由肯定转换为否定时除了核心谓语的肯定/否定变化,都会引起句中其他成分乃至于整个句型结构的变化,还经常伴有其他成分的呼应现象,即所谓的否定极性现象,包括否定极性副词以及与否定相对应的特殊数量表现、时体表现、助词的调整变化、语气词的变化调整、代词/疑问词的否定用法等。有些看似肯定/否定共同的成分(特别是副词)也会在肯定/否定用法的转变中发生功能、意义上的微妙变化。肯定/否定在语义上和形式上的对立,肯定/否定转换的机制、途径与过程,伴随肯定/否定变化而引起的相关成分的功能、意义的变化等也都是否定表达系统研究的重要内容。

本书将否定极性副词作为一个集合,将词汇的研究与句法功能的研究结合起来,将否定表达的本体与周边结合起来,力图使否定表达的研究更趋完善。

本书总体框架分为前言、总论与专题论证3个部分。前言部分为否定本体及否定极性副词相关概念的内涵、外延、分类、以往研究的综述及本书的研究目标与构成。总论板块分为汉语否定极性副词的概况研究、日语否定极性副词的概况研究,以及中日否定极性副词的概述性比较研究。专题板块分为6章,分别对汉语与日语的"全然"与「全然(ぜんぜん)」、"不大"("不太")与「あまり」「大して」、"并"与「別に」、"莫非"与「まさか」等几组否定极性副词进行从发生理据到意义功能的比较研究。最后单独对日语的肯定/否定同形否定极性副词进行考察,考察其伴随用法的转变而在意义、功能、性质上发生的连续性变化及其原因,探讨日语语法否定—语义否定及消极评价表达对于这类否定极性副词的生成与转化机制的影响。

目　录

第一部分

总论　汉语和日语的否定极性副词的
概观性研究

1 汉语否定极性副词的概观性研究

1.1 汉语的否定

汉语的否定从形式上可以分为3种:①辞否定,即通过在被否定的对象前加否定词["不""没(有)""别(不要)"等]的形式来实现,又称语法否定。②词否定,即虽然不是否定词,但同样表示否定意义(如"外行""两样""白搭""白费""浪费"等)的形容词用法,又称语义否定。③句否定,即通过句型形式实现的否定(如假性疑问句(反问句)"去了又有啥用呢"等),又称句型否定。这辞、词、句3种否定形式也反映了汉语否定的3个层面,构成一个立体的体系。其中语法否定(辞否定)是汉语否定的主要表现方式。语义否定(词否定)和句型否定(句否定)则是辅助性、补充性的表现方式,本书中只在必要时言及。

汉语中的否定绝大多数是以语法否定即辞否定的形式实现的。否定词在汉语中数量众多,绝大部分是副词,以至于在副词中形成了"否定副词"这一下位分类。否定词可以从多方面进行分类。从音节数量及词素构成上可分为单音节的否定词和多音节的否定词。从意义和功能上大致可以分为否定行为、状态或意向的否定词(如"不"等),否定存在的否定词[如"无""没(有)"等],表示禁止的否定词(如"别""莫""甭"等),以及表示属性的否定词(如"非"等)。(见表1-1)从属性上可分为属于命题的否定词和属于主观的否定词。

表1-1 汉语否定词一览

词性	语义				
	意志	判断 时间(相)	存在	禁止	属性
副词	不	未,非	没(有)	勿,别,甭,休, 毋,莫,不要	
动词			没(有), 无		
词缀					非……

否定除了有命题性与主观性的区别,还有全否定和部分否定之分,也有直接否定与间接否定之分。汉语的否定都是否定词直接出现在被否定对象之前,

由此标定否定对象为其焦点。这就是全否定和直接否定。一直以来我们研究的否定词都是这些否定词。除此之外,汉语中还存在一些表示部分否定和间接否定的副词,这就是本书专列的一类特殊否定副词。

"未必""未尝""不必""无须"等主观性副词长期以来被当作古代汉语副词的残余,没有受到应有的重视和研究[1]。而实际上,这些副词有些是在脱离了文言文的环境后才得以在现代汉语中成为独立的词语的,如"无须""不见得""不大""不太"等。这些副词在语法结构、语义、功能、用法等方面与一般所见否定副词相比有其独特之处,是一个独特的类型。

本部分以一般否定为背景,考察否定极性副词的各种表现,并对上述特殊否定进行考察,确定其作为否定词的特殊性及其与否定极性副词的关系。

1.2 汉语的两种否定极性副词

汉语中大多数的副词都既能在肯定环境中使用,又能在否定环境中使用,同时意义和语法功能不变,并无所谓极性,都是非极性副词。

然而,汉语中也有一些专门用于否定语法环境的副词或副词义项,我们称之为否定极性副词。这是一种有标的形式。

有标的极性副词都有与之对应的无标的非极性副词(如"全然"—"完全"、"并(不)"—"果然"、"未必"—"肯定"等)。因此可以说,有标的极性副词是由无标的非极性副词有标化而来的。

肯定与否定既可以表示命题(肯定命题或否定命题),又可以表示相对立的两种判断(肯定判断或否定判断)或主观态度。如:

  例(1)a. 这条河上(没)有桥。

    b. 听说这条河上(没)有桥。——作为肯定(否定)命题

    c. 好像这条河上(没)有桥。——作为肯定(否定)判断

例(1)a可以作为已知信息传达,也可以作为新的判断表示无标的主观态度(否认)。若在句首加上表示传闻的"听说",则其命题性更加明显,如例(1)b。若在其句首加上表示推测的"好像",则其判断的性质就很明显,如例(1)c。

由于肯定极性、否定极性的这种介于命题与主观态度之间的特点,作为谓

---

[1] 陆俭明、马真(1985:152-170)收录了"不必""未必"的独用例,张谊生(2000b:21)将其列入"评注性副词"项下;刘叔新(2002:160)将"未必"分列于"语气副词"和"否定副词"项下。但以上研究都无具体分析论述,也没有说明理由。

语修饰成分的极性副词也会出现属于命题或属于主观态度的两种情况。

　　否定词在汉语中数量众多,以至于在副词中形成"否定副词"这一下位分类。其中大致可以分为否定行为、状态或意向的否定词(如"不"等),否定存在的否定词[如"无""没(有)"等]和表示禁止的否定词(如"别""莫""甭"等)。我们选择其中应用最广泛、受限制最少的"不"为否定词的典型形式,其他的否定词只在必要时作为补充形式出现。

　　作为否定的附属性和补充性成分的汉语否定极性副词,依其构成中是否包含否定成分,分为不含否定的[如"丝毫""从来(也)""决""压根"等]和内含否定的(如"未必""未尝""不必""无须"等)2类。它们各自可依其语义属性及在句子中的功能(主要是与否定的关系)来进一步分类。依其语义属性可分为表数量、范围、程度等量性意义且属于命题性质的副词以及表示主观性意义且属于主观性质的副词。依其在句子中与否定的语法关系,可分为修饰否定的副词、作为否定焦点的副词和与否定构成复句型关系的副词等3种。

　　本书依据以上分类来分析汉语的否定极性副词,揭示其历来在非极性环境下所无法看到的语义、语法结构、语法功能和运用方面的特色。

1.3　不含否定的否定极性副词

　　不含否定的否定极性副词不能直接表示否定判断,它仅是修饰和限制否定,规定否定的对象范围或表示伴随否定的主观态度。

　　不含否定的否定极性副词往往会出现单音词与双音词的同义现象,如"从"和"从来(也)"、"毫"和"丝毫(也)"、"断"和"断断"等。单音词大多是古代汉语的残余,在语法上往往带有古汉语的某些特征,在用法和搭配等方面受到限制。例如,单音词由于存在不稳定性,往往要跟贴近的否定词共现才能够成立,如"从"要与"不""没""无"等,"并"要与"非""不""无""没有""未""不要"等否定词共现才能使用,并且这样的单音节否定极性副词只能与语法否定共现,而不能与语义否定共现。

　　从意义分布上看,不含否定的否定极性副词包含表示命题性意义的副词(以下简称"命题性副词")和表示强调、意志等主观性意义的副词(以下简称"主观性副词")。

　　从与否定的语法关系上看,不含否定的否定极性副词又可以分为修饰否定的副词(以下简称"修饰型")、与否定构成复句关系的副词(以下简称"复句型")2种。

以下以副词的意义类型及其与否定的关系为线索,来考察不含否定的否定极性副词在否定句中的功能、性质及应用上的特点。

1.3.1　命题性意义的否定极性副词

命题性副词中又分为表示程度、范围、频度等量性意义的副词及"迟迟""迥然""截然""断然"等表示样态的副词。

1.3.1.1　量性意义的否定极性副词

量性意义的副词中表示最大量的否定极性副词与否定构成修饰关系,有规定否定的对象范围的作用,体现出发话者从数量方面强调否定的意图。

这样的否定极性副词有:"全然""从来/从(不)"。

量性意义的副词中表示最小量的否定极性副词不与否定构成修饰关系,而是形成类似于复句的让步条件关系,表示对否定彻底性的强调。

这样的否定极性副词有:"毫(不)/丝毫(也)""一点儿(也)"。

①表示最大量的否定极性副词

"全然""从来/从(不)"等表示最大量的副词都与否定构成修饰关系。它们作用于谓语或宾语,规定否定的对象范围,从数量范围方面强调否定的完全性,基本上属于命题内容范畴的修饰。"全然"用于对数量、范围、程度的否定,与之相对的非极性副词是"完全";"从来/从(不)"用于对既往存在的否定,与之相对的非极性副词是"向来""历来"。

"全然""从来/从(不)"的否定强调作用可以从与不带修饰的原型否定句的比较中观察到。如:

例(2)a. 这个厂不重视安全生产,这次事故绝非偶然。——无强调

　　　b. 这个厂全然不重视安全生产,这次事故绝非偶然。——从程度角度强调

　　　c. 这个厂从来(/从)不重视安全生产,这次事故绝非偶然。——从历时角度强调

例(2)中的3个句子的基本意义并没有变化,区别只在于对否定的强调与不强调,以及着眼点是现在还是过去。

从数量、范围方面强调否定的双音词既可以与语法否定共现,又可以与语义否定共现。

例(3)这个厂全然(/从来)无视安全生产,这次事故绝非偶然。

例(3)把例(2)的语法否定"不重视"改成了语义否定"无视",否定极性副词

"全然""从来"的意义、功能没有发生任何变化。

语义否定跟有消极含义的词语在语法形式上一致,在意义上相近相通。这就给了这些否定极性副词更大的共现空间,使其共现范围扩大到有消极含义的谓语。

例(4)这个厂全然(/从来)忽视安全生产,这次事故绝非偶然。

例(4)把语义否定"无视"改成了消极的"忽视",否定极性副词"全然""从来"的意义、功能仍然没有发生任何变化。

从共现对象的扩展看,这些副词的共现范围并不局限于狭义的否定,而是可以扩大到有消极含义的谓语,因此其否定极性相对较弱,可视之为弱否定对极副词①。

"从来"多用于否定,但也能用于"从来就……""从来都……""从来只……"等肯定构式中。"从来只……"具有唯一性即排他性,可以转述为否定句"从来只A,不B",因此可以看作是全称否定排除例外的一种表达。"从来都……"可以转述为"从来都A而不B","从来就……"可以转述为"从来就A而不B",是强调判断的周全性或一贯性的表达,暗含对于例外或变化的否定。"只A不B""都A不B""就A不B"虽然不是固定的词语,但作为构式,跟日语「全然(ぜんぜん)」修饰「大丈夫だ」「平気だ」「いい」时,暗含对于"有问题""在乎""有妨碍"的否定具有相似性的,也是属于较为隐蔽的语义否定。因此,修饰这三个肯定构式的用法并不影响"从来"作为否定极性副词的属性。

②表示最小量的否定极性副词

最小量副词一般都是作为一个尺度的起点或终点,与"也""都"等形成一种"最小量＋也/都＋否定"构式,表示某种极端的尺度或状态,来强调否定。该构式形成一种让步—结果的复句式关系。这种复句式关系用来强调否定的完全彻底无例外。与之相对应的非极性副词是表示微少存在的"有点"。

由于构成上要求明确的语法否定,因此不能与语义否定乃至有消极含义的谓语共现。如果把它们应用到前面的例(2),就只能与明确的语法否定"不重视"共现,而不能与语义否定"无视"或有消极含义的"忽视"共现。

例(2)a'. 这个厂毫(/丝毫/一点儿)不重视安全生产。

b'. ×这个厂毫(/丝毫/一点儿)无视安全生产。

c'. ×这个厂毫(/丝毫/一点儿)忽视安全生产。

---

① 参见山田小枝(1997:145)。

由单音节否定极性副词构成的让步复句型关系不需要任何提示或标记,而双音节否定极性副词构成的让步复句型关系则可以附加起提示、关联作用的"也""都"等,来标记和强调这种让步复句关系。如:

例(5)a. 面对巨大的困难,他毫不动摇。

　　b. 面对巨大的困难,他丝毫(也/都)不动摇。

　　c. ×面对巨大的困难,他毫也不动摇。

这是因为在现代汉语中,让步—结果的复句关系中关联词的使用不是必需的。而在古汉语中,让步—结果的复句关系不使用关联词则是常态,例如成语"万劫不复""没齿不忘""罄竹难书""滴水不漏"等。

"毫"相对于"丝毫",有着较强的文言色彩,因此由其构成的让步—结果的复句关系不能附加起提示、关联作用的副词"也"。

语体色彩的不同也会影响否定形式的选择。同样是表示不存在的否定词,有着较强的文言色彩的"毫"可以与同样较古雅的"无"共现,却不能与口语色彩较强、时代上比较近的"没""没有"共现,而比较晚和通俗化的"丝毫"却可以。如:

例(6)a. 面对巨大的困难,他毫无动摇之色。

　　b. ×面对巨大的困难,他毫没有动摇之色。

　　c. 面对巨大的困难,他丝毫(也)没有动摇之色。

1.3.1.2　样态意义的否定极性副词

样态意义的否定极性副词都是加在"否定＋谓语]的组合或整个语义否定组合前面进行修饰的,表示该消极事态的样态。"迟迟"表示跟预期的时间进展有关的负面样态,含有与期待相反的意思,多修饰受"不""没有""未"等否定词否定的行为、结果和意愿等动词谓语。

例(7)离开舅舅的中南表店,眨眼已有两年光景。与其说他当时是因为迟迟学不到手艺而愤懑,不如说他有着与生俱来的自立欲望。在李嘉诚看来,即便舅舅允许他进店后即能学到修表的技术,他也有些勉为其难。因为他意识到自己将来究竟能不能有所成就,一个关键的因素在于他是否能寻找到自己喜欢的并可供自己驰骋的战场。/《李嘉诚家族传》(用于得不到期待的结果)

例(8)用一个国家的科学家的名字来命名某个元素常常被看作这个国家的巨大荣誉,因此元素命名权的竞争是很激烈的,也正是由于这个原因,104号至109号元素才迟迟没有被命名。/CCL《1994年报刊精

选》①（用于应该实现而未实现的结果）

例(9)去年初,国际市场石脑油价格低迷,一些外商不愿覆行已签订的合同,迟迟不来提取石脑油,造成总厂石脑油库存爆满,影响炼油生产。/CCL《1994年报刊精选》（用于应该做而不做的意志性行为）

"迥然"表示跟差异性有关的样态,含有"差别很大"的程度意义,既可以修饰"不同"等语法否定的谓语,又可以修饰"各异""相异"等语义否定的谓语。

例(10)进入天津公安局出入境管理处,你就会立即获得和前些年迥然不同的第一印象:这里,环境幽雅、急事急办、态度亲切,而且为出入境人员实行全天候服务……当然,这里一点也不缺乏公安人员那种特有的严谨。/CCL《人民日报》1994年第1季度（用于语法否定的场合）

例(11)晚会以典雅的富含诗意的《天鹅湖》开幕,用辉煌的洋溢着热烈的喜气的《堂吉诃德》压轴,中间填充了丰富多彩的舞剧选段,都是选自不同芭蕾流派的作品,炫耀着迥然有别的风格特色,创造了意蕴相异的情境。/CCL《人民日报》1994年第3季度（用于语义否定的场合）

"截然"表示跟同一性有关的样态,含有"完全不符合"的程度意义。它既可以修饰"不同"等语法否定的谓语,又可以修饰"相反"等语义否定的谓语。

例(12)有一次,青年队出国打锦标赛,有人却忘了给他办新的护照,结果未能成行。也许没有这次意外的话,他的运动生涯会截然不同。但没有人会记得这些事情。这似乎无关紧要。/《我的世界我的梦》（用于语法否定的场合,表示区别的样态）

例(13)我们应该认识到,大众文化与精英文化没有一个截然分离的界线,创造和接受文化的人也很难简单地按"精英"和"大众"来划分,大众文化与精英文化既有同一性,但也独立于精英文化之外。/CCL（用于修饰语义否定,表示分离、区别的样态）

例(14)在创作中,作为现实主义复归标志的应该首推谢晋导演的《天云山传奇》。这部影片以人伦关系为情节框架,突破了以往政治片中光明与黑暗截然对立、迥然分明的弊端,刻画出特定历史时期实实在在的社会氛围。/《中国当代电影史》（修饰语义否定,表示对立、区别的样态）

---

① CCL即北京大学现代汉语语料库,全称为Center for Chinese Linguistics。因语料库收录方式不同,本书部分引自CCL的期刊、报纸未明确刊行信息。

"断然"有2种用法:一是用于描述句,表示与对抗性行为、处置性行为有关的样态,含有"坚决""果断"的描写意义,多修饰"拒绝""否认""离开""反击"等语义否定或带有消极含义的谓语,也能修饰"决定""下令"等表中性意义的动词。二是用于否定判断句,表示跟否认、否定等有关的强调态度。修饰前者时,是命题性的样态副词,可以视为偏否定极性,但未必要划为否定极性副词;而修饰后者时,则完全是主观性的否定极性副词。

例(15)他靠在《时代》周刊工作的一位姑娘艾丽斯的帮助,遍访了父亲旧日的朋友、情人和敌人,对父亲有了更完整的认识。父亲一贯刚毅正真的品质更坚定了他报仇的决心。于是,他断然拒绝了鲁道夫要他进航海学校的建议,也放弃了当电影明星发财致富的机会。/《当代世界文学名著鉴赏词典》(用于拒绝行为)

例(16)受今年高校试行收费制的冲击,很多家长在反复掂量之后,断然放弃了让孩子继续升普通高中的机会。/CCL《1994年报刊精选》8(用于处置行为)

例(17)假如没有"五大改革"的出台,没有经济特区与非特区政策差距的缩小,没有1994年初宏观调控力度的加大,海南本来极有可能舒舒服服地挨过难关。然而,中央从国家的全局利益和长远利益出发,断然决定不失时机地推出改革、稳住发展步伐。/CCL《1994年报刊精选》8(用于意志性行为)

例(18)现在,英方一方面要同中方会谈,另一方面,却在双方尚未开始会谈之前,由港督彭定康发表声明,将其违反联合声明、违反与基本法相衔接的原则、违反双方已达成的协议和谅解的"政改方案"以立法形式在宪报公布。我们严正指出,英方这种做法,中方是断然不能接受的。/CCL《人民日报》1993年3月(用于意愿、可能)

这些样态意义的否定极性副词不是单纯地修饰否定词,而是修饰"否定+谓语"的组合或带有语义否定的否定性谓语,给否定增添了丰富的"表情"。

1.3.2 主观性意义的否定极性副词

主观性副词表示伴随否定的态度,给否定判断赋予丰富的"表情"。它们不参与命题的内容,而是作用于命题,属于主观范畴的修饰。

主观性副词有从态度方面强调否定的副词(如"根本""压根儿""决""断断/断"等),也有从结果或事实方面辩驳或校正某种预想的副词(如"并"等)。与否

定的关系只有修饰型一种。

1.3.2.1　表示强调的否定极性副词

"根本""压根儿""决""断断/断"等从态度方面表示强调的否定极性副词都用于表示否定性的判断。"决"和"断断/断"还可以表示否定性的决心和决断。与它们对应的非极性副词是表示强调的"绝对"。表示校正的否定极性副词"并"表示结果、现实与预想不符。与之对应的非极性副词是"果然""确实"等。

在从主观态度上强调否定的副词中,只强调否定意志的"决"和"断/断断"只能与语法否定共现。文言色彩较强的"断"和比较俚俗化的"断断"也有类似于"毫""丝毫"等在用法上的差异。"断"常与较古雅的"不可"共现而较少与口语化的"不能"共现。"断断"则与"不可"和"不能"都能共现。

例(19)a. 我们决(/断/断断)不可忽视安全生产。

b. 我们决(/断断)不能忽视安全生产。

c. ? 我们断不能忽视安全生产。

c例中"不能忽视"口语化程度较高,因而不常与带有较强古语色彩的单音节副词"断"共现。

而能够强调否定判断的"根本""压根儿"则可以与语义否定共现,进而扩展到可以与有消极含义的谓语共现。

例(20)a. 有些部门根本(/压根儿)不把安全生产当回事。

b. 有些部门根本(/压根儿)无视安全生产。

↓

c. 有些部门根本(/压根儿)把安全生产当作儿戏。

1.3.2.2　表示校正的否定极性副词

"并"表示现实与预想之间的不符而以现实否定预想。它的使用是在对被否定事态有所预想的前提下发生的。

例(21)a. 这回他还是走那条路吧? ——预想,肯定

b. 这回他并没有走那条路。——现实,否定

作为前提的预想有时候会在前文中出现,但当发话人认为该预想是不言自明的时候,可以省去这个前提而直接使用"并"。这在表示辩解时尤其多见。

例(22)我写这篇报道并非想要出名,只是要提醒社会予以重视。

例(22)的"并"用于对"你想要出名"这样指责的辩解。该指责虽然未在文中出现,但发话人预想到了其存在的可能性而加以校正。

1.4　内含否定的否定极性副词

与不含否定的否定极性副词相对的是内含否定的否定极性副词。这类副词都采用"否定('不''未''无'等)＋焦点"这种结构,作为一种特殊的否定形式,表示对命题的特殊否定。这种否定形式在内部构造上属于"焦点型",由该结构构成的否定句以"(否定＋焦点)＋谓语"这种构式出现。

虽然该句型的"焦点"与谓语之间从意义上依然可以看出修饰性关系的痕迹,但作为"否定＋焦点"结构中的焦点性成分已不能直接修饰谓语而接近于失去其作为自立成分的独立性了。例如"{[不＋大(太)]可能}""{[未＋必]能行}""{[不＋必]担心}""{[不＋见得]成功}"中,"大/太＋可能""必＋能行""必＋担心""见得＋成功"的组合不成立,"不＋大(太)""未＋必""不＋必""不＋见得"的组合分别表示对"可能""能行""担心""成功"等的特殊否定。

之所以称之为特殊否定,是因为它们并非如一般否定那样单纯和直截了当,而是包含了主观态度,因而在程度上或语气上有所保留,或者带有特殊的意义或语气。

例如,"不太""不大"具有留有余地的意味;"未必"和"不见得"具有较强的反向暗示的意思;"未尝(未始)"带有委婉断定的语气;"不必""无须""毋庸"带有劝止的语气。

例(23)这些衣物不太(不大)脏,不要放很多洗衣粉。

　　　(＝脏的程度上留有余地)

例(24)我看新手未必就不行,让他锻炼锻炼吧。

　　　(＝反向暗示。很可能行)

例(25)天阴不见得就要下雨,不带伞没事。

　　　(＝反向暗示。很可能不下)

例(26)高铁争议,决策慢些也未尝不是好事。

　　　(＝委婉/辩解。也是好事)

例(27)事态尚未绝望,不必(无须、毋庸)过虑。

　　　(＝劝止。不要)

例(28)搞足球莫非比让"神七"上天还难? 我就不信。

　　　(＝怀疑/反诘。难道比让"神七"上天还难?)

依据否定焦点是量性的还是主观性的,包含否定的否定极性副词也可以分为命题性的和主观性。

第一,否定焦点是量性的,表示命题性的副词:不太、不大。

第二,否定焦点是主观性的,表示主观意义的幅词。

      a. 表示否定判断:未必、不见得(未见得)、未尝(未始);

      b. 表示宥免:不必、无须、毋庸;

      c. 表示置疑:莫非、难道。

以下将依照命题性意义和主观性意义的分类考察包含否定的否定极性副词在语义、构造、功能及运用上的特色。

1.4.1　从命题性副词到主观性副词的"不太"和"不大"

王志强(1984)与吕叔湘(1980:462)认为,"太"在否定句中与否定词"不"搭配成为结构比较固定的短语,张谊生(2000b:22)则将其作为一个词来对待,置于程度副词类下。从结构的固定程度来看,"不大"显然要高于"不太",可以当作一个固定的词。这里为便于研究,把"不大"和"不太"作为一个程度副词来对待。

"太""大"作为副词分别表示程度或数量达到或超过某一基准的较大量。它们作为命题性副词的成分与否定词共现,成为否定的焦点,构成"不太＋谓语""不大＋谓语"的构式,表示谓语所示事项虽然有微小的存在但达不到足以认定的基准。"不太"偏重于表示程度,"不大"则偏重于表示数量、频度①。与之对应的非否定极性副词是"够""很""十分"。

"不太＋谓语""不大＋谓语"构式的谓语所意味的事项可以具有消极、中性和积极3种不同的主观评价。具有消极或中性评价的谓语有程度高低的不同,可以接受"有点"这样微弱程度的修饰。"不太＋谓语""不大＋谓语"构式在此时就表示"有点A但不够A"的意思,其功能、作用是对否定的范围、程度或数量做出保留。

例(23)*②这些衣物不太(/不大)脏,不要放很多洗衣粉。

      (＝有点脏,但达不到很脏的程度)

例(29)我经常吃鱼,但不大吃肉。

      (＝偶尔也吃肉,但达不到"经常"的频率)

但是具有积极评价的谓语只有高的程度而没有低的程度,经常需要受"很""非常""相当"等表示高程度的词修饰,而不受"有点"这样表示微弱程度的词

---

① 关于"不太"的意义功能用法及与"不大"的比较区别,还有张正(2013)、邵敬敏(2007)、刘欣朋(2015)、程璐(2006)等研究。详见各文。

② 例句中的*表示此例句前文已列举过,为方便说明,再次列举。

修饰。

　　例(30)a. 今晚的演出很(/非常/十分/相当/极为)精彩。

　　　　　　b. ×今晚的演出有点(/稍微/有些)精彩。

　　"不太＋谓语""不大＋谓语"结构在此时虽然在语义上也含有"有点 A 但不够 A"的意思,但因为这种"有点 A"的状况实际并不存在,所以实际的深层语义就只剩下了"不够 A"的意思。这样一来,"有点 A"的字面意义就被虚拟化,成了有名无实的客套,一种使否定变得委婉的主观表现形式。这时"不太"和"不大"的功能、作用是在否定的态度上做出保留。

　　例(31)这衣服洗得不太(/不大)干净,还得重洗。

　　　　　　(＝不够干净,不干净)

　　"不太""不大"在修饰受到消极评价或中性评价的谓语时是程度副词,如例(16)、例(17),而在修饰受到积极评价的谓语时则是表示发话者主观的副词,如例(19)。这说明程度副词作为修饰成分,其功能与属性受核心成分影响,有可能随谓语性质的变化而在意义和功能上发生变化。

1.4.2　主观性意义的副词

　　在包含否定的否定极性副词中,"未必""未尝""不必""无须""难道""莫非"等主观性副词长期以来被当作古代汉语副词的残余,没有受到应有的重视。张谊生(2000b:21)将其列入"评注性副词"项下,刘叔新(2002:160)将"未必"分列于"语气副词"和"否定副词"项下,齐沪扬、丁婵婵(2006)将"难道"列于汉语否定词中含否定语素的副词项下,但都无具体分析论述。而实际上,这些副词大多是在脱离了文言文的环境后才得以在现代汉语中成为独立词语的。它们不仅活跃于现代汉语,并且还产生了像"不见得"等新词。

　　这些副词在语法结构、语义、功能、用法等方面与不含否定的否定极性副词相比有其独特之处,成为与之并列的类型。

　　这当中"未始"除比"未尝"文言色彩更浓,使用频度更少以外,在意义用法和语法机能上都与"未尝"一致,因此我们把它看作"未尝"的异形或别体。类似的情况还有"未见得"和"毋庸",我们也分别把它们视为"不见得"和"无须"的别体而不另加说明。

　　与量性副词"不太""不大"不同,主观性副词的"否定('不''未''无'等)＋焦点"结构是以表示义务等意义的情态动词或表示存在事实的时间副词为焦点的。前者如"必""须""见得"等,后者如"尝""始"等。加上"难道"的"道"也是语

义否定"难"的焦点。作为焦点的词都具有判断意义。

中右实(1994:131)将双重否定句的语义构造定式化为"[sm I REJECT IT AS NOT TRUE][P4 NOT PROP3]"。其中"[sm I REJECT IT AS NOT TRUE]"为主观的否认态度。"[P4 NOT PROP3]"为否定命题。当否认的主观态度采用无标的形式时,"[sm I REJECT IT AS NOT TRUE]"可以代用为"[I DENY]"。而当否认的主观态度以有标的形式表示时,"[sm I REJECT IT AS NOT TRUE]"就表现为"[sm I REJECT IT AS NOT OFTEN TRUE]"的形式和"[sm I REJECT IT AS NOT POSSIBLY TRUE]"的形式,而不能以"[I DENY]"代用。汉语主观性副词的"否定＋焦点"结构的概念构造与此定式一致,两种焦点的构成也与该定式的两种表现相符。"必""须""见得"等与时间焦点"尝""始"等使否定判断与主观态度融合一体化,否定对极副词得以实现有标化。

并非偶然的是,这些主观性副词大多也能运用在双重否定的场合表示主观的否认态度。如:

例(32)个子小未必就跳不高。

例(33)客人要求更多的服务是正常的,你不必不自在。

例(34)智商一般的孩子不见得就考不好。

例(35)你打量人家怕你吗? 你也无须不服气,如有本领,且待峨眉五府开辟,群仙盛会之后,我自会陪了她们,瞒着爹爹母亲,约了地方,与你见个高下如何?

例(36)孩子自己有主意未尝不是好事。

例(37)世界冠军又怎么样? 难道他们就不是人生的? 我就不信打不败他!

要注意的是,例(37)采用的是句型否定。这个双重否定即使去掉副词"难道"也还是成立。因此,"难道"的作用更多的是在语气上。这使其在若干点上有别于该组的其他副词。

由于判断与命题的关系较修饰语与中心语的关系松散,这个"否定＋焦点"的结构还可以通过用疑问词来代替否定词的方式,转变为不含否定的否定极性副词。如:

①不必—何必

例(38)这件事不必着急。

　　(＝这件事何必着急呢?)

②未尝—何尝

例(39)不同的意见听听也未尝不可。

（＝不同的意见听听又何尝不可呢?）

③不见得—何以见得

例(40)不见得吃得多就健康。

（＝何以见得吃得多就健康呢?）

④无须—何须

例(41)做大事无须顾虑那些小节。

（＝做大事何须顾虑那些小节呢?）

需要留意的是,例中的疑问句都是表示否定判断的假性疑问句(反问句)。虽然否定词素换成了疑问词素,否定的形式由语法否定变成了句型否定,但"否定＋焦点"构式所包含的否定意味在转换成"疑问＋焦点"构式以后依然不变。

这些主观性副词因为直接表示否定判断,所以语法上具有相当的自立性,可以不依赖谓语而单独使用。口语性质较强的副词在对话文中可以作为独立词句来单独回答问题。这是其区别于"不大""不太"等量性副词和不含否定的否定极性副词的特点。

例(42)你觉得他的话可信吗?

——未必。

——不见得。

——? 全然。

——? 根本。

——? 压根儿。

——全然不可信。

——根本不可信。

——压根儿不可信。

例(43)这事儿需要调查吗?

——不必。

——? 决。

——? 断断。

——? 万万。

——决不(需)要。

——断断不需要。

——万万不(需)要。

1.5　小结

否定极性副词都是由非极性副词对极化而来的。在不含否定类中,副词与否定的关系类型有修饰型和复句型。在包含否定类中,否定与其他词素构成焦点型的关系。除修饰型中表示最大量(程度)意义的双音副词以及强调否定判断的主观性副词可与语义型否定对应,且极性较弱外,其他各型均只与语法否定对应,且极性较强。

在否定极性副词中,不含否定类在否定句中或规定否定的对象范围,或表示伴随否定的主观态度,虽然不能直接表示否定,但都兼具强调否定的功能,是否定的辅助性、补充性成分。不含否定的否定极性副词并非必需成分,而内含否定的否定极性副词作为部分否定或间接否定的表达形式却是必需成分。这类副词兼具双重身份,还作为有标的形式带有特殊的语气或主观意味,表示伴随否定的主观态度,因而在语法结构上和语法地位上具有相当的自立性和特殊性,成为汉语否定极性副词的一个极具特色的类型。

以上这些功能和性质上的特点是以往缺乏极性概念的副词研究中所未曾揭示的。

由于否定极性副词都是与否定直接关联的,导入极性概念以后,副词的定义分类及功能用法等都需要进行重新审视。(见表1-2、表1-3)

表1-2　汉语命题性意义的否定极性副词一览

对极/非对极的对应方式		同义式	反义式	附加助词式
语义区分		修饰型	焦点型	复句型
命题性意义	最大量	全然→完全		
		从,从来→向来		从来(也)→向来
	最小量	毫,丝毫→稍微		丝毫(也)→稍微
		一点→有点		一点(也)→有点
	保留量(较大量)		(不)太,不大→太,过于;够,很;常常	
	描述性意义	迟迟;迥然;截然→赶快,马上;历然;完全		

注:→右方为对应的非对极形式。

表1-3　汉语主观性意义的否定极性副词一览

对极/非对极 对应方式		同义式	反义式	
语义区分		修饰型	修饰型	焦点型 (否定内含式)
主观性意义	强调	决→绝对		
		断,断断,断然;万,万万→绝对		
		根本→实在		
		压根儿→实在		
	保留			未必→一定,肯定
				不见得→一定,肯定
				未尝→一定,肯定
	轻禁止			不必,无须→必须
	置疑			难道,莫非→想必
	校正		并→果然	

注：→右方为对应的非对极形式。

2　日语否定极性副词的概观性研究

本部分从意义分类、与肯定形式的对应关系、与否定词及谓语间的意义以及否定极性副词的构词和功能角度对日语否定极性副词进行概观式的考察。

2.1　日语否定极性副词的分类

日语否定极性副词可以根据副词自身的意义、与否定词的关系以及与对应的肯定形式的对立方式进行分类。通过意义分类可以了解否定极性副词的意义分布。通过与否定的关系，可以了解其与谓语及否定之间的语法语义关系以及作用原理，对于理解否定专用结构中助词的性质及作用也很有帮助。通过与肯定形式的对立关系，可以了解该语言中否定极性副词的构词方式。通过这3种分类，就可以立体地描绘出日语否定极性副词的基本面貌。

根据副词自身的含义，否定极性副词大致可以分为表示程度、范围、频度、样态等命题性意义的副词和表示强调、意志等主观性意义的副词。（见表2-1、表2-2）

根据与否定词的关系，否定极性副词可以分为修饰否定的修饰型、成为否定焦点的焦点型、与句末的否定行为相呼应表明否定态度的呼应型，以及与否定构成复句式关系的复句型。

依据与对应的肯定形式的对立形式，否定极性副词可以分为反义/类义型、肯/否同形型及添加格助词的附加型等类。

表2-1　日语命题性的否定极性副词一览

否定与肯定对应的方式			肯/否同形	反义式		附加助词式
与否定词的关系类型			修饰型		焦点型	复句型
类别意义	量性意义	最大量	全然→全然	皆目→全然		
			まったく→まったく			
				てんで、とんと、毛頭、さっぱり→完全に		

否定与肯定对应的方式			肯/否同形	反义式		附加助词式
类别意义	量性意义	最大量	まるで→まるごと	まるきり→まるごと		
				一概に→（概し）		
			未だ→未だに			
		最小量				ちっとも→ちっと
						少しも，微塵も→少し
						一つも→一つ
		语用最高级				どうにも→どうにか
						なんら→何らか
		特定程度		あまり→あまりに（も）/よく		
				大して、大した→相当		
				さほど→かなり		
				さして→かなり		
				そんなに→かなり		
			金輪際→再び	二度と→再び		
				滅多に→稀に		
	样态意义	描写	ろくに、ろくな→ちゃんと			

注：→右方为其对应的肯定形式。

表2-2　日语主观意义的否定极性副词一览

否定与肯定对应的方式		肯/否同形	对义语		附加助词
与否定表达的关系		修饰型		焦点型	呼应型
主观意义	强调		决して→絶対		
			断じて→絶対		
			到底→絶対		
		とても→とても			
	态度保留				必ずしも→必ず
				あながち→概して	
				まんざら→概して	
	失意	なかなか→なかなか	一向に→ひたすら		
	置疑				まさか→まさに
					よもや→もしや
	校正	別に→別に			
		特に→特に			

注:→右方为其对应的肯定形式。

　　通常,肯定形式比否定形式的意义范围更广,用法也更多样。因此表2-1和表2-2中"对应的肯定形式"与只限于否定环境使用的否定极性副词之间并不一定是一对一的对等关系,也有可能是一对多的对应关系(例如「絶対」对「决して」「断じて」「到底」等)。此外,因否定极性副词只用于否定的特殊性,而具有只在否定的语境中才有的特殊语义或功能,因此在与肯定原形的对应上可能会产生缺项或增项的情形。

2.2　命题性意义的否定极性副词

日语中命题性的副词依其意义类别可分为表示量性意义的副词和表示样态的副词①。

2.2.1　量性意义的否定极性副词

日语中命题性的副词的否定极性副词依其意义、功能以及与否定词的意义关系、语法关系可分为3类。

A类,即与否定词处于修饰与被修饰的关系的一类,包括「全然(ぜんぜん)」「全く」「まるきり」「まるで」「さっぱり」「とんと」「てんで」「毛頭」「未だ」等,表示最大量(程度、范围),与否定词共现,规定否定的范围,表示完全否定、完全排除。

B类,即作为否定焦点的一类,包括「あまり」「大して」「さほど」「さして」「それほど」「そんなに」「そうそう」「二度と」「滅多に」「ろくに」等表示特定的数量、程度、范围或样态,在否定句中作为否定的焦点,圈定否定、排除的对象,起到修正否定、排除的程度或范围的作用。如果有未被圈定的剩余部分就作为言下之意自然得到认定。日语的语法否定只有谓语否定这一种形式,因此副词性焦点只能借用谓语的否定形,而无法采取单独的形式。因而日语的修饰型否定与焦点型否定在形式上并无截然的区别。

C类,即与否定词构成一种让步—假设的复句式关系的一类。通过在「ちっと」「少し」「一つ」等表示极小量(程度)意思或「どうに」等语用论最高级(可任意想象的最高程度、范围)的副词前附加提示助词「も」的方式,以这些词语为焦点,与否定词构成一种让步—假设的复句式关系。

在3个分类中,B类的「大して」和「ろくに」都有用于肯定的原形「大した」与「ろくな」,这两个词都是作为连体词存在的,「大して」和「ろくに」是它们的连用修饰形。

下面根据上述3种分类逐一考察。

---

① 俞晓明(1999)将日语副词分为表示程度高的副词、表示程度低的副词、中间性/比较性的副词、量性副词和否定结构副词等5种,前4种都属于命题性意义的范畴,最后一种否定结构副词即本书所指否定极性副词,其中包含指量、程度等命题性意义的副词和表示强调、质疑、校正等主观意义的副词,这种分类方式比较杂糅,不如以命题性和主观性来区分更加明晰。

2.2.1.1　表示最大量（程度、范围）的否定极性副词

表示最大量（程度、范围）的否定极性副词，可以根据其意义范围和适用的谓语进行细致的分类。表示全部的量这一意思的同义词很多，但除了完全否定存在的意思，几乎都有各自不同的共现限制和适用条件。此外，词的构成、意义及所属的范畴也各不相同，不能说是完全的同义词。例如，「毛頭」经常与表达思考的谓语共现，「まるきり」「まるで」「さっぱり」「とんと」「てんで」等给人以拟态或拟音的印象，应该看作情态副词。

表示最大量意义的近义词如此之多，反映了日语中表示最大量的副词对于否定用法的倾向性。

日语中表示最大量（程度）的副词，根据共现谓语的性质，很多情况下可以有2种含义。其一，副词表示与动作性动词谓语相关对象的数量、范围以及状态性谓语的程度，修饰谓语。此时，最大量（程度）副词属于否定性命题的内容，属于否定的范畴，如例（1）和例（2）的「全然」「全く」「まるで」。其二，与谓语所表示的事项的量和程度无关，只判断谓语所表示的属性不成立，也就是只与否定性判断有关，并对其进行修饰。此时，副词修饰整个否定表达，不属于否定的范围，处于句子命题之外，作用于命题，如例（3）的「全く」「全然」「まるで」。因此，最大量（程度）副词也有可能成为主观修饰。但是，其条件是与不受「少し」等微小程度修饰的状态性谓语共现。这些不受微小程度修饰的状态性谓语，一般都是有积极含义的词语，如例（3）的「ふさわしい」。

例（1）彼の言ったことは全然（/全く/まるで）わからない。

　　（译文：他说的话我全然听不懂。）

例（2）この西瓜はまるで（/全く/全然）甘くない。

　　（译文：这西瓜完全不甜。）

例（3）あんなインチキのやつは学者としては全く（/全然/まるで）ふさわしくない。

　　（译文：那种弄虚作假的家伙完全不配当学者。）

在这3个例句中，「分かる」和「甘い」分别是被最小量（程度）修饰的行为和状态的谓语，「ふさわしい」是不受最小量（程度）修饰的谓语，因此与它们共现的最大量副词具有不同的功能。

特别是与语义否定表达共现时，语义否定表达几乎不能受程度修饰或受到非常严格的限制，使得最大量副词中主观修饰的语义功能更加明显。

例（4）あんなインチキなやつは学者として全く（/全然/まるで）失格だ。

(译文:那种弄虚作假的家伙完全不配当学者。)

在例(4)中,语义否定的「失格だ」虽然是具有状态性的谓语,但基本上不受程度修饰,在形式上是肯定的表达。修饰它的最大量副词,不会全面否定与对象范围、谓语相关的数量、程度,只能看作是主观性修饰,表示对否定判断本身的强调。这说明日语的程度性和主观性是可以转化的,从而可以推测程度性和主观性是连续的。

2.2.1.2 表示特定程度的否定极性副词

含有焦点型特定量副词的句子,其否定表达不否定谓语整体,只否定副词提示的程度较高的部分,保留剩余的程度较低的部分。被否定后有剩余的部分是焦点型否定极性副词意义上的特征。这些副词具有提供否定焦点的功能,起到更正确地表示否定的对象范围的作用。

表示特定程度的副词可分为2种:一个是通过在数量词上附加助词使其成为焦点的副词,另一种是直接成为焦点的副词。

在数量词上附加助词这一类中,「二度と」值得关注。为了与谓语和句末的否定表达相对应,在形式上从肯定(非极性)的「二度」改为「二度と」。「二度」表示与谓语的修饰关系,「と」提示与句末的否定表达的呼应。也就是说,这一个词承担着程度修饰和否定呼应的功能。

而直接成为焦点的副词,以修饰谓语的形式进入否定的范围,较高程度的被否定,较低程度的被保留。根据谓语评价性的不同,副词在句子中发挥的语法功能也不同。接含有消极或中性评价的谓语时,副词具有量的语义功能;而在接含有积极评价的谓语时,原本包含在字面中的较低程度成为一种恭维,副词具有使否定表达委婉化的主观性功能。

例(5)幸い事故の時、車があまり(/大して/さほど/そんなに)スピードを
　　　出さなかった。

　　　(译文:所幸事故当时车子速度不是太快。)(保留有一定速度的语义)

例(6)あのゲームは大して(/あまり/それほど)複雑じゃなかった。

　　　(译文:那款游戏不是太复杂。)(保留费了点脑筋的语义)

例(7)あの人はあまり正直な人間ではない。

　　　(译文:那个人不太坦率。)(＝不坦率)

例(8)あの子頭いいけど、成績はあまり好ましくない。

　　　(译文:那孩子头脑蛮聪明,就是成绩不太好。)(＝不好)

2.2.1.3　表示最小量(程度)或语用最高级的否定极性副词

量性意义的否定极性副词包括表示最少量(程度)的副词和表示语用最高级的副词。将这两类归入同一分类的原因是,它们都组成「X＋も」结构,都表示全面否定。

这个类型的特征是否定专用形式和非极性肯定形式共有相同的词根(或者短语的基干部分),根据后面是否附加助词,或者附加什么助词来区别。其词根和基干部分在原形中使用,与肯定表达共现时,并不包含主观的色彩,但与否定表达共现时,可通过后面的提示助词「も」,表现出强调彻底否定的心情和语气。与否定表达的呼应主要通过助词的提示、强调作用来体现。

助词「も」不仅附加在表示最小量(程度)的副词「ちっと」「少し」及数量词「一つ」上,而且附加在表示语用最高级的疑问词「なに」「どう(に)」上。

「も」和「は」在提示焦点的作用上是一致的,但在语义上是相反的。「は」不管其他部分,以提示的内容为焦点,起到强调的作用。与此相对,「も」不仅把提示的对象作为焦点,还会提示与其处于同序列的事物,将它们也纳入否定或肯定的范围。因此说它起到了类同和累加的作用(中川,1983:159)。就肯定—否定的属性而言,最大量(程度)属于肯定的最高级,量越小、程度越低则肯定的可能性越低。如果最小量(程度)也被否定,则肯定的可能性完全消失[1]。

再来看「も」在「ちっとも」「少しも」「一つも」「どうにも」等「X＋も」结构中的作用。

例(9)あの映画はちっとも(/少しも)面白くなかった。

　　(译文:那部电影一点儿也没意思。)

例(10)あの映画には一つも面白いシンがなかった。

　　(译文:那个电影一个有趣的场景都没有。)

例(11)学生たちに不協力な態度を取られて、どうにもならなかった。

　　(译文:学生们不合作,我怎么努力都不起作用。)

构成其词干的「ちっと」「少し」「一つ」「どうに」与对应的肯定形式相同。

例(12)昨日の映画はちっと(/少し)面白みがあった。

　　(译文:昨天的电影还有点儿意思。)

例(13)映画の中に面白いシンが一つあった。

　　(译文:电影中有一个有趣的场面。)

---

[1] 此处涉及山田小枝(1997:100-127)所述标尺理论(「目盛理論」)。

例(14)不協力な態度をとった学生にどうにかするべきだ。

（译文：对不合作的学生应该采取点措施。）

「も」在「X＋も」结构中作为否定呼应的标志，是义务性的必要成分（词素）。在意义上则起到了连最小量（程度）都予以否定，乃至否定全部的作用，形成"即使是［最小量（程度）］，也（否定）"这一复句关系。因此从这个意义上来说，把「も」看作接续词也没有问题。

由于「X＋も」结构中「も」是义务性成分，结构具有稳固性，因此虽然超越了单词层面，我们还是将其整体视为一个否定极性副词。

顺便一提，日语中的「も」并非完全不可省略，在内部结构更加紧密的惯用语中常常会被省略。

例(15)昨日は雲ひとつ（○）ない晴天だった。

（译文：昨天是个万里无云的大晴天。）

例(16)加害者の運転手は被害者の惨状を目の当たりにして、何一つ（○）言えなかった。

（译文：闯祸的那个司机看到受害人的惨状，一句话也说不出口。）

2.2.2 样态意义的否定极性副词

日语中表示样态的否定极性副词只有「ろくに」。从词形看，「ろくに」是一个从连体词的连用修饰用法固化而来的副词，表示"该有却没有""理该如何却不怎么样"的样态，带有某种批判或否定的态度。这种批判态度从与其对应的肯定形式的比较中可以鲜明地感觉出来。

例(17)小ちゃな店だが、お客さんサービス用の七つ道具がちゃんと揃ってある。

（肯定用法：应有尽有）

（译文：店铺虽小，为客人服务用的工具用品却是齐全的。）

例(18)不良っぽい少年だが、仕事はちゃんとしているって聞いた。

（肯定用法：按正常的样子）

（译文：小伙子看上去油里油气的，但听说做事还不错。）

例(19)海沿いの店は広いが、雨のせいか、客足はろくにない。

（否定用法：该有却没有）

（译文：位于海边的这间店铺挺大，但因为下雨，没什么客人。）

例(20)コロナ禍の影響で、この一年間店はろくに営業していない。

　　（否定用法：不正常）

　　（译文：受新冠肺炎的影响，这一年店铺都没怎么营业。）

　　值得注意的是，作为「ろくに」的连体修饰用法的「ろくな」也必须用在否定文中，与否定相呼应。

　　例（21）毎日開店はしているが、滅多に客が来ないので、ろくな収入が
　　　　　ない。

　　　　　（译文：店倒是每天开着，可是很少来客人，所以没有像样的收入。）

　　这种连体形、连用形都用在否定句中，且与否定呼应的现象不仅限于样态修饰的「ろくに—ろくな」之间，在作为焦点的量性（程度）副词「大して—大した」之间也有出现①。

　　例（22）今日は大して飲んでないから、歩いて帰れる。

　　　　　（译文：今天我没怎么喝，可以走回家。）

　　例（23）ビール3本飲んだって、大したことじゃない。

　　　　　（译文：喝个3瓶啤酒不算什么大不了的事儿。）

　　这一现象说明，日语的否定极性现象并非由语法关系或形态造成，而是基于意合作用造成的。

2.3　主观性意义的否定极性副词

　　主观性意义的否定极性副词往往是两个相同意义的副词配对，分担意义与功能。例如：强调否定时，「決して」和「断じて」分担功能。在对可能性的否定进行强调时，使用了「とても」（口语、文语）和「到底」（文语）。在保留态度时，使用「あながち」（文语）和「まんざら」（口语）。「なかなか」（口语）和「一向に」（文语）被用来表示失望。在表示意外时，使用「まさか」（口语、文语）和「よもや」（文语）。「別に」和「特に」被用来表示修正。关于其理由，除了意义和作用有微妙的差别（如「決して」表意志、「断じて」表断定），还有和语和汉语（此处指日语中的汉语词）的竞争[「とても」和「到底」，「なかなか」和「一向に」]，口语和文语的差别[「あながち」（文语）和「まんざら」（口语）]，以及新词和古语的交叠[「まさか」（新词）和「よもや」（古语）]。

　　在主观性意义的否定极性副词中，修饰型可以与语义否定或有消极含义的谓语共现。

---

① 日语「大したもんだ」也有肯定用法，但已经固化为习语，不能进行成分代换或变化。

例(24)介護との両立は辛いけど、決して仕事を辞めてはダメです。

(译文：又要工作又要照料病人是很辛苦，但辞掉工作绝对不行。)

例(25)なるべく近くで撮ってねと言われたが、普通のサンダルで馬場の
ぬかるみに踏み込むのは断じて断る。

(译文：虽被要求尽量凑近拍摄，但要让我穿着双普通的拖鞋就踏进
马场的烂泥中去，我绝不同意。)

例(26)一口にカスタムインストーラーといっても、商品知識だけでは到
底だめで、デザイン、建築、など、幅広い知識が要求される、なかな
かハードな職業だ。

(译文：自由职业者说起来很简单，可光凭一点商品知识根本就不
行，还需要设计、建筑等广泛的知识，这可不是个轻松的职业。)

例(27)世の中には人を断るのはとても無理という奴もいるよね。

(译文：这世间还真有根本不会拒绝别人的家伙呢！)

例(28)パートで仕事を探していますが、なかなか不採用続きで困ってい
ます。

(译文：我想找份合同工的工作，可一直没被录用，正处于窘迫之中。)

例(29)助けて！パソコンはずっと止まったままです！再起動しても一
向にだめです。

(译文：帮帮我！电脑一直启动不了！重启也不管用。)

例(30)取り替えようとする店員に、缶がへこんだだけだから別にいいよ
と言い、そのまま買い物を終わらせた。

(译文：店员要为我换货，我说也就罐体瘪了一点，没事，就这样结束
了购物。)

例(31)教習所でいろいろ複雑なルールを教えられたが、実際は特に無意
味な話ばかりらしい。

(译文：在驾校学了各种各样复杂的规则，实际上都是些无意义的
扯淡。)

例(32)普段無元気そうに見えたあの体で、まさか(/よもや)マラソンを
完走したなんて誰しも意外だった。

(译文：谁也没想到平常看起来无精打采的他，竟然跑完了马拉松
全程。)

但是，焦点型的否定极性副词只能与句法否定表达共现。这是因为，为了

凸显焦点,必须以明确的否定形式对其照准。此处,由于日语的否定只能采取谓语否定的形式,所以对副词性焦点不能单独照准,而是借用谓语的否定形式来实现。

例(33)四字熟語は必ずしも文章の上達に必要なものではない。

(译文:成语并不是写好文章必需的。)

×必ずしも不必要だ。

例(34)親が子供に多少うるさくてもまんざら悪いことでもない。

(译文:父母对孩子啰唆点儿也未必就不好。)

×まんざら悪い。

例(35)或いは、まさかとは思うが、あれを一つの思い出として封印した
くて、わざと避け続けたのかもしれない。いや、この歳になって
みると、それもあながちない話ではないと思える。反対に、その
可能性の方が高いのではないか。『パンドラの火花』

(译文:或许他只是为了留存记忆而故意避而不谈。到了这把年纪
也不能妄断无此可能。毋宁说这种可能性更大。)

×それもあながちない話だと言ったらダメだ。

主观性意义的否定极性副词不仅能与表示"认定"范畴的主观性否定表达相对应,有时也可与包含否定的各种主观性表达相对应。某些副词还可以对应多种范畴的主观性表达。

2.3.1 表示强调的否定极性副词

表示强调的否定极性副词,主要与"认定"和"意志"范畴的主观表达相对应。其中,「決して」和「断じて」是一对,表示否定的判断和否定的意志,「とても」和「到底」是一对,表示否定的可能性。各成一对的词,在意义、功能、用法、句型上有很多共通之处,但各自都有语感上的偏向,相互之间存在微妙的差别。其中应该注意的是「決して」的第三人称用法。

主观性意义的否定极性副词通常用于强调说话者的决心和判断,属于句子的主观部分,但「決して」有时也表示所说的人物和事物的意志。

例(36)彼の成功をもやらした要因の一つに、家康の人付き合いのうまさ
がある。かれは、決して無意味に敵をつくるふるまいをしなかっ
た。『歴史を動かした名言』

(译文:家康之所以成功,其原因之一就在于他善于处理人与事。他

绝不会无谓地树敌。）

例(37)極めて恥ずかしがり屋の松本さんだが、自分が証人となっている
重い事実は決してあいまいにしなかった。『昭和史への一証言』
（译文：松本是个羞耻心极重的人。但他对自己作证的重大事实绝
不含糊。）

例(36)和例(37)的「決して」表示句子中所说的人物的意志,虽然不是句子
整体的情态,但在其所在的小句中,仍然属于主观性的部分。只是说话人的视
线和立场与所说的人物并为一体了。

2.3.2　表示态度保留的否定极性副词

表示态度保留的否定极性副词「まんざら」和「あながち」在意义上基本相
同,用法也同样被限定于否定消极事态,都与消极评价的谓语共现,表示正面的
意思。但因它们的由来不同,所以意义上也稍有区别。

「あながち」是形容动词「あながちなり」的连用形「あながちに」省略了
「に」得来的,意思是"(不能)一概而言"或"未必"。

「まんざら」是所谓的"俗语"。当用于否定时,它的意思是"不一定"或"并
不是"。两者的区别在于,「あながち」原本是用于连用修饰的,一般与否定相呼
应。「まんざら」主要用于否定判断,多用于双重否定的场合。

因此,即使直接与「嘘ではない」「捨てたものではない」一起使用,「まんざ
ら」也是完全自然的,但「あながち」如果参照语源的话,读起就有点舌头打结,
相比来说「あながち嘘とは言えない」「あながち捨てたものとは言えない」更
自然。不仅如此,「まんざら」中有积极意识在起作用,「まんざらでもない」可
以委婉地表达理解和高兴的心情,但不能说「あながちでもない」。

此外,我们也发现了「あながち」与表示否定推测的「まい」共现的实例,这
些例句中的「あながち」基本上也属于"认定"范畴的主观表达。

例(38)そこでキリストと十二使徒の数を魔女たちのカヴンの成員数と
結びつけたのは、あながち、不自然な発想とも言え切れまい。『オ
カルティズムへの招待』
（译文：所以说,并不能一概断言把基督与十二使徒的人数跟魔女卡
门等成员的人数关联起来且牵强的。）

2.3.3　表示失意的否定极性副词

表示"失意"的「なかなか」和「一向に」是以对某一愿望或结果等应该出现

的事态的期待或预测为背景的。两个词中包含些许失望的叹息,体现期待与现实的差距。

例(39)ジヌハーンは、ありとあらゆるものを手にした男だったが、後継者となるべき男児にはなかなか恵まれず、長子シャイハンが生まれた頃には、三十の半ばを過ぎていた。『砂の覇王』

(译文:基努汉获得了一切,可他却总生不出个可以接班的男丁来。长子夏依汉出生的时候他已年过35了。)

例(40)財政状態を良くしようとして努力を重ね、税金を重くし、支出を削りに削って数十年経過したが、一向に我が国の財政状態は良くならず、悪化の一途をたどっている。『山田方谷・理財論』

(译文:数十年来我国一直努力改善财政状态,税收加了,支出减了又减,可是财政状态总不见好转,反而不断恶化。)

二者的差异在于,「一向に」有时可用于反预想,而「なかなか」只能用于反期待。这种差距从「一向にかまわない」这样的拒绝用法中也能看出。

例(41)画廊は絵を見てもらうためにあるのだから、通りすがりの者がぶらりと入っても一向にかまわない。いわば無料の美術館でもある。だが、慣れないとなかなか入りにくい。『ひとりって楽しい』

(译文:画廊是为了让人看才有的,即使是闲散的路人进入也全然无妨。也就是个免费的美术馆。可要是不习惯画廊的人,你喊他他也不会进来。)

此外,否定用法中的感叹语气还保留在「なかなか」的肯定用法(经常被当作程度副词)中。

例(42)友人でパッチワークをやっている人がいます。なかなか根気のいる作業のようですが、それがまた楽しいのだそうです。『ひとりって楽しい』

(译文:我有个做拼图工艺的朋友。那工作需要相当的耐心,可他却乐在其中。)

2.3.4　表示置疑的否定极性副词

日语中表示排斥的否定极性副词有「まさか」和「よもや」。

根据森脇茂秀(2006:53)的说法,在平安时代之前,「よも」一词已经被用作与否定呼应的副词,到了江户时代,添加了提示助词「や」,这个用法一直延续到

了现在。「よもや」所包含的否定可能性的意思和现代的「まさか」是一样的。另外，根据小池康（2002:20）的调查，从明治时代到现代的大众文学中，使用「まさか」的有386例，其意思有否定可能性和预想外两种。与此相对，「よもや」只有13例，且语义一直只有一个，发展似乎停止了。根据这两项研究，可以判断「まさか」和「よもや」是新词和旧词的关系。以下主要考察「まさか」。

「まさか」涉及的几乎都是消极的事态。不论是否定可能性还是表示出乎预料，都是排斥性的判断。

「まさか」可以与单纯表示不认可的「ない」、表示命题间的统合关系的「わけにもいかない/わけがない/はずがない」、表示真伪判断的「ないだろう/まい」，以及表示发话方式的「とは思わない/とは言えない」等否定形式相呼应。无论哪种情况，对于说话时没有发生的情况，可以解释为否定其可能性，对于发生（正在发生）的情况，可以解释为预想之外。此外，在表示预想之外时，根据该事态是否令人满意（即正面评价或负面评价），其意义有所区别。如果是令人满意的事态可以解释为意外，如果是不令人满意的事态则可以解释为担心。

例(43)まさか、身投げをするつもりじゃないでしょうね。『父を失う話』

（译文：你不是想要跳下去吧？/难道你要跳下去吗？）（未发生＝可能性否定）

例(44)朝の五時前から、夜の九時過ぎまで断食とは、いやはや御苦労なことである。イスラム教は、赤道に近い地域で勢力を拡大してきた歴史を持つので、まさかこんな目に遭う信者が増えようとは、誰も想像しなかったのではないだろうか。『英国ありのまま』

（译文：朝五晚九禁食委实痛苦。伊斯兰教有在赤道附近区域逐渐扩大其势力范围的历史过程，因而遭遇如此痛苦的信徒越来越多。这是谁也没有料到的。）（已发生、希望的事态＝意外）

2.3.5　表示校正的否定极性副词

对预测进行校正或辩白的日语有「別に」，其以某一预测为背景，表示实际情况与预想不同。

例如，对于「何かご質問がありますか（有什么问题吗）」这个问题，肯定的回答是「はい」「あります」这样的无标形式，而否定回答则有「ないです」这样单纯的否定和「別にない」这样带有主观标记的否定。

例(45)何かご質問でも有りますか。(包含肯定的预测)

——〈肯定〉はい。

——?〈単純否定〉ない。

——〈否定〉(別に)ない。(提示预测并否定)

(译文:有什么要问吗?

——有。

——没有。

——也没啥。)

单纯的否定「ない」只是对「ある」的否定,不含有对「何かある」这一预测的提示。与此相对,「別にない」提示「何かある」这一预测,表示对此的否定。

否定的前提或预测有时会出现在前文中,但说话人已经知道的,或者说话人认为听话人也知道的内容,不一定会出现在话语中,多基于说话人和听话人之间的共同理解。

例(46)別に怒っているわけではないけど、君の言い方が悪いのよ。注意
　　　しなきゃ。

　　　(译文:倒不是我发火,你说话方式不好,要注意呢!)

这里的「怒っている」不一定出现在上下文中,但说话者认为听话者可能会这样想,为了打消这一可能,才使用了「別に」。

「別に」表示实际情况与预测情况之间存在反差,但它并不表示逆接关系,经常出现在句子的开头,起着与"发语词"相似的作用。

日语中的「特に」也有与「別に」相似的用法和功能。其使用比「別に」更受限制。例(45)的类似场景中若换用「特に」,表示没有什么特别要说的,也就是没有要说的,也是针对「何かある」这一预测而发的。

2.4　否定表达的省略

日语的否定极性副词(特别是主观性意义的否定极性副词)有时会在表示否定时省略否定表达(否定词)。

日语中可省略否定表达而单独使用的副词至少有以下这些:

「全然、ちっとも、なかなか、別に、あまり、さほど、大して、滅多に、まさか、全く(表示牢骚或不满的套话)」。

如果以与感叹词「いいえ」「いや」和终助词「ね」相呼应的形式出现的话,就能形成更加自然的对话。

例(47)今日のテストのできはどうだった。

——いや、なかなか。

（译文：今天考试做得怎么样？

——不咋样哦。）

例(48)駅はここから遠いですか。

——いや、さほど。

（译文：车站离这儿远吗？

——没多远。）

例(49)昨日の映画は面白かったか。

——いや、大して。

（译文：昨天电影好玩吗？

——没啥意思。）

例(50)最近調子はいいですか。

——全然だよ。

（译文：最近状况好吗？

——塌糊涂。）

例(51)変と思ったですが、まさか母上が其様な事を……実にひどい。/
『不如帰』

（译文：我是觉得奇怪，但没想到母亲会做出这等事来……太过
分了！）

例(52)なにげなくテーブルの上に新聞を広げてみると、さっき読みかけ
の誘拐事件の記事が目に映った。真樹子の顔が曇った。「まさか
あの人……」『ナポレオン狂』

（译文：真树子不经意地打开桌上的报纸，刚才要读没读的关于诱拐
案件的报道映入眼里。真树子一脸疑惑："莫非是那个人……"）

日语的否定极性副词中，起修饰作用的副词修饰谓语的否定形式（或者否
定性谓语），依靠谓语的否定形式来提示焦点。它们基本上都只用于否定，是否
定专用的表达，与否定的联系固化，必须与否定表达呼应成了一种义务。由此，
其必定与否定共现的机制被确定，本身就带有了否定的意味。

但是，正因为日语的否定表达是以谓语的否定形这一形式实现的，是经由
谓语与否定关联的，就与否定表达有了一定的距离。这也使得否定极性副词具

有了很强的偏向否定的倾向性或话语内效力①，即使后面没有否定表达，听者也能意识并理解否定的意思和语气。所以即使省略谓语，否定极性副词单独也能作为答句。省略句末的否定，只用副词就能完成否定语义的表达，这不仅说明否定极性副词的语气性强，也是否定极性副词本身作为否定表达的一部分的有力证明。

2.5　小结

基于以上观察，关于日语的否定极性表达和否定极性副词我们可以得到如下结论。

Ⅰ．否定表达中有基干部分和附属部分。前者是以否定词为中心的狭义否定表达，后者是包含否定极性副词在内的否定极性表达。否定极性副词也是否定表达的一部分。

Ⅱ．既然否定极性副词是否定表达的一部分，那么它理所应当与否定表达的基干（或者中心）部分相呼应。所谓的诱导否定的功能来源于日语否定副词与句末的主观表达之间由于呼应而产生的倾向性或话语内效力，不是否定极性副词本来应该具有的功能。

Ⅲ．从否定极性副词这一否定表达的附属部分和句尾的否定表达等基干部分的关系来看，主要的关系是修饰—被修饰的关系和否定—焦点的关系，真正的呼应关系仅限于「まさか」「よもや」。但是，即使是这些副词，其作用也是表现说话者的情绪和态度，给否定表达赋予表情，绝不单纯是"诱导"否定表达。

Ⅳ．主观性意义的否定极性副词自不必说，命题性的否定极性副词也具有一定程度的主观性。表示最大和最小量（程度）的副词有强调否定的作用，表示特定程度的副词有委婉否定的作用。

Ⅴ．日语的否定极性副词不与否定表达直接连接，而是由于处于谓语两侧

---

① 日语语法界称为"发语内效力"，详见中右实（1994：453-454）。此处节选如下：発話行為論については、とりわけ発語内効力理論が注目される。発語内効力理論を根拠づける証拠は遂行発話節である。遂行発話節は発話内効力の明示的な表現形式であると一般的には考えられているが、遂行発話節の一次的機能はむしろ、モダリテイの直接的表現形式であるというところにある。モダリテイ論はコンテクストに左右されない一定不変の意味側面を扱うのに対し、発語内効力理論はコンテクストに左右される可変的な意味側面を扱う。二つの理論間にはこのように明確な概念的区別があるので、これに基づけばモダリテイ論は発語内効力理論へのインプットとして位置づけられる。これが私の全体的見取り図である。

而分离,因此偏向否定的语气性或语力更强。有了这种强烈的语气的加持,即使省略谓语的否定形,否定极性副词也可以单独在对话句中表示否定。

Ⅵ.否定极性副词一方面作用于句子整体或句子的相关成分,另一方面也受到句子相关成分的作用和影响,给其语义和功能带来变化。这在程度意义的否定极性副词中具有特别重要的意义。在具体事例中,根据句子否定表达的变化,可以观察到「全然(ぜんぜん)」「全く」「なかなか」「とても」等日语的肯/否同形型否定极性副词,从程度修饰的功能向主观(情态)修饰的功能转变,或者相反,从主观(情态)修饰的功能向程度修饰的功能转变。此外,根据谓语性质的不同,可以看到日语的「あまり」从程度修饰的功能向主观功能的转化和扩张。其具体的表现就是对否定的弱化。

否定极性副词的意义和功能根据否定表达和谓语性质的变化发生转化,反映了否定极性副词作为句子的附属成分,对作为主要成分的谓语及其否定表达的依存性。

3　中日否定极性副词的概观性比较

3.1　中日否定极性副词的分类

否定极性副词可以根据副词自身的意义、功能、与否定表达（否定词）的关系，以及与相对应的肯定形式的对立形式进行分类。

根据副词自身的语义，否定极性副词大致可分为表示程度、范围、时间（频率）、样态等命题性意义的副词和表示强调、意志等主观性意义的副词两大类。

根据与否定表达（语法否定时为否定词，以下同）的关系，否定极性副词分为修饰否定表达的修饰型、成为否定焦点的焦点型、语义上与否定表达呼应的呼应型，以及与否定表达形成让步条件关系的复句型。

根据与相对应的肯定形式的对应形式，否定极性副词大致分为否定融合型和非否定融合型。而非否定融合型，还可以分为反义/同义词型、肯/否同形型和添加格助词的附加型等。

从这3种分类，就可以立体地描绘出中日否定极性副词的基本面貌。

中日的否定极性副词几乎都有非极性的（中立的）对应形式，也就是普通默认的肯定形式。这种肯定形式虽然不是肯定极性副词（即肯定专用的形式），却是否定极性副词的根源。通过与肯定形式的对立关系，可以知道否定极性副词的构造，也可以知道与谓语和否定表达的句法、语义关系及其作用和作用的方法，同时，对于阐明否定专用的合成形式中助词的性质和作用也有帮助。因此，相比于将否定极性副词与肯定极性副词进行对照、比较，还是将其与原来的肯定形式进行比较更有意义。

为了便于说明，本书在对每个语义分类进行说明时，也会列出该语义项目相关的词语。

一般来说，肯定形式比否定形式的意思更广、用法更多，因此"对应的肯定形式"并不一定只与某个否定极性副词一一对应。在某些情况下，一个非极性的肯定形式对应于许多类义的否定极性副词（例如「絶対」对应「決して」「断じて」「到底」等）。另外，否定极性副词毕竟是否定专用的形式，所以有些语义和用法也只在否定时才会产生。因此，在语义、用法等方面可能会与相应的肯定形态产生一些偏差，这一点需要先加以确认。

如上所述，在与肯定形式的对立关系中，中日否定极性副词中都有反义词

型和助词附加型,但肯/否同形型是日语特有的。这些类型都是不包含否定语义词素的,即非否定融合型。两种语言之间最大的差异是,中文具有否定融合型。本章作为总论,将概述性地比较中日两种语言中否定极性副词的现状。

3.2　表示命题性意义的否定极性副词

3.2.1　命题性否定极性副词的分类

中日量性意义的否定极性副词,根据其意义、功能,以及与否定表达的语义、句法关系,可以分为 A、B、C 三类。

A 类是表示最大量(程度)的副词,与否定表达共现,规定否定的范围,表示完全否定、完全排除,与否定表达构成修饰和被修饰的关系。日语的修饰型逐词翻译成汉语的话,否定极性副词位于否定词"不"等的前面,修饰关系很明确。

全然(全く、毛頭)～ない——全然(不/没有)

まるきり(まるで、さっぱり、とんと、てんで)～ない——全然(不/没有)

未だ——至今(也)(不/没有)

B 类是表示特定数量、程度、范围的副词。这些特定的部分是否定的焦点,它特定了否定或排除的对象的程度或范围,而未被特定的剩余部分得到了保留,成为背景义。由于日语的语法否定只有谓语否定的形式,所以对副词焦点的否定不能采取独立的形式,而是借用谓语的否定形式出现。日语的修饰型和焦点型之间在形式上没有明确的区别,但是在汉语中,是根据否定极性副词在否定表达(词)的前面还是后面来区别是修饰型还是焦点型。把焦点型的日语否定句逐词翻译成汉语后,否定极性副词会位于否定词"不"等的后面,构成被否定的形式。因此,汉语的否定对象和焦点的所在是明确的。

あまり～ない	——	不太
大して～ない	——	不怎么
さほど～ない	——	不那么
それほど～ない	——	不那么
そんなに～ない	——	不那么
二度と～ない	——	不再
滅多に～ない	——	不大/很少

C 类在以往研究中提到过,在日语和汉语中的结构相同。根据「も」和"也"等提示词,将最小量(程度)或语用最高级(任意可以想象的程度,一般为最高程

度)的表达(程度副词、不定指代词等)作为否定的焦点,构成否定表达和假定(让步)—结果的复句关系。

ちっとも～ない	——	毫/丝毫(也)不
少しも～ない	——	一点儿(也)不
一つも～ない	——	一个(也)不
どうにも～ない	——	怎么(也)不
なんら	——	任啥(/谁)……都(不)

以下按照上述3种分类分别展开比较观察。

3.2.2 表示最大量(程度)的否定极性副词

试举例表示最大量(程度)的否定极性副词如下:

日语:全然、全く、毛頭、まるきり、まるで、さっぱり、とんと、てんで。

汉语:全然、从、从来(也)、再(也)。

这些副词从数量或程度的语义上说都是极大量级的。石毓智(2001:53)中有关于语义程度极大的词语倾向于肯定用法的论断。我们对汉语、日语中表示最大量(程度)的副词以肯定和否定的用法进行分类后得到以下结果:

汉语肯定极性副词:(无)。

汉语非极性副词:完全、全、一概、素来、向来、一直、历来。

日语肯定极性副词:すっかり。

日语非极性副词:完全に、全部、一切、まるごと、すべて。

这与石毓智(2001:53)的结论有很大差异:从数量来看,汉语表示最大量(程度)的副词全都能用于否定,其中专门用于否定的有3个,而只能用于肯定的一个也没有,既能用于肯定又能用于否定的有7个,数量最多。日语表示最大量(程度)的副词中能够用于否定的有13个,其中专门用于否定的有8个,专门用于肯定的只有1个,肯定和否定用法都有的有5个。这说明,用语义程度的高低来区分用法上的肯定倾向或否定倾向是有问题的,而语义程度极大的词语倾向于肯定用法的论断问题更大。

日语中表示最大量(程度)的否定极性副词,根据其意义范围和适用的谓语可进行细致的分类。表示全部的量这一意思的同义词很多,但除了完全否定存在的意思,几乎都有各自不同的共现限制和适用条件,而且词的构成、意义,以及所属的范畴也各不相同,不能说是完全的同义词。例如,「毛頭」经常与表达思考的谓语共现。「まるきり」「まるで」「さっぱり」「とんと」「てんで」等都是给

人以拟态或拟音的印象,也许应该看作情态副词。

日语中表示最大量(程度)的副词,根据共现谓语的性质,在很多情况下可以有2种含义。

其一,副词表示与动作性动词谓语相关的对象的数量、范围和状态性谓语的程度,修饰谓语。此时,最大量(程度)副词属于否定性命题的内容,包含在否定的范围内[如「全然(全く、まるで)わからない」「まるで(全く、全然)甘くない」]。

其二,与谓语所表示的事项的量和程度无关,只判断谓语所表示的属性不成立,也就是只与否定性判断有关,并对其进行修饰。此时,副词修饰整个否定表达,不属于否定的范围,处于句子命题之外,也就是作用于否定[如「全く(全然、まるで)ふさわしくない」]。因此,最大量(程度)副词也有可能成为主观修饰。但是,其条件是与不受「少し」等微小程度修饰的状态性谓语共现。这些不受微小程度修饰的状态性谓语,一般都是被正面的主观评价修饰的词语,如例(3)的「ふさわしい」。

例(1)彼の言ったことは全然(/全く/まるで)わからない。

(译文:完全闹不清楚他说的是什么。)

例(2)この西瓜はまるで(/全く/全然)甘くない。

(译文:这西瓜一点儿也不甜。)

例(3)あんなインチキなやつは学者として全く(/全く/まるで)ふさわしくない。

(译文:那种弄虚作假的家伙完全不配做学者。)

在这3个例句中,「分かる」和「甘い」分别是可被微小量和微少程度修饰的行为或状态,「ふさわしい」是不受微小量和微少程度修饰的性状,与它们共现的最大量(程度)副词具有不同的功能。特别是与语义否定共现时,语义否定几乎不受程度修饰。因此最大量(程度)副词中主观修饰的语义功能更加明显。

例(4)あんなインチキなやつは学者として全く(/全然/まるで)失格だ。

(译文:那种弄虚作假的家伙完全不配做学者。)

例(4)中,谓语「失格だ」虽然是具有状态性的词,但基本上不受程度修饰,在形式上是肯定的表达。修饰它的最大量副词,不可能表示与对象范围和谓语相关的数量、程度,只能是主观性的修饰。这说明日语的程度性和主观性是可以转化的,从而可以推测程度性和主观性是连续的。

汉语中表示最大量(程度)副词"全然"由于可以与语法否定和语义否定两

方面共现,与日语的「全然(ぜんぜん)」相同,但只具有表示全部量(程度)的
意思。

例(5)这个人说的和做的全然不是一回事。

例(6)他今天所说的和昨天全然两样。

例(7)我对无线电全然外行。

例(6)和例(7)中的谓语"两样""外行"虽然是语义否定,但都是表示否定性
状态的,可以被"有点"等微小程度修饰。"全然"还是表示最大程度,属于命题性
的功能。

3.2.3　表示特定量的否定极性副词

表示特定量的副词列表如下:

日语:あまり、大して、さほど、そんなに、二度と、滅多に。

汉语:不太、不大、再。

特定量副词用于焦点型的结构,否定表达并不否定谓语整体,只否定副词
提示的程度较高的部分,承认剩余的程度较低的部分。有否定后的剩余部分是
焦点型否定极性副词意义上的特征。这些副词具有提供否定焦点的功能,起到
更正确地表示否定的对象范围的作用。

例(8)彼はあの日帰った後、二度と現れなかった。

例(9)他那天回去以后,再也没来过。

例(10)彼は最近滅多に学校に来ない。

例(11)他最近不大(/很少)来学校。

在汉语和日语的特定量副词中,「二度と」和"再(也)"值得关注。「二度」本
是用于肯定句(非极性)的,与谓语具有修饰关系。后加「と」提示与句末的否定
表达的呼应。也就是说,这一个词承担着程度修饰和情态这两个功能。

"再"在肯定语境中表示在某一事物或行为上进行累加、补充,或者表示某
件事在第一次之后的重复发生(或持续)。此外,"再"也与日语「二度」相似(如
"再访桃园已是深秋时节""你再来打扰我就报警")。在否定语境中,可根据
"再"与否定的前后位置关系,来判断其意义和功能是全部否定还是部分否定。

当"再"出现在"不"后面成为焦点时,其重复发生(或持续)的状态就被打消
了,表示"除之前以外,之后的全部打消或否定",也就是表示限定范围内完全否
定的意思。

例(12)到我国的农业技术改革实现以后,我们凡是能够用机器耕种的土

地,就可以不再用牛、马去耕种,而用机器去耕种;我们的绝大部分耕地,也再不怕常常遭受严重的旱涝灾害,凡是能够用水来灌溉的,都用水来灌溉,并且不用人力去灌溉,而用机器、电力去灌溉;农村的各种运输,就可以基本上不再主要依人力和畜力,而使用汽车;农村积肥、制肥、运肥,农村产品的加工,就可以主要不用手工劳动,而实行半机械化和机械化。/CCL《社会主义再生产和国民收入的分配》(之前的事态终止、不延续)

当"再"被提前到否定词"不"等之前时,汉语"再"可以通过后接连接词"也",或者在整个句子末尾附加助词"了"的方式,被赋予完全否定的功能和意义,表示不可逆转的变化或丧失。

"再也＋否定＋谓语"结构:

例(13)自奶奶去世后,我再也没回过老家,但隐隐有一种说不出的牵挂。/CCL《河北日报》1992年3月7日(表事态变化持续、不可逆转)

例(14)如此一来,科研人员只能躲在科学的殿堂里,再也不敢轻举妄动,科技生产力被禁锢起来,那结果是不可估量的浪费与损失。/CCL《羊城晚报》1984年12月29日(表事态变化持续、不可逆转)

例(15)它像一个多子女的父亲,整天忙个不停,看上去疲惫不堪,羽毛也失去了光泽,再也见不到它鸣叫、振翅、跳跃等欢快劲儿。/CCL《新民晚报》1992年5月3日(表事态变化持续、不可逆转)

例(16)尽管他对那些批判始终不服,但他再也难以在政治舞台和学术论坛上喊出他的声音。/CCL《新民晚报》1992年5月9日(表事态变化持续、不可逆转)

例(16)显示,虽然少见,"再也"也可以跟语义否定共现。

"再＋否定＋谓语＋了"结构:

当表示变化的结果或对今后的意愿、打算时,后续的"否定＋谓语"(否定性谓语)通常会后接"了"。这时"再"表示"除之前以外,之后的全部打消或否定"的意思。

例(17)有道是打莫打人痛处,骂莫骂人羞处,德英本是个有屈辱心理的人,听到秋芳丢过来几句话,实在伤心透了,她躲到一边流泪,再不劝秋芳了。/CCL《望莲嫂》(变化结果)

例(18)我本是被所有的先生认为最有出息的一个,我不该像他们说的那样,所以当时我痛下决心,我再不玩了,我要收起心来,从头好好的

干起。/CCL《顾正秋的舞回顾》(做出改变的决心)

例(19)情形越来越坏,我再不能这样苟安地偷活下去,我要脱离这个死牢,因为我是中国人,我要呼吸自由的新鲜空气,这里窒息的残酷的污秽的妖氛,使我再不能忍受下去了。/CCL《当南京被虐杀的时候》(决心、决定、意愿;变化结果)

例(20)一个满天星斗的夜里,轻风像一只巨大的手掌,慈爱地抚摸着稻子那沉甸甸的脑袋,如今的稻田,成片成片的,像整齐的格子布,再不像几十年前那样豆腐干似的东一小块西一小块;如今的稻子,齐刷刷的,密麻麻的,像厚厚的绒毯,再不像几十年前那样稀稀拉拉,癞痢头一般。/CCL《稻草人新传》(变化结果,实景描述)

"再也＋否定＋谓语＋了"结构:

例(21)离乡土越来越远,再也没有亲手刨花生的机会了,碰巧吃到的这几粒新花生却依然味如当年。/CCL《河北日报》1992年3月7日(表事态变化持续、不可逆转)

例(22)我们再也没有心思游玩了,赶紧派人找回走远的十几个人调头就回,原定的篝火晚会和两天的游玩计划也告吹了。/CCL《中国青年》1989-8-15(直叙,变化结果)

例(23)一九六四年十一月,地质部在招远县召开第一次全国金矿工作座谈会后,这个地质队的一千多名职工再也坐不住了,恨不得一拳打进地壳,双手捧出一个"大金娃娃"。/CCL《人民日报》1979年10月8日(表事态变化持续、不可逆转)

例(24)一位代表自豪地说,我们再也不是橡皮图章;再也不是见面握手,表决举手,通过拍手的"三手"代表了。/CCL《文汇报》1989年5月23日(表事态变化持续、不可逆转)

但是汉语"再"后是否附加"也",句子末尾是否附加"了",都是比较随意的。加上,作为一个标记,提示"再"所指范围的周全、完整性;不加,意思不变,只是不那么显豁,甚至会出现歧义。

"再＋否定＋谓语"结构:

如果"再"后续接"否定＋谓语(否定性谓语)"结构,句末不后接"了",会有几种不同的情形。

第一,用于表示某种不可逆转的变化趋势或规律。与后接"了"时一样,"再"表示"除之前以外,之后的全部(打消或否定)"的意思。

例(25)作品问世之后,作者便完成了自己的使命,似乎再不与他的创造物发生任何关系。/CCL《审美主客体》(预测)

例(26)为什么大家对"私订终身后花园,落难公子中状元,状元发迹大团圆"的一部分低劣的旧剧那么反感,再不愿去看讲滥了的陈腐俗套,其审美方面的原因,也就在这里。/CCL《戏剧美学特征的凝聚变幻》(变化决心)

例(27)到我国的农业技术改革实现以后,我们凡是能够用机器耕种的土地,就可以不再用牛、马去耕种,而用机器去耕种;我们的绝大部分耕地,也再不怕常常遭受严重的旱涝灾害,凡是能够用水来灌溉的,都用水来灌溉,并且不用人力去灌溉,而用机器、电力去灌溉。/CCL《社会主义再生产和国民收入的分配》(表不可逆转的变化趋势)

第二,用于表示不可逆转的改变,多用于做出决定、决心的场合。"再"仍表示"除之前以外,之后的全部(打消或否定)"的意思。

例(28)党中央多次强调今后再不搞运动,三令五申实行"三不主义"。/CCL《羊城晚报》1984年9月6日(变化决心)

例(29)法令宣布,农奴在法律上成为"自由"的人,地主再不能买卖农奴和干涉他们的生活。/CCL《世界历史》(高中第2册)(变化决定)

第三,用于假定句。假定某种该有而未有的情况持续或重复。跟在肯定句中修饰谓语时一样,"再"表示重复发生(或持续),相当于表示状况延续的"还"。

例(30)再不治,眼睛会瞎掉的!/CCL《兔子医院》(假定某种负面事态延续)

例(31)省林业局副局长陈洪健说:"再不严加管理,海南的珍稀动物再过几年就会被吃光!"/CCL《中国青年报》1991年6月4日(假定某种负面事态延续)

例(32)有关部门如果再不清除这堆垃圾的话,我们这里就快成为蝇蛆的世界了。/CCL《北京日报》1983年9月2日(假定某种负面事态延续)

例(33)翟芝芳恼了,以为家里不关心她,就写一封绝情的信:"如果再不回信咱们从此脱离关系。"/《现代汉语答问》1988年6月1日(假定某种负面事态延续)

例(34)前天,我在巡访的时候,骤然被暴雨把我和几个藏族乡亲堵在一个崖洞里,夜渐渐在靠近我们面前那座高山,雨还没停,再不赶路就得摸黑了,这样的雨夜,摸黑赶路可真够呛。/《天上——人间》(假定某种负面事态延续)

第四，以"再不""再不然"等不带谓语的形式出现于复句中，用于假设性的选择，表示对前一选项的否定，又提出新的选项。整个结构实际起到一个连接词的作用。

例(35)可能是热带海洋生物研究所，也可能是什么热带森林考察机构，再不，就是五指山国营农场，西沙群岛鱼类养殖场……我当时心里充满了希望的喜悦。/CCL《"科学怪人"的奇想》(否定前项提出新选项)

例(36)那熊一会儿上树摘野果，一会儿下河摸鱼，再不就是去掰玉米棒子，或去寻找蜂蜜。/CCL《"大老黑"应考》(否定前项提出新选项)

例(37)他每天都在自己的房间里做些叫人不能理解的事情——一会儿做体操，一会儿在房间里来回奔跑，一会儿伏在桌上写些什么，再不然就象一个小学生似的不断地读着一本书，然后又背诵它……已经有好几个星期了，天天如此。/CCL《不睡觉的女婿》(否定前项提出新选项)

例(38)就跟我……跟我家二莽子一样，遇到要死人的紧急事情，他也要一推六二五，硬要等一把手来处理，再不然就是等全家开会来研究解决，横顺他是不肯负责的！/CCL《勇于负责》(否定前项提出新选项)

在"再＋否定＋谓语"结构的前两种情形中，"再"后既不附加"也"，句末也不附加助词"了"或"过"，但"再"的"之前除外，以后全否定"的局部完全否定的功能和意义同样得以实现了。由此可以证明"再"后加"也"不是义务的、必须的，跟日语「二度と」中「と」的义务性、标志性是不一样的。

与"再"相同，"太"也根据是在否定词的后面还是在前面，功能和意义有所区别。用在否定词前面时，是强调程度高；用在否定词后面时，则消弱否定强度，具有程度修正的功能。

例(39)买官，名声太不好了。/CCL《风流少东》

例(40)有个学校的大礼堂造得不太好。/CCL《房屋会"讲话"吗?》

"太"可以修饰"否定＋积极评价的词"，但不能修饰"否定＋消极评价的词"。

例(41)他太不显眼了，公司里甚至有人还叫不出他的名来。/CCL《人民日报》1989年1月13日

例(42)采访、编辑工作中发生的有些事实错误，错得实在太不像话。/CCL《新闻理论与实践》1986年6月1日

因为主体的程度强调也会要求客体的程度与之相符,消极评价的词的语义程度本来就很低,加上否定的话,其语义程度就会变得不明确("不坏"≠"好"),所以不能被"太"修饰。例如:

×名声太不坏了。

×那字太不模糊了。

×实在太不丑陋。

在表示程度修正的"不太P"用法中,"太"既可以接积极评价的谓语,又可以接消极评价的谓语。否定词出现在"太"之前,否定高的程度,保留低的程度。根据谓语所表示的状态中是否存在低程度,可以知道这个低程度是真的被包含,还是只停留于口头,成为一种减缓否定语气的客套。

例(43)经历第二个阶段并不太难,习作者在一定的思想酝酿之后是可以解决的。/CCL《舞蹈新论》(保留"有点难"的程度)

当"不+太"与具有消极评价的谓语共现时,由于具有消极评价的谓语[如例(43)中的"难"]中存在较低的程度("有点难"),因此"不+太+消极含义的谓语"中"有少许消极程度"的含义是有实际支撑的,可以读取到。在"不太难"中,"难"的高程度被否定,但"难"的低程度被保留了下来。这才是真正的程度修正。

例(44)明摆着,两全其美的事是不太容易的。/CCL《为了幸福》

当"不+太"与具有积极评价的谓语共现时,积极评价的谓语[如例(44)中的"容易"]本身语义程度较高,不存在低程度(×有点容易)。这种情况下,"不+太"含义的低程度在,得不到谓语的支持,"有点容易"的保留意义变得名不副实。"不太容易"就成为"不容易"的口头委婉说法,是否定的委婉表达形式。

日语中的「あまり」在否定句中也有类似的语义用法,显示了程度性和主观性之间存在连续性。但是,在强调程度高时,日语中肯定用法常用「あまりに(も)」作为有标的形式与作为焦点的用法区别开来,识别度比较高。

例(45)ちょうど川本大工も家にいて、男泣きに泣きながら、赤ん坊が死なないかぎり、松江を学校にはやれぬといった。あまりに事情が明白なので、それでも松江を学校によこせとはいえず、だまって松江の顔をみた。『二十四の瞳』

[译文:不巧川本木匠也在家,哭着说只要婴儿还活着就不会放松江去学校的。情况再清楚不过了,(大石老师)也不好再说什么让孩子升学啥的,只是默默地看着松江。]

例(46)この付近の山は、あまりにも広く、とりわけこの冬の季節には、あまりにも厳しく危険だった。/少纳言『モーパッサン短篇選』

（译文：这附近的山野太过开阔，尤其在这样的冬季，又太过冷峻凶险。）

3.2.4　表示最小量(程度)和语用最高级的否定极性副词

在量性意义的否定极性副词中，C型包括表示最小量(程度)的副词和表示语用最高级的副词。将这两类归入同一分类的原因是，它们由相同的结构组成，都表示对否定的全面、彻底的强调。

汉语和日语中表示最小量(程度)和语用最高级的否定极性副词列表如下：

汉语：毫、丝毫(也)、一点(也)、一个(也)、什么(也)、怎么(也)(语用最高级)。

日语：ちっとも、少しも、一つも、何も、どうにも、なんら(语用最高级)。

日语这个类型的特征是否定极性形式和肯定形式共有相同的表示最小量(程度)意义或语用最高级意义的词根(或者短语的基干部分)，根据后面是否附加助词(副词)来区别。其词根和基干部分在非极性场合(默认为肯定用法)使用时，并不包含主观的色彩，但与否定表达共现时，可通过后面的提示助词「も」，表现出强调彻底否定的意图和语气。与否定表达的呼应主要通过助词「も」的提示、强调作用来体现。

汉语在否定极性与非极性形式的对立区分上采用了换词的方式。但是否定极性形式还是采取了"表示最小量(程度)意义或语用最高级意义的词＋提示性成分"的方式，从结果来说跟日语是殊途同归的。

否定极性形式		非极性形式
ちっとも	——	ちっと(ちょっと)
少しも	——	少し(は)
一つも	——	一つ(は)
どうにも	——	どうにか
なんら	——	なんらか(词性为不定代词)
一点(也)	——	有点
丝毫(也)	——	稍微/稍稍
怎么(也)	——	好歹/总算

日语中的「も」和汉语中的"也"是一致的，不仅附加在表示最小量(程度)的

副词上,而且附加在表示语用最高级的副词上[「どうに」(怎么)]。最小量(程度)或语用最大量(程度)与否定表达(否定词)之间构成让步复句关系。

例(47)它们千百年来总只能按其传统性的本能的习惯方式生活,丝毫也无所改变。/CCL《教育原理》

例(48)恋に関して言えば今も昔もちっとも変わってはいませんからね。/少納言『アップルパイの歌』

(译文:恋爱这个事情,古今都没有什么不同啦。)

例(49)至于秀英是否真要同自己分家,他是一点也不担心的。/CCL《较量》

例(50)お母さんの体にぴったりくっつけるような抱き方で、ゆらゆらと揺らす範囲なら少しも心配することはありません。/少納言『ベビーエイジ』

(译文:这种抱法紧贴妈妈的身体,在轻轻晃动的限度内完全不用担心。)

这种让步复句关系基于"标尺理论"①,即按照方向性和阶段性将系列事态进行排列,推导出明确结论的方法。

比如,设定一个学历高低的标尺来显示受教育程度,以从博士到硕士,再到本科直至小学毕业为降序,表明受教育程度高者涵盖低者。反之为升序,表明受教育程度低者涵盖高者。降序高位者可以涵盖低位者,表明其受教育程度有多高,最高位者可以涵盖所有下位项目,表明其受过所有程度的教育。如当前提示项为硕士,则表示"连硕士都读过",更不用说大学、高中、初中、小学了。

反之,升序时低位者也能涵盖高位者,表明其程度之低,往上程度的教育都没有接受过。最低者表明所有程度的教育都没有接受过。如当前提示项为最低位的小学,则表示"连小学都没读过",也就是什么教育都没受过,更不用说初中、高中、大学、研究生了。(见图3-1)

---

① 山田小枝(1997:100-127)所述标尺理论(「目盛理論」)概略如下:一定の方向性を示し、ある結論を導き出す論拠となる発話をランクづけ、その目盛に沿って結論を確かなものとして示すという方法である。本书的翻译说明依照此说法。石毓智(2000:36-37)称之为"否定范围公式"。

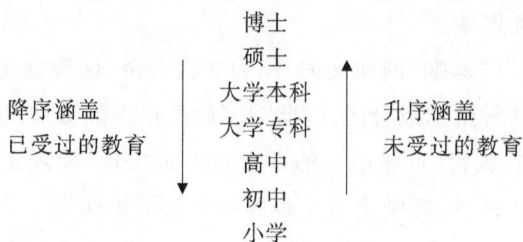

图 3-1　标尺理论示意图

在例(48)中,以"没有变化"为标尺,以"变化的程度"为刻度,降序可以分为"完全变化""极大变化""很大变化""较大变化""有点变化"等。把这个降序方向作为肯定方向的话,"有点变化"位于其排位的最下位,是"变化"程度最低的。相反,以升序方向为否定的话,标尺最低位的"有点变化"就是否定程度最高的。如果连"有点变化"也被否定,更上位的"较大变化""很大变化""极大变化"也自然被否定,变成"完全没变化"。

例(49)和例(50)也可以做出同样的分析。

如例(47)—(50)所示,由于"也"和「も」的提示作用,表示最小程度的副词"丝毫(毫)""一点"「ちっと」「少し」被当作了否定的最高位,成为全面否定的标志。这里,"也"和「も」所提示的当前事项与后面的否定表达构成"连……也(都)＋否定"与「～でさえも＋否定」这样让步—结果的复句关系。"也"和「も」在句法上发挥了接续的功能。从这个意义上来说,把"也"和「も」看作连词也没有问题。

同时,日语中的「ちっとも」「少しも」「一つも」「どうにも」等使用的词根「ちっと」「少し」「一つ」「どうに」是无标的,默认为肯定形式。因为「も」的附加,而使得否定形与肯定形有所区别,所以「も」也是否定专属的标志,是义务性的、必须的成分(词素)。

但在汉语中,"也"并非如日语的「も」那样是义务性的、必需的成分,甚至是受到限制的。"也"在让步复句关系中可以被省略,在单音词后甚至不能出现。

例(47')它们千百年来总只能按其传统性的本能的习惯方式生活,丝毫(也)无所改变。

例(47")它们千百年来总只能按其传统性的本能的习惯方式生活,毫无改变。

例(49')至于秀英是否真要同自己分家,他是一点(也)不担心的。

因为,在汉语中,让步—结果的复句关系中关联词的使用不是必需的,所以

"也"出不出现都无影响。

而单音词"毫"("丝毫"的同义词)作为文言残余,保留着文言文的余韵。文言文是没有"也"这种附加成分的,因此"毫"后面也不能添加"也"。

石毓智(2000)认为"自然语言的肯定和否定公理"除断定语义程度极大的词语倾向于肯定用法外,还断定语义程度极小的词语倾向于否定用法。通过以上考察,我们看到最小量(程度)副词用于否定并非理所当然,而是有条件的。这个条件就是最小量(程度)副词必须与否定词构成让步复句关系。虽然在汉语中,这种让步复句关系因起提示作用的"也"可以省略而不那么明显,但在日语中是明显的。

然而,像"怎么也"这样不是最小量副词,而是表示语用最高级的词组,不能省略"也"。这是因为,不定代词"怎么"要想成为语用最高级,其条件是要与后面的否定表达形成让步—结果的复句关系。

例(51)这一宿,他躺在热炕头上,烙饼似地翻过来,调过去,怎么也睡不着。/CCL《金不换》

例(51')×这一宿,他怎么睡不着。

"怎么"这个词很有意思。它跟"再"一样,既可以组成"否定＋怎么"的结构,又可以组成"怎么也＋否定"的结构,还跟"不太""不大"一样,在修饰否定和成为否定焦点时存在程度上的差距。

顺便一提,日语「も」也并非完全不可省略,在内部结构更加紧密的惯用语中也常常是被省略的。

例(52)昨日は雲ひとつ(○)ない晴天だった。

（译文:昨天是万里无云的大晴天。）

例(53)加害者の運転手は被害者の惨状を目の前にして,何一つ(○)(/何ら)言えなかった。

（译文:轧了人的司机目睹受害者的惨象,说不出一句话。）

这一点上,日语「も」倒是跟汉语的"毫不""毫无"有些相像了。语用最大量(程度)与否定表达(否定词)之间同样也构成了让步—结果的复句关系。

3.3 表示主观性意义的否定极性副词

日语中的表示主观性意义的否定极性副词具体如下:

①表示强调的

否定极性副词		对应的肯定表达
到底	——	どうしても(修飾型)
決して	——	絶対に
断じて	——	絶対に
とても	——	どうしても

②校正预想的

否定极性副词		对应的肯定表达
別に	——	もしや(別に)(修飾型)
特に	——	もしや(特に)

③表示失意或不满的

否定极性副词		对应的肯定表达
一向に	——	ひたすら、一途に
なかなかに	——	実に、本当に

④表示态度保留的

否定极性副词		对应的肯定表达
あながち	——	一概に、概して(焦点型)
まんざら	——	一概に、概して(焦点型)
必ずしも	——	必ず(焦点型)

⑤表示质疑的

否定极性副词		对应的肯定表达
まさか	——	さぞ(呼応型)
よもや	——	ひょっとしたら

从副词和否定表达的关系来看,日语中的主观性意义的否定极性副词几乎都属于修饰否定表达的修饰型,只有表示保留的「必ずしも」「まんざら」是提示否定焦点的焦点型。

例(54)しかしこの頃荻野医院は必ずしも繁昌を極めたわけではなかった。『花埋み』

（译文:可这时的荻野医院倒也没有繁盛到极点。）

例(55)彼女は君が好きだと言っている。君だってまんざら彼女が嫌いではあるまい。それなら結婚したらどうだね。『孤高の人』

（译文:她说了喜欢你。你也未必就讨厌她是吧? 那你们就结婚吧。）

　　汉语中的表示主观性意义的否定极性副词,除否定融合型属于焦点型以外,其余都是修饰型。修饰型中表示主观性意义的否定极性副词多可以与语义否定共现。而焦点型中的否定词索多种多样,并可由语义否定担当(加"难道")。

　　(1)不含否定的主观义否定极性副词

①表示强调的否定极性副词　　　对应的肯定表达

　　决(不)、绝(不)——一定

　　根本(不)——完全(绝对)

　　压根儿(也)(不)——完全(绝对)

　　断断,断(不)——绝对

②校正预想的否定极性副词　　　对应的肯定表达

　　并(不/非/无/没有)——想必,肯定,也许

　　(2)内含否定的主观义否定极性副词

①表示判断的否定极性副词　　　对应的肯定表达

　　未必——一定

　　不见得(未见得)——肯定,当然

　　未尝(未始)——可能

②表示宥免的否定极性副词　　　对应的肯定表达

　　不必——必须,当然

　　无须——必须

　　毋庸——必须

③表示置疑的否定极性副词　　　对应的肯定表达

　　莫非——兴许,照理

　　难道——兴许,照理

　　在表示主观性意义的否定极性副词中,汉语和日语都有表示"强调""态度保留""失意""置疑""校正"等的语义类别,汉语还有表示"宥免"的语义类别。汉语在表示"态度保留""置疑""宥免"时,会使用否定融合型结构。在主观性意义上,日语和汉语最大的区别在于否定融合型否定极性副词的有无和肯/否同形副词的多见。

　　否定融合型是指表示陈述态度的词素被否定词(否定意义的词素)否定的结构,陈述态度被否定表达所统辖,统一成为具有否定意义的独立词,然后接在谓语上,对命题做出否定判断。

　　例(56)天阴不见得就一定要下雨。

否定融合型的否定极性副词,既承担着对句中命题的否定,同时又表示否定的态度,因此被称为"情态副词",具有与不含否定的否定极性副词不同的性质。

日语中肯/否同形型的存在是日语否定极性副词的特色。其中,有像「なかなか」「とても」这样与否定表达共现时表示主观性意义,与肯定表达共现时表示程度意义的,也有像「全く」「全然(ぜんぜん)」这样与否定表达共现时表示量或程度意义,与肯定表达共现时表示主观性意义的。这些副词,可以说是从极性表达中扩展(脱离极性)出来的。以语法否定和语义否定的并存为契机,通过词汇形式的否定表达,可以看到它们从否定专用表达向肯定、否定并用表达转变的模式(工藤真由美,1999;葛金龍,1999,2002)。其中,经由语义否定表达(意义是否定的,但句子的形式是肯定的)向消极评价的表达(意义接近否定,但句子的形式是肯定的),进一步向中性或积极评价的表达的变迁过程最受关注。

我们认为,通过考察这些语义功能的分化、转化的过程及各自的变化条件,可以发现命题性与主观性的分歧点和衔接点,从而发现两者之间的连续性。

关于这些副词的语义功能的变化和谓语的推移,将在第8章详细论述。本节将对中日具有相同意义和功能的副词进行考察分析。

3.3.1　表示强调的否定极性副词

日语「決して」「断じて」与汉语"决(不)""断断,断(不)"不管是在形式上还是在强调否定的意义和功能上都是一致的。汉语"绝(不)"已经与"决(不)"融合互用。表示主观性意义的否定极性副词通常用于强调说话人的决心和判断,虽然属于句子的主观性部分,有时也表示所说的人物和事物的意志。

例(57)いくら苦労しても、選手たちはひたすら耐え続け、決して中途半端であきらめるまい。

例(58)不管多么辛苦,选手们始终忍耐着,绝不中途放弃。

例(57)和例(58)的「決して」和"决(不)"表示句子中所说的人物的意志,虽然不是句子整体的情态,但在其所在的小句中,仍然属于主观性的部分。只是说话人的视线和立场与所说的人物保持一致了。

3.3.2　表示校正的否定极性副词

对预测进行校正的副词有日语「別に」和汉语"并(不)",两者都表示实际情况与某个预测不同。

例(59)何かご質問は有りますか。(包含肯定预想)

  ——〈肯定〉はい。

  ——〈単純否定〉ない。

  ——〈否定〉別に質問なんかないよ。(预想、打消)

单纯的否定「ない」只是对「ある」的否定,不含有对「何かある」这一预测的提示。与此相对,「別にない」提示「何かある」这一预测,表示对此的否定。

"并"这一副词提示预测,并引起否定。

例(60)a. 他总走那条路。(前提)

    b. 这回他并没有走那条老路。(预想、打消)

例(60)a是例(60)b的前提。例(60)b用"并"表示对"今天也走了那条路吧"的预测的否定。

否定的前提或预测有时会出现在前文中,但说话人已经知道的,或者说话人认为听话人也知道的内容,不一定会出现在话语中,而是多基于说话人和听话人之间的共同理解。

例(61)別に怒っているわけではないけど、君の言い方が悪いのよ。注意
   しなきゃ。(已见于2.3)

例(62)我写这篇报道并非想要出名,只是想提醒社会给予关注。(已见
   于2.3)

这里的「怒っている」和"想要出名"不一定出现在上下文中,说话者认为听话者可能会这样想,为了修正这一点,才使用了「別に」和"并"。

日语「別に」也有相同形式的肯定用法,但用于否定时,其意思空洞化,失去实际指定的功能,而成了否定表达的标志。

「別に」和"并"所示的实际情况与预测情况之间存在差距。"并"表示两者之间的逆接关系,有时被认为是接续词,但日语「別に」并不表示逆接关系,经常出现在句子的开头,起着与"发语词"相似的作用。

日语「特に」也有与「別に」相似的用法和功能,但其使用比「別に」更受限制。

3.3.3 表示置疑的否定极性副词

表示置疑的副词汉语有"难道"和"莫非",两者都是含有否定成分的副词。日语有「まさか」和「よもや」,其中「よもや」使用频数极低,已经接近死语。汉语"难道"和"莫非"有几乎相同的用法和意义功能,都能用于表示揣测、怀疑、反

诘,只是"难道"中"疑"的色彩更浓重一些。日语「まさか」和「よもや」可以用于表示怀疑,但不能用于揣测(除非在固定句型中作为成分之一),也不能用于有所主张的反诘句。「まさか」除"疑"的意义以外,还有"意外"的意思,还能单独用于应答辩解,表示不可能。

　　汉语"难道"和"莫非"和日语「まさか」在"疑"这一点上用法和意义功能高度相似,只是在强度上,「まさか」略低于"难道",略高于"莫非",介于二者之间。

3.4　否定表达的省略

　　日语的否定极性副词(特别是表示主观性意义的否定极性副词)有时会在否定缺省的情况下单独作为否定应答语使用。否定极性副词单独表示否定本身就是否定极性副词作为否定表达的一部分的有力证明。

　　与此相对,同样不包含否定词素的中文的否定极性副词,是不能省略否定词而单独表示否定的。这说明日语中的否定极性副词比中文中的否定极性更强烈。

　　日语中可省略否定而单独使用的至少有以下这些:

　　「全然、ちっとも、なかなか、まさか、別に、あまり、さほど、大して、滅多に、全く」(用于省略了否定词或否定义词语的定型句)。

　　如果以与感叹词「いいえ」「いや」和终助词「ね」相呼应的形式出现的话,就能形成更加自然的对话语句。

　　例(63)今日のテストのできはどうだった。

　　　　　　——いや、なかなか。

　　　　　(译文:今天的开始考的怎么样?

　　　　　　　　——不行不行。)

　　例(64)駅はここから遠いですか。

　　　　　　——いや、さほど。

　　　　　(译文:车站远吗?

　　　　　　　　——不太远。)

　　例(65)昨日の映画は面白かったか。

　　　　　　——いや、大して。

　　　　　(译文:昨天的电影好看吗?

　　　　　　　　——没大意思。)

例(66)最近調子はいいですか。

　　——全然。

　（译文：最近状态好吗？

　　　——完全不行。）

在日语的否定极性副词中，发挥修饰功能的副词只修饰谓语的否定形式（或者否定谓语），根据谓语的否定形式来提示焦点。它们基本上都只用于否定，是否定专用的表达。与否定的联系固定化，必须与否定表达成对出现成了一种义务。因此，其必定与否定共现的机制被确定，本身就带有了否定的印象。

但是，日语的否定表达是以谓语的否定形这一形式实现的，由于是经由谓语与否定关联的，所以与否定表达有了一定的距离。

因此，否定极性副词偏向否定的语气性或语力很强，即使后面没有否定表达，听者也能意识并理解否定的意思和语气。所以即使省略谓语，否定极性副词单独也能作为答句。

汉语的否定极性副词，即使在不包含否定要素的情况下，也只能在否定环境中使用（例如"完全""根本""断断""决""从来"等），但由于直接与否定表达（否定词）相连，与否定表达（否定词）很接近，所以否定极性副词自身偏向否定的语气性较弱。只有依靠否定表达，听者才能理解意思和语气。因此，除了否定融合型，中文的否定极性副词，如果后面的否定表达被省略的话，单独来看是没有否定意义的。这意味着中文的否定极性副词的语气性和语力较弱，对后面的否定表达的依存性较强。同时，也证明了中文的否定极性副词（否定融合型副词除外）的"句子的副词"的性质。

例(67)你知道他的为人吗？（彼の人柄は知ってるか。）

　　——＊全然。

　　——＊根本。

　　——全然不清楚。（全く知らない。）

　　——根本不清楚。（さっぱり分らない。）

例(68)为了钱，就可以无所不为吗？（金のためになら何をしてもいいのか。）

　　——＊断断。

　　——＊决。

　　——断断不可以。（絶対だめ。）

　　——决不可以。（決してそうはいかない。）

此外,"未必"等否定融合型否定极性副词可以省略谓语单独使用。

例(69)明天会下大雨吗?(あした雨が降るかな?)

　　——未必。(降るとは限らないよ。)

例(70)老师一点不关心我,我想退学了。

　　——你可不必。(そんな必要ないさ。)

它们之所以能够表示否定的意义和语气,是因为含有否定的表达,表示否定态度的成分和否定表达相联系,这也佐证了"句子的副词"的性质。

3.5　小结

基于以上观察,关于否定极性表达和否定极性副词,我们可以得到以下结论。

Ⅰ. 否定表现中有基干部分和附属部分。前者是以否定词为中心的狭义否定表达,后者是包含否定极性副词在内的否定极性表达。否定极性副词也是否定表达的一部分。

Ⅱ. 否定极性副词表达的是否定的态度,它隔着谓语与以句末否定形为核心的表示否定实施的部分相呼应,构成完整的否定行为。在日语中,所谓的诱导否定的功能来源于日语否定表达的特殊构造,不是否定极性副词本来应该具有的功能。

Ⅲ. 汉语和日语最明显的区别是汉语中否定融合型否定极性副词的存在,其不仅是否定极性副词,同时还是特殊的否定表达(部分否定、间接否定),介于两者之间。

Ⅳ. 日语的否定极性副词不与否定表达直接连接,而是由于处于谓语两侧而分离,因而构成一种否定的磁场,即使省略谓语或否定词等否定表达,多数否定极性副词也可以单独在对话句中表示否定。

在汉语的否定极性副词中,否定融合型中包含了否定表达,所以可以单独表示否定,但非否定融合型与否定表达位置靠近,不能构成一个磁场。因此不能省略否定词单独成为否定回答。

两种语言的对照特征从相反的两个侧面反映了否定极性副词对否定表达的依存性。

Ⅴ. 否定极性副词一方面作用于句子整体或句子的相关成分,另一方面受到句子相关成分的作用和影响,给其语义和功能带来变化。这在程度意义的否定极性副词中具有特别重要的意义。在具体事例中,根据句子否定表达的变

化,可以观察到「全然(ぜんぜん)」「全く」「なかなか」「とても」等日语的肯/否同形型否定极性副词,从程度修饰的功能向主观(情态)修饰的功能转变,或者相反,从主观(情态)修饰的功能向程度修饰的功能转变。此外,根据谓语性质的不同,可以看到日语的「あまり」和中文的"(不)太"从程度修饰的功能向将否定委婉化的主观(情态)功能的转化和扩张。

Ⅵ. 汉语中有语义程度高的词语倾向于肯定用法,而语义程度低的词语倾向于否定用法的论断(如石毓智,1992)。但是我们从最大量否定极性副词、特定量否定极性副词,以及语用最高级的否定极性副词中都观察到,表示高程度的副词很多都有否定用法的倾向性。相反,表示最小量的副词用于否定句是有条件的,这个条件是以助词"也"的使用为主要标志的让步—结果的复句关系。在汉语否定句中,这个标志可有可无,看似该条件不是必须的。然而在日语中,对应汉语"也"的日语助词「も」的使用几乎是必须的,不加「も」都只能用于肯定句。由此我们得出最小量意义的副词更倾向于肯定句的结论。综上所述,至少在副词范围内,前述石毓智(1992)的所谓"肯定否定公理"是不存在的。

否定极性副词的意义和功能根据否定表达和谓语性质的变化发生转化,也反映了否定极性副词作为句子的附属成分,以及对作为主要成分的否定表达和谓语的依存性。

第二部分

专题论证　中日否定极性副词的静态
与动态的比较

4 汉语"太"系副词与日语「あまり」系副词的比较研究

汉语副词"太"与日语副词「あまり」具有高度的相似性,即都在肯定句中表示超量,都在否定句中作为否定的焦点,都在肯定的用法与否定的用法中存在程度的差别,都在否定用法中具有程度(量)保留与态度保留的功能。从肯定用法到否定用法又都经由同样的路径和过程,同样伴随由命题性意义功能向主观性意义功能的转变。此外,在否定的用法中都与意义功能上相近的近义词构成各自的系列。汉语"(不)太"系副词有"不大",还能进一步延伸扩展到"不那么""不怎么"等不是很稳定的结构,日语「あまり」系副词有「大して」「さして」「さほど」「そうそう」等,还能延伸扩展到意义功能并不单一的「そんなに」「それほど」等词。因此,"太"与「あまり」两者间的比较,"(不)太"系副词与「あまり」系副词的比较,以及各自系列中近义词之间的比较与鉴别就很有必要,也很有意思。

4.1 汉语的"太"系副词

4.1.1 关于汉语"太"的研究及存在的问题

现代汉语副词"太"既可以用于肯定,又可以用于否定,但是不同的用法所表示的程度并不一致。《现代汉语词典》(2012年版)对副词"太"的解释是:

副词:a. 表示程度过分:水太热,烫手。/人太多了,会客室里坐不开。

b. 表示程度极高(用于赞叹,只限于肯定):这办法太好了。/这建筑太伟大了。

c. 很(用于否定式,含委婉语气):不太好/不太满意。

其他如吕叔湘《现代汉语八百词》(1980)、王自强《现代汉语虚词用法小词典》(1984)、北京大学中文系1955、1957级语言班《现代汉语虚词例释》(1996)、朱景松《现代汉语虚词词典》(2007)也都有类似的解释。

这3种解释按句式结构与意义的对应关系可以整理为:

a. 太P——程度超高;

b. 太P了——程度极高;

c. 不太P——程度高。

包括以上词典的以往研究都忽视了副词基本的意义、功能而随文释义,因

而陷入了如上词无定解的窘境。在语法分析上较多地关注副词所修饰的谓语，而对"太"的句式结构关注不够；对谓语的分析只注重其情感色彩即褒贬义，却没有注意到其评价义。

"评价义"中包含"积极评价""中性评价""消极评价"。这与历来习惯采用的"褒义""中性""贬义"这些源于词语固有的色彩义的经验性概念虽然在大多数情况下指向是一致的，但"评价义"更注重发话人在发话时的即时体验，在后面的分析中更为重要。

例(1)衣服这么漂亮！(褒义/积极评价)

例(2)穿这么漂亮去下地，不怕人笑话！(褒义/消极评价)

例(1)和例(2)中的"漂亮"在色彩意义上是"褒义"，但在评价意义上有"积极评价"与"消极评价"的区分。例(2)中的"漂亮"在句中"下地"的语境下不合时宜，因此属于"消极评价"。

关于否定用法中"太"的意义和功能，都发生在"不(/没)太P"结构中[(/~)表示可替换为~。下同]。吕叔湘(1980)解释为"减弱否定程度，含婉转语气"。王自强(1984)解释为"表示降低肯定程度。带有委婉的否定语气"。朱景松(2007)解释为"表示程度略高或略低"。北京大学中文系1955、1957级语言班(1996)则解释为"表示减轻的、否定的程度或不十分确定的行为动作，有委婉的口气"。

吕叔湘(1980)、北京大学中文系1955、1957级语言班(1996)与王自强(1984)在发话立场的肯定、否定上有分歧，而朱景松(2007)则连立场为肯定还是否定都未下定论。但在"降低程度"上各家都是共同的。而以往研究的问题点恰恰就在这个程度性上。

周小兵(1992)将"不＋太＋形容词A"的结构(即本书中的"不太P"结构)分为相互独立的S1和S2。S1倾向于选择不能被"有点"等表示少量和低程度的副词修饰、表示褒义的形容词。S2倾向于选择被"有点"等表示少量和低程度的副词修饰的贬义词。S1中的"太"起缓和否定语气的作用。S2中的"太"表示程度高。

周文对"不＋太＋形容词A"结构的划分存在以下几个问题。

周文强调的两个完全不同的句式的S1和S2实际就是"不太P"结构的"不太/P"型关系和"不/太P"型关系，"不太/P"型关系不仅涉及褒义词谓语，也涉及贬义词及中性词谓语。周文由于忽略了使用贬义和中性谓语时发话人对"不太/P"型关系和"不/太P"型关系的自主选择权，只规定了"不/太P"型关系一种

可能性,而忽略了"不太/P"型关系的可能性。

周文说贬义词只能在S2中出现,而事实上,贬义词出现在S1的谓语位置上的用例并不罕见,《北京大学中文系平衡语料库》中随手就可搜出几十个。如:

> 例(3)主教练范甘迪说,他对迈迪歇个一两场并不太担心,这正好可以给其他球员一些机会。
>
> ("担心"为消极评价。不太担心=不担心)

> 例(4)前五圈,我跟跑,感觉不错,那时,我起了争铜牌的念头。十圈过后,我感觉对手不太可怕,决心拼下金牌。
>
> ("可怕"为消极评价。不太可怕=不可怕)

> 例(5)中国网球队领队王光和说:"在这样高水平的比赛,特别是在绿土沙地上进行的比赛上,中国队队员止步于首轮并不太意外。"
>
> ("意外"为消极评价。不太意外=不意外)

周文所列S2的例句都属于"不/太P"型关系,"太"对形容词A全都具有修饰作用,都应该以"太"的基本义"过分"来解释,而不应在基本义以外又生出一个"程度高"的解释来。

"太"在S1中起"缓和否定的语气"的作用,在S2中则"表程度高",俨然成了两个不同的副词。其实这仅仅指出了"太"在S1中的功能面和在S2中的语义面。功能面和语义面本是一个词的两个基本面,并不形成对照。"太"只有一个,只是在不同结构关系中功能有所变化。而揭示这些变化,指出其中的联系和转化机制,正是语言研究的任务和意义所在。

本书参考言语行为理论和认知语言学理论,尝试从句式结构入手,依托副词的基本义,再斟酌谓语的评价意义,从"太P"结构和"不太P"结构来考察分析"太"的语法、语义的联系与变化。

4.1.2 肯定用法中"太"的构式、功能、语义

如前所述,肯定用法中"太"有"过分"和"极高"两个程度,在学界俨然成了共识。

对此,葛金龙(2003,2004)和张谊生(2010)提出了异议。

葛金龙(2003:17-18;2004:76-78)认为,"太"的基本义就是"超过常识或预想的程度"。这一基本义在具体的语句中,由于受其修饰的谓语主观评价的不同而出现不同的理解:"过度"的意义往往带有消极评价,只能适用于消极或中性评价的事态。而积极评价的事态即使程度超过常态或预想,也只能以"满意"

的态度来对待,适合用表示"程度高"的意义而非"过度"的意义来表达。因此,"太"的"程度高"的意义只是基本义在带有积极评价的谓语这一条件下的派生而已。这个解释还是局限于与副词相关联的谓语的特点上。

张谊生(2010:243-249)认为,将"太"区分为表示"程度过分"的"太1"和"强调程度高"的"太2"不但没有必要,而且混淆了语法义和语用义的区别;"太"的语法意义本身并没有"程度过分"和"强调程度高"之分,只是"太"在不同语境中具有这样两种倾向:表示客观的超量和主观的增量。副词"太"不管修饰什么样的词语,其基本语法义都是表示超量,表示增量强调只是在一定的语用规约下形成的动态化的、临时性的情态义、语用义。

张谊生(2010)注意到了"太"的不同语境及语用规约,但其主观增量说还是没有摆脱随文释义的问题。

時衞國(2009:70-71)对谓语为积极评价的"太"必须与"了"共现的理由做了分析:第一,积极评价的词语与"太"的本义"过度"在情感色彩上不相容。第二,要使"太"能与积极评价的谓语相容,需要一个积极评价的"语势"。而"太"借助于带有赞叹意味的"了"构成积极评价的"太P了"结构,从而获得了这种语势。

時衞國(2009)所谓的"语势的获得"等来源于Austin(1962)的"话语内力(Illocutionary Force)",即话语给予听话者的心理感受与作用力。"话语内力"是所有句式中普遍存在的,并不限于某个特定句式。句式不同,词语运用的条件就会有所不同,其功能、语义就会或多或少地受到影响,产生或显著或微妙的区别。具体到"太"的三个句式,句式a之"太P"的"话语内力"在语义上带有"指摘"的意图,一般与前后句构成因果关系,独立构成言语行为的能力较弱。句式b之"太P了"的"话语内力"在语义上就是一种感叹的语气,独立构成言语行为的能力较强。而句式c之"不太P"是一个部分否定句式,表示不完全否定,独立构成言语行为的能力强。

由于带有"指摘"的含义,"太P"结构一般要求带有明确的消极评价的谓语,而不适合积极评价的谓语。例如:

例(6)你普通话太差劲,所以不能上台演讲。(可)

例(6')你普通话太标准,所以不能上台演讲。(不可。除非伴随特殊语境)

而"太P了"的感叹句结构在语法上则只要求表性状的谓语,对于评价性却不像"太P"那么强调,消极评价或积极评价都可以接受。例如:

例(7)你普通话太标准了!

例(8)你普通话太差劲(/太不标准)了!("(/)"符表示可替换。下同)

以普通话是否标准而言,发音或语法的错误越少,则越"标准"。发音或语法的错误越多,则越"不标准"。状况超过"标准"或"不标准"的界限越多,越容易诱发"太标准了!"或者"太不标准(/差劲)了!"的感慨。

从包含"太P"这个结构特点看,对于消极事物或状态,"太P了"可以如例(8)那样同时包含指摘和慨叹的意味。

这样看来,"太P了"结构中的"太"仍是相对程度的"程度超高",而不是绝对程度的"程度极高"。"太P了"结构的意义应该解释为:因程度超出常识或预期而引发的感慨。"太"本身的程度修饰功能并未改变,只是从"太P了"这个感叹句结构获得了动能,使其作用对象由消极评价的谓语扩大到了积极评价的谓语。

4.1.3　否定句中"太"的构式、功能/意义

否定句中"太"采用"不太P"构式。该构式根据其内部语义关系,存在"太"保持对P的修饰关系和"太"脱离对P的修饰关系等两种情形。

4.1.3.1　"太"保持对谓语P的修饰关系的情形

在保持对谓语的修饰关系的情形下,"不太P"结构的内部语义关系为"不/太P",发话是基于承认P存在的前提之上的,表示"P倒是P,但不过分P"。此时重音在程度副词"太"上,"太"既是谓语的修饰成分又是否定的焦点。"太"的语义与在"太P"结构中一样,是"过度"。例如:

例(9)我们那儿物价不/太贵。(虽然也贵,但不过分。)

例(10)今天车子开得不/太快。(虽然快,但不过分。)

由于否定词与"太"的关系是离散的,因此否定词可以根据时态或语气的需要换成"没""别"等。例如:

例(11)今天的考试没/太费事就完成了。(过去时态。费了点功夫,但也没大困难。)

例(12)结果还不知道怎么样呢,别/太紧张。(祈使句。太紧张=过分紧张。)

这种表示"过度"义的"太"仅适用于修饰消极或中性评价的P,而不能修饰积极评价的P。如例(13)中,"不太愉快"在内部语法关系上只能是"不太/愉快"而不能是"不/太愉快"。

例(13)看样子他们谈得不太/愉快。

4.1.3.2 "太"脱离对谓语 P 的修饰关系的情形

在"太"脱离对 P 的修饰关系而与否定结合的情形下,谓语 P 不受评价意义的限制。"不太 P"的内部语义关系为"不太/P",没有重音或重音在否定词"不"上。

"不太/P"表示"P 的程度达不到足以认定的基准"。语义的重心在后者的"不认定"上。其中"太"与否定词"不"的关系更密切,更具有实质性意义,与谓语的关系则相对较松散和形骸化。因此,在比较紧凑的"不太/P"结构中,可以把"不太"看作一个与"不大"类似的程度副词来对待。

例(9')我们那儿物价不太/贵。(=不觉得贵。)

例(10')今天车子开得不太/快。(=不觉得快。)

例(13')看样子他们谈得不太/愉快。(=不愉快)

这样,我们就可以把"不太/P"结构的前部"不太"看作一个特殊形式的否定(部分否定)。这其中,"太"的功能不是修饰谓语,而是作为部分否定的内部的、形式上的焦点。该结构的实质性焦点则是谓语 P。

随着修饰功能的失去,作为内部的、形式上焦点的"太"在意义上也转向弱化、虚化。结构中的"太"可以替换为表示不确定程度的副词"怎么"或失去指向性的副词"那么",而其原本的"程度超过预期"的意义消失。

例(9")我们那儿物价不怎么(/那么)/贵。

例(10")今天车子开得不怎么(/那么)/快。

例(13")他们好像谈得不怎么(/那么)/愉快。

这些句子中的"不怎么""不那么"和前面的"不太"一样,都表示程度达不到 P 得以被认定的基准值,不予认定。而这个基准值一般是发话人的期待值或常识上的默认值。在"不太/P"及"不怎么/P""不那么/P"等类似的结构中,"太""怎么""那么"等作为结构要素的语法作用是:作为部分否定的形式焦点,提示否定有所保留。由于程度修饰功能的弱化,因此使人感觉"太""怎么""那么"的程度意义要弱于在肯定句"太 P"中修饰谓语时。前述周小兵(1992)和《现代汉语词典》(2012年版)将否定用法中"太"的程度意义由"过度"降格解释为"很"也体现了这种语义感觉。

"不/太 P"与"不太/P"的区别在于,"不/太 P"是在认可谓语 P 的前提下,否定过高的程度。这时"不太"不是一个词。而"不太/P"虽然不否认有些许 P 的因素存在,但是谓语 P 的程度未达到得以被认定的基准值而不被认可(即被否定)。这时的"不太"是一个独立的词。两者在立场和语法性质,以及"太"的功能、意

义上是根本对立的。

在"不太/P"关系中,随着"太"对谓语作用的减弱,谓语对"太"的反制约却凸现了出来。这个反制约体现在谓语的评价性意义的不同影响到"太"的否定保留功能的性质。

根据中右实(1994:17)的阶层意味论原理,话语的意义分割为命题层面的意义和主观层面的意义。据此,"太"的否定保留功能也可以分为命题性的保留与主观性的保留。

4.1.3.3　当P为消极或中性评价的谓语时

消极或中性评价的状态性谓语可以接受低程度(如"稍微""有点"等)的修饰。当"不太"修饰消极或中性评价的"贵""快"等状态性谓语时,作为语义前提的"有点P"得到话语实际内容的支持。除例(9)、例(10)以外,还有如下的例子:

例(14)今天的作业不太/难,很快就完成了。

例(14)中消极评价的谓语"难"可以接受低程度的修饰("有点难"),因而作为语义前提的"有点P"得以从实际语句中读取从而变得名副其实。由于"太"的介入,谓语"难"未被完全否定,其低程度的存在("有点难")得以保留。这时"太"在"不太/P"型关系中的作用是在量或程度上做出保留。因此,我们把用于消极或中性评价的谓语P的"太"叫作"量或程度保留"的"太"。显然,这时的"太"属于认知意味论中命题的范畴。

4.1.3.4　当P为积极评价的谓语时

受到积极评价的谓语一般为状态性谓语,其自身的语义程度较高,只能接受较高程度的修饰,而难以接受"稍微""有点"之类低程度的修饰。因此,作为"不太/P"型关系的语义前提,被保留在否定范围之外的"有点P"的状态在话语的实际内容中无法读取,转而成为有名无实的客套或虚文,即一种委婉的表达方式。除例(11)外,还有如下的例子:

例(15)这次任务完成得不太/顺利。(=不顺利)

例(15)中"不太/P"实际上就是"不P"。实质上的全部否定却借用了部分否定的形式表达出来,因而否定的态度或语气受到了保留或节制,而"太"则成为缓和否定的态度和语气的工具和手段。因此,我们把用于积极评价的谓语P的"太"叫作"态度或语气保留"的"太"。从认知意味论的角度来看,这时"太"的性质不属于命题,而是属于主观的范畴。

4.1.4 "不太P"结构的扩展

"不太P"结构的"太"可以扩展到语用最高级的"怎么""那么"。

例(16)今天伤口不太疼(了)。

例(17)今天伤口不怎么疼(了)。

例(18)今天伤口不那么疼(了)。

例(19)那里环境并不太好,房价却很贵。

例(20)那里环境并不怎么好,房价却很贵。

例(21)那里环境并不那么好,房价却很贵。

"不太P"结构还可以扩展为更加松散的"不是(/算)太P"结构,这个"不是(/算)太P"结构甚至还可以通过将"太"代换为一般程度副词而进一步扩展成"不是(/算)+程度+P"结构。如"不是(/算)很P""不是(/算)十分P""不是(/算)特别P"等。该扩展结构的语义及程度副词在其中的功能与"不是(/算)太P"结构有很大的共性。但在扩展形式中,程度副词对谓语的修饰关系和作为否定焦点的地位都更为明显。

与"不很P""不十分P""不特别P"等以副词与否定及谓语的关系来区分属前或属后的语法关系不同,扩展形式"不是(/算)很P""不是(/算)十分P""不是(/算)顶P""不是(/算)特别P"等是以逻辑重音的方式来区分内部的语法关系的。如果不强调副词的词汇意义,一般都将否定部分读重,这时副词作为形式焦点的作用更为明显;当意图突出程度副词的词汇意义时,可以重读程度副词,这时程度副词是否定的实际焦点。这个"不是(/算)+程度+P"结构依据谓语的评价性质也有两种解读:当谓语P为消极评价或中性评价时,表示"P倒是P,但其程度不高或达不到副词所标示的程度";当谓语P为积极评价时,表示"有点P,但不够P得以认定的基准程度",即委婉的否定。

例(22)这孩子平时表现还不(是/算)很(十分/顶/特别/过分)坏,这次就原谅他吧。(=坏是坏,但达不到所示程度)

例(23)早晨吃得不(是/算)很(十分/特别)多,没到中午就饿了。(=不少,但没到"十分多""特别多"所示的程度)

这两例中,"不是(/算)很坏""不是(/算)十分坏""不是(/算)过分坏"等都可以有两种重读法,尽管副词意义的强调与否有所不同,但在认定其谓语所示状态存在这一点上是共同的。

但当P为积极评价的谓语时,程度副词"很""十分""特别"等的功能都由实

际的程度修饰兼否定焦点而虚化为否定的形式焦点,而实质性焦点则由谓语P来承担。

例(24)这次成绩不(是/算)很(/十分/特别)理想,想再考一次。(=不理想)

例(24)中的程度副词一般不会重读,语义上也跟"太"一样趋向于虚化和无差别,都可以替换成不定程度副词"怎么"或失去指向性的副词"那么"。它们也更多地承担着语法上的作用:提示语义前提(P的低限度的存在);其功能由实际的程度修饰兼否定焦点而虚化为否定的形式焦点,而实质性焦点则由谓语P来承担。

由此可见,在"不(是/算)程度/P"这样的扩张结构中,谓语的评价意义对于程度副词的保留功能的决定作用等也都与在"不(是/算)太/P"结构中并无二致。

稍有区别的是,在补正的语境下,程度较高的副词也能与积极评价的谓语构成修饰关系,这时的程度副词要重读。

例(25)这孩子成绩还不错,但也不是/特别〈/十分/顶/最〉好。

例(25)中的"不是特别好""不是十分好""不是顶好""不是最好"等都是对"还不错"的补充和修正。程度副词"特别""十分""顶""最"等保持着对谓语的修饰关系和原本的功能、意义。

4.1.5 "太"的用法意义功能小结

"太"是一个相对程度副词,其基本意义是"程度超过常识或预想的限度"。"太"的基本义只表示超量而并不附带主观评价或态度。其主观评价或态度是由其所属的句式结构赋予的。"太P"结构赋予了"太"以消极评价,而"太P了"的感叹句结构则赋予了"太"感慨的语气。在肯定用法中,从"太P"的描述句结构到"太P了"的感叹句结构,"太"的程度意义并无不同,只是受句式与谓语评价义的影响,评价或语气发生了变化。在"太P"的叙述句结构中,"太"主要修饰消极或中性评价的谓语,其评价是负面的,理解为"过度";在"太P了"的感叹句结构中,"太"获得对超出预想的程度"感慨"的语气,根据其所修饰的谓语的评价意义,其评价或积极,或消极。在否定用法的"不太P"结构中,"太"依据对谓语修饰关系的有无而呈现两种状况:保持程度修饰关系时,仍为"程度过度"义;脱离程度修饰关系时,"不太"成为表示部分否定的否定词,"太"作为部分否定的形式焦点提示否定有所保留。从肯定到否定,从作为独立的词到作为词素,"太"的程度义也随之弱化。在"不太/P"的内部语义关系中,"太"的功能依谓语的评价意义的变化(从消极到中性到积极),由命题性的程度或量的保留转换到

主观性的语气或态度的保留。

这说明,影响副词"太"的功能、语义的首先是句式结构,其次是"太"与谓语关系及谓语的评价性。句式结构代表了某种话语行为,规定了副词的语境,赋予其不同的评价功能。与谓语的关系及谓语的评价性则影响"太"的语法功能及其实现,使其原本的量性意义得以实现,或者弱化乃至虚化为某种语法标记。

4.1.6　由"不太"到"不大"

马清华(1986)留意到"不大""不太""不甚""不很""不够""不十分"等"不X"结构的词语,认为"不X"是一个固定组合,表示委婉的否定。由此引导出关于固定结构"不X"的一系列研究。

曾鑫(2008)在肯定、否定互为背景与图像,不可同为目标对象的理论背景下,通过与"有点不"的比较来明确"不大"的特征:"不大"强调否定,而"有点不"强调肯定。前者的程度量较之后者要低得多,位于量级的最下级。遗憾的是,该文的研究只涉及了"不大"的命题性一面,而未涉及其主观性一面。

刘华丽(2012)把"不大"作为主观评价的副词,在意义分析中除通常的"弱化""主观"外,又增加了"表达预设"的观点,认为"不大"即为"小",因而才具有弱化程度的意义,并非由"大"来弱化否定的程度。遗憾的是,该文并未把"不大"放到具体的句型结构中去观察分析。

以下将对"不太""不大"进行考察分析。

4.1.7　"不大"与"不太"的异同

与"不太"同样,"不大"作为内含否定型的否定极性副词也具有属于命题范畴的程度(数量)保留的功能和属于主观范畴的态度保留的功能,分别表示程度(数量)不大(少),或对状态、性质表示委婉的不认可。

但有一点不同的是,"大"与否定词"不"结合的固化程度要远超于"太"与"不"的组合。因为"大"作为单音节词在现代汉语中已经失去了作为程度副词的独立地位,不能单独修饰谓语,必须与其他词语组合才能使用。而"太"则仍然保持着作为程度副词的独立地位,可以单独修饰谓语。因此,"大"与否定词"不"的组合是词素与词素的合成,组成的是词。而"太"与"不"的组合则是词与词的组合,组成的是词组结构。因而,"不大"并不能像"不太"那样扩展成"不是/算太A"的结构。同时,作为词素,其与其他词素的组合也更受限制。"大"作为词素不对谓语具有修饰性关系。

但是,由于意义、功能和结构上的相似性,把"不大"和"不太"都看作一个副

词也并无不可。

与"不太"不同,"不大"不仅作为内含否定型的否定极性副词,也具有属于命题范畴的程度(数量)保留的功能和属于主观范畴的态度保留的功能。但由于结构上的不可拆分性,只能作为整体一个词用于对谓语的修饰。

与"不太"同样,"不大"可以修饰表性状的谓语,也可以修饰心理、感知等动词,还可以修饰及物动词组合。但是两者间在功能上有一些微妙的分工和区别。

4.1.7.1 属于命题范畴的程度(数量)保留功能时

首先,在表示程度时,虽然两者可以自由互换,但在表示数量和频度时,有较大差异:数量主要由"不大"来表达,尤其是频度,只能用"不大"来表达。

例(26)对这次网购服务我不大满意。(表程度)

　　　　对这次网购服务我不太满意。(表程度)

例(27)对快递的流程我不大了解。(表程度)

　　　　对快递的流程我不太了解。(表程度)

例(28)对快递的流程我不大有了解。(表数量)

　　　? 对快递的流程我不太有了解。

例(29)我这人一到会上就不大说话。(表频度或数量)

　　　? 我这人一到会上就不太说话。

例(30)我们家一年要吃很多辣子,却不大吃糖。(表频度或数量)

　　　? 我们家一年要吃很多辣子,却不太吃糖。

例(31)我经常去钓鱼,他却不大去。(表频度)

　　　? 我经常去钓鱼,他却不太去。

例(32)南方老下雨,北方却不大下。(表频度)

　　　? 南方老下雨,北方却不太下。

在"一年要吃很多辣子,却不大吃糖"的例句中,即使有前文的"很多"暗示,用"不太"也很不自然。对比"一到会上就不大说话"的例句可知,即使是数量与频度两解的场合,"不大"的频度义也是优先的。

4.1.7.2 属于主观范畴的态度保留的功能时

委婉地表示对性状的不认可的场合,"不大"对表性状的谓语的选择有所限制,不如"不太"那么广谱和自由。例如上文有关"不太"的用例中,当谓语是消极或中性评价的词语时就不可以用"不大"来取代:

例(19)*我们那儿物价不太/贵。("物价贵"是消极事态)

　　　? 我们那儿物价不大/贵。

例(14)*今天的作业不太/难,很快就完成了。

　　　? 今天的作业不大/难,很快就完成了。

例(10)*今天车子开得不太/快。("车开得快"是中性事态)

　　　? 今天车子开得不大/快。

例(20)*今天街上人不太多。("街上人多"是中性事态)

　　　? 今天街上人不大多。

由此可见,"不大"不能用于表示对消极或中性评价的事态的委婉否认,但是当谓语是积极评价的词语时却可以用"不大"来代替。

例(13)*看样子他们谈得不太/愉快。("谈得愉快"是积极事态)

　　　看样子他们谈得不大/愉快。

例(15)*这次任务完成得不太/顺利。("任务完成得顺利"是积极事态)

　　　这次任务完成得不大/顺利。

由此可见"不大"的态度保留功能只能适用于积极评价的事态,而不适用于消极或中性评价的事态。

4.2　日语的「あまり」系副词

日语副词「あまり」有用于肯定句的用法和用于否定句的用法。与汉语副词"太"类似,「あまり」也有用在肯定句中时表示高程度,而在否定句中使用时表示低程度的用法。例如,松村明在《大辞林》(1988)中的解释:

　　①程度非常大。超出常识或预想的。太多了。

　　②(下面伴随着否定的词语)程度没有预想的那么大。并不那么。并不太。

这样一来我们就会自然产生一些疑问:否定句中使用的「あまり」为什么与肯定句中的意思不同,它们有没有相互联系的地方,如果有的话可联系的点又在哪里,等等。本书以否定构式「あまり~ない」为中心,对「あまり」在否定句中与其他成分有怎样的关系,起着怎样的作用,在意义和机能上会产生怎样的变化等问题进行讨论,旨在找出疑问的答案。

4.2.1　以往研究

据奥津敬一郎(1986)的研究,「あまり」是由动词到名词,再到数量限定词

和副词一路派生过来的。最早单独作为副词使用是在『宇津保物語』(平安前中期)中,跟表示打消的词语共现的用法较早见于『枕草子』『源氏物語』(平安中期)。作为副词,肯定的用法比否定的用法约早一个世纪。

廣坂直子(1996)从通时的角度研究了副词「あまり」表示程度过度的肯定用法和表示弱否定的否定用法,认为早期与打消共现的「あまり」其实也还是过度的意思,只是在与表示禁止的谓语共现以后才产生了如今表示弱否定的意义功能。

除了通时的研究,有关日语「あまり」系副词的研究更多的是共时的分析。

关于用于否定的「あまり」,森田良行在《基础日语辞典》(1996年第7版)中做了如下解说:

> 在能够预测数或量的情况下,表示少数、少量。在表示程度时,表示程度不高,意为"并不那么……""并不太……"。

小川輝夫(1985)将与「ない」共现,表示量或程度意义的「あまり」的3种呼应方式进行了如下比较分析:

あまり　高く（安く）ない［不太贵(不太便宜)］

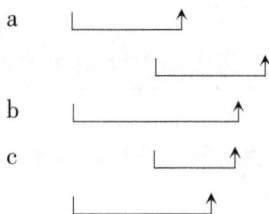

a　└──────────↑

　　　　　└──────────↑

b　└────────↑

c　　　└────↑

　　└────↑

该分析在否定 a 和 b 的呼应方式的基础上,对 c 的呼应方式得出了以下结论:

> 「あまり」似乎对价格的「高く（貴）」还是「安く（便宜）」有某种意义上的赋予,其分别体现在「高くない（不貴）」和「安くない（不便宜）」的程度上。在「あまり」与「高く」「安く」相连接之前,由「あまり」引出的「ない」先直接与「高く」「安く」相接,形成被修饰句节,准备迎接「あまり」。「あまり高くない」这一表达的意图是显示介于「高い（貴）」和「高くない（不貴）」的区域之间的中间区域。

　　小川辉夫(1985)的分析将「あまり～ない」的判断置于肯定和否定之间，立场模棱两可，在对意义与功能的解释上缺乏明确性。

　　须贺一好(1991)除了程度和量的范围，还考虑了说话人的主观态度：

　　　　把「あまり」解释为程度不严重，或者解释为不超过一般程度不恰当。……与否定呼应的「あまり」虽然是程度副词，但仅从程度这一侧面来对其定性是不够的，还必须从肯否判断这种说话者的认定方法方面进行考虑……与否定呼应的「あまり」的功能，可以说是表示对象的状态未达到可以做出肯定判断的程度。

　　这个分析明确了与否定表现相呼应的「あまり」也有与说话者的主观态度相关的意义与功能。

　　此外，服部匡(1993)在研究肯定用法与否定用法各自的语境条件的基础上，指出了两者之间具有连续性，但是并未揭示其分歧点和连接点。

　　以上以往研究留下了几个课题：

　　①「あまり～ない」构式到底有怎样的意义与功能？在这个否定构式中，「あまり」具体表示怎样的意思，有怎样的功能？

　　②「あまり」的意义、功能与谓语的性质有怎样的关联？

　　③关于「あまり」的意思，肯定句中的解释与否定句中的解释相互矛盾，为什么会做出这种矛盾的解释？

　　④肯定句中的意义、功能与否定句中的意义、功能之间是否存在联系？

　　接下来，本书将对这些课题进行探索。

4.2.2　「あまり」的意义与功能

4.2.2.1　在肯定句和否定句中的基本意义与功能

　　如以往研究所示，在用于肯定的情况下，「あまり」依赖于语法结构和附加要素，同时作为程度副词修饰谓语。但是，在用于否定时，「あまり」既与谓语有关，又与句子的否定判断有关。因此，「あまり」既可以表示程度，又可具有表示说话者主观性的主观性功能，如例(34)、例(36)。

　　例(33)あまり酒を飲むと、体に害を与える。

　　　　　（译文：饮酒过多对身体有害。）

　　例(34)体によくないから、僕はあまり酒を飲まない。

（译文：因为对身体不好，所以我不怎么喝酒。）

例（35）こんな服は学生にしてはあまり派手に過ぎる。

　　（译文：作为学生，这样的衣服太花哨了。）

例（36）この服はマダムにしてはあまり派手ではない。

　　（译文：这件衣服对贵妇来说不怎么花哨。）

　　如例（33）和例（35）所示，在肯定句的情况下，「あまり」修饰谓语，表示程度，且包含"过度"这一负面评价。如例（34）和例（36）所示，在否定句的情况下，"过度"这一层意思消失了，相比于谓语，「あまり」与句末的否定关系更紧密，与其说是修饰谓语，不如说是对句末的否定的作用更强。渡辺実（1971）将这种推动句末表达的语法功能称为诱导功能。我们通过比较含有「あまり」的否定句和不含有「あまり」的单纯否定句，进一步深入探讨「あまり」的语法功能。

例（37）a. 彼は具合が悪くて昼食を食べなかった。

　　（译文：他身体不舒服，没有吃午饭。）（≈完全没吃）

　　b. 彼は具合が悪くて昼食をあまり食べなかった。

　　（译文：他身体不舒服，没怎么吃午饭。）（虽然站在否定的立场，但并不是完全没有吃，多少吃了一些）

例（38）a. この西瓜は甘くない。

　　（译文：这西瓜不甜。）（≈完全感觉不到甜味）

　　b. この西瓜はあまり甘くない。

　　（译文：这西瓜不太甜。）（虽然站在否定的立场，但并不是完全没有甜味，多少有些甜味）

例（39）a. 陰口言う人はよくない。

　　（译文：背后说人坏话的人不好。）（≈在说话人心里没有任何优点）

　　b. 陰口言う人はあまりよくない。

　　（译文：背后说人坏话的人不太好。）（虽然站在了否定的立场上，但也并不是一点优点都没有。）

　　在简单否定句例（37）a、例（38）a和例（39）a中，谓语所表示的状态和性质的不存在或不成立，而添加了「あまり」作为修饰词的例（37）b、例（38）b和例（39）b基本上处于否定的立场，但并不完全否定谓语所表示的状态和性质，而是有保留地考虑到了谓语所表示的行为、状态和性质的存在和成立，尽管程度很低。也就是说，含有「あまり」的否定句是部分否定句。在部分否定构式「あまり～ない」中，「あまり」作为否定的焦点，表示超过"一点点"的较大量或较高程度。

这才是「あまり」的基本意义和功能。

4.2.2.2　数量和程度保留的意义功能

谓语为具有动作性的动词的情况下，「あまり」具有量的意义，提示动作、行为的频率，或提示与动作、行为相关的数量的多少。与以肯定、存在为前提的少量和低程度的「わずかしか(～ない)」(只有很少的……)，以及表示频率的「たまにしか(～ない)」(只是偶尔……)、「めったに(～ない)」(很少……)在意义上有补充关系，可以相互替换。

例(40)a. 最近僕はあまり酒を飲んでいない。

　　　　(译文：最近我没怎么喝酒。)(频率和量都可以提示)

　　　　(≠完全没有喝酒)

　　　 b. 最近僕はわずかしか(/たまにしか/めったに)酒を飲んでいない。

　　　　[译文：最近我只喝了一点点(/一两次)酒]

在谓语是消极或中性意义的词的情况下，对谓语意义的状态和性质的认定有一定幅度，是与非的界限变得模糊，所以可以修饰低程度。「あまり～ない」基本上是否定的，但也并不完全否定谓语所表示的状态的存在，而是暗示着可以少量存在。在意义上，「あまり～ない」可以转换为「大して～ない」(不太……)、「それほど～ない」(没有那么……)。

例(41)a. この電球はあまり明るくない。

　　　　(译文：这个灯泡不太亮。)

　　　　(≠完全不亮，多少有些亮)

　　　 b. この電球はわずかしか明るくない。

　　　　(译文：这个灯泡只有一点点亮。)

例(42)a. 噴射注射はあまり痛くない。

　　　　(译文：喷射注射不太痛。)

　　　　(≠完全没有疼痛，多少有些)

　　　 b. 噴射注射はわずかしか痛くない。

　　　　(译文：喷射注射只有一点点疼。)

在以上的例句中，「あまり」在保留一小部分的成立、存在的同时，将更多的注目点放在否定上，归入否定的对象范围内。「あまり」是深入命题的内容，补充及修正其内容，发挥命题性和客观性的功能。我们将这种功能称为数量或程度的保留。

4.2.2.3　态度和语气保留的意义功能

在谓语为积极评价的词的情况下,谓语所表示的状态和性质本身的程度相当高,是与非的区别就有明确的分界线,谓语不受较低程度的修饰。「僅かに＋P」(＝"仅P")的状态不成立。因此,「あまり＋Pない」(＝"不太P")和「わずかしか＋Pない」(＝"很少P")的语义补充关系也不成立。因而,「あまり～Pない」的句子实际上是对谓语的全盘否定。

但是,如前所述,「あまり」是以谓语所表示的状态和性质的极少存在为前提的,表示更高的程度。如果不存在「僅か」(极少)的程度,「あまり」也会失去程度的意义,变得形骸化。这个事实上的全部否定,在形式上依然采取「あまり～Pない」这样的部分否定的形式,但是「あまり～Pない」内包含的"稍微P"的状态失去了现实感,转变成了说话人的心情,即想要控制否定强度的意图、语气。最终,「あまり～ない」成为缓和否定的手段,一种委婉的表达,如例(43)—(45)。因此,这种情况下的「あまり」与命题的内容无关,只是表示言者的主观态度。

例(43)彼はあまり誠実な人間ではない。(＝誠実な人間ではない)

(译文:他不是很诚实的人。)(＝不是诚实的人)

例(44)最近体の調子があまり優れない。(＝優れない)

(译文:最近身体状况不太好。)(＝不好)

例(45)今回の試験の成績はあまり好ましくない。(＝好ましくない)

(译文:这次考试成绩不太人、理想。)(＝不好)

在以上的例句中,除了做比较的情况,"有点诚实""有点好""有点理想"的状态很难成立。「あまり」虽然是修饰谓语的形式,但实际上并不是如字面所示用量和程度来修饰谓语,而是起到了缓和否定的态度和语气的作用。

这样委婉的表达方式,基本上是站在排除或否定谓语所表达的状态的立场上的,但在避免率直断言,控制说话者的否定态度和语气时有一定作用。这种情况下的「あまり」的功能,可以说是对否定的主观态度和语气的保留。

综上所述,我们已经看到,「あまり」在量和程度的保留用法中起到命题性和客观性的意义与功能,在态度、语气的保留用法中起着模态和主观的意义与功能。这两种用法和意义、功能,根据修饰对象的谓语是否受到低程度的修饰,换言之,根据谓语所表示的状态和性质是否有明确的界限来区分。其中,量和程度的保留用法是基本意义和功能的具体运用,态度和语气的保留用法是基本意义与功能的展开和延伸。

本书的以往研究部分涉及的森田良行(1989)和飞田良文、浅田秀子(1990)的解释,只涉及了「あまり」的基本意义和功能在量和程度上的侧面。须贺一好(1991)也只涉及了基本意义和功能的主观性方面。两者都有其正确的一面,但也各有偏颇,必须根据修饰对象谓语的性质,来区分「あまり」在客观方面(即命题内容)和主观方面(即说话态度和语气)的意义和功能。

4.2.2.4 肯定句和否定句中的「あまり」在程度意义上的差距

关于「あまり」的程度意义,服部匡将「あまり」在肯定语境中的用法定义为"过度型用法",将其与否定表达相呼应的用法定义为"弱否定型用法"。他明确地意识到了肯定句与否定句中的「あまり」在程度意义上的差距,但并未揭示其理由。

在对肯定句中的「あまり」的意思解释中,有一个解释是"程度非常高",但这是「あまり+谓语」的句子整体的意思,并不是副词「あまり」本来应该有的意思。程度副词「あまり」的基本意思是程度超出了客观或心理上的标准,这是一种相对程度。在前述诸多论文的例句中,「あまり」表示异常的程度、超出常识的程度、超出预想的程度,也都没有脱离这个基本意义。

用于肯定句时,这个"客观的或心理的标准"主要是指常识和预想的程度。从这种异常、超出常识、超出预想的程度来看,理解成"程度非常高"也并非不可能,如例(46)a、例(47)a、例(48)a。但是,在用于否定句时,「あまりPない」总体的态度是「Pない」("不P"),只保留了微小的可能性。虽然这是「あまり~ない」这一组合的意思而非「あまり」单独的意思,但是在这样的组合中是不可能再读取到超量的意思了。因此,「あまり」程度降低的感觉就很明显,如例(46)b、例(47)b、例(48)b。

例(46)a. あまり飲むと、からだに毒だよ。(程度高于一般水平)

　　　　(译文:喝得太多对身体有害。)

　　　b. 体に有害だから、あまり飲まないほうがいい。

　　　　(译文:对身体有害,还是不要喝太多为好。)

例(47)a. あまり寒いので、外出も止めた。(异常的程度)

　　　　(译文:因为太冷了,所以也不外出了。)

　　　b. 今日はあまり寒くない。

　　　　(译文:今天不怎么冷。)

例(48)a. あんなに言われて、あまりひど過ぎるじゃないですか。(超过心理极限的程度)

（译文：那样说，不是太过分了吗？）

b. あれぐらい言われても、あまりひどい話しではない。

（译文：即使那么说，也不太过分。）

因此，与否定相结合的「あまり」中所见的低程度，与肯定句中所见的极高、极严重的程度相同，都不是「あまり」本身应该具有的意思，而是从包含「あまり」的句子整体的意思转化而来的语用论的意思。

4.2.3　由「あまり」到「大して」

副词「大して」作为连体词「大した」的否定专用形（否定极性副词），在『スーパー大辞林』有两项解释：

①「下に打ち消しの語を伴って」問題にするほどの程度でもない気持ちを表す。特別。それほど。さほど。

②程度が甚だしい様。

义项②的程度高的意思存在于古典文的肯定用法中，现代文仅限于否定用法。

那么作为否定极性副词的「大して」是否只能表示程度呢？我们从『中国語辞典』的对译例中找到了一些「大して」的正例。例如：

空いている場所は大してない。

（原译文：没有多大空地方儿。）

これらの物は大して余らない。

（原译文：这些东西剩不了多少。）

大して歩かないうちに、私は疲れて歩けなくなった。

（原译文：没走多少路，我就累得走不动了。）

大して時間がかからないうちに終わった。

（原译文：没有多大会儿就结束了。）

这些用例中的「大して～ない」都翻译成了"没走多少""没多大会儿"等，也就是数量的意思。这说明日文词典中仅限于程度的解释是不完整的。

再看在作为程度解释的用例中，「大して」到底表示什么样的程度呢？

　　我们把搜集到的「大して」和「あまり」的程度用法的用例进行了互换试验，结果是绝大部分的「大して」都可以用「あまり」代换而句子意义基本没有变化。这说明「大して」和「あまり」的程度意义几乎是一样的。然而有些含有「あまり」的否定句却不能用「大して」代换，或者替换后句子意义会发生微妙的变化。例如：

　　　例(49)小さな時には、あまり(/大して)大きく報道されない物が、大々的に、報道されている。

　　　　　(译文：小时候没怎么报道过的东西现在却被大肆报道着。)

　　　例(50)彼女の顔は大して(？/あまり)ふっくらしていない。

　　　　　(译文：她的脸不怎么丰满。)

　　　　　(以上出自『白水社　中国語辞典』的对译例。括号中代换词为引用者所加)

　　　例(51)私はさみしげな顔立ち(醤油顔かな)で黒髪は全く似合いません。髪も多くて、とても暗い人のようになります。あまり明るくないナチュラルな茶色にしています。(Yahoo！JAPAN)

　　　　　[译文：我长相本就有点凄惶(像那种酱油色)，黑发完全不适合我。头发又多，人看上去很阴暗。我就把它染成了没什么亮色的天然茶色。]

　　这三例中，例(49)如果用「大して」替换「あまり」，意义并无变化。例(50)原文「大してふっくらしていない」意为有点胖但程度不高，是在肯定的立场(确实是胖)上进行限制性修饰。如果换成「あまり」，则是基于否定的立场(不胖)。例(51)则恰好相反，「あまり明るくないナチュラルな茶色」是"几乎没有亮色的天然茶色"，若换成「大して明るくないナチュラルな茶色」则是"基调为亮色但亮度不高的天然茶色"，两者还是有明显的区别的。因此，用「大して」代换「あまり」会有意思被篡改了的感觉。

　　综合以上分析可见，「あまり」比「大して」的意义范围更广，功能更多，可以表示数量、频度、程度等，具有量性特征。而「大して」表示对程度或数量看低的主观性评价，具有主观性特征。而同样是表示程度，「あまりPない」的立场是否定的，只保留微弱到几乎可以忽略不计的程度、数量、频度，相当于汉语的"不大P""不太P""不怎么P"。而「大してPない」的程度虽然也不高，其立场却是肯定的，大致相当于汉语的"是A但不很A"。

　　这种区别我们还可以从『中国語辞典』的以下对译用例中感知到。

a. 大して劣っているわけではない。

　　（译文：弱不了多少。）

b. 大して遠くないので,1日で往復できる。

　　（译文：没有多少路,一天可以来回）

c. 私は大して役に立たない,ほんのわき役です。

　　（译文：我帮不了什么,只不过是做配角。）

d. この荷物は大して重くない,私一人で持てるよ。

　　（译文：这件行李没多重,我一个人拿得了。）

e. 大して高くない。

　　（译文：贵不了多少。）

f. この本は大してよくない。

　　（译文：这本书好不到哪儿去。）

g. 彼のだぼらをまともに聞くな,実のところ彼だって半可通で,大して
　 玄人じゃない。

　　（译文：你别听他瞎吹牛,其实他也是个二百五,不怎么内行。）

h. 市内の部屋は、水周りはどこも大して変わらないでしょ?

　　（译文：市内的房子,用水的部分都没什么大区别吧。）

『中国語辞典』的中文译文都有认可谓语的状态但又压低其程度的意味。
唯有用于积极评价的谓语的两例没有反映出对谓语的低限度认可的意味。「こ
の本は大してよくない」译作"这本书不大……好"是错误的,应该译为"这本书
好不到哪儿去"。「実のところ彼だって半可通で,大して玄人じゃない」中的
「半可通」则应译为"半吊子货",而不是"二百五"。

　　正因为「大して」的程度意义还比较实在,没有充分虚化,因此「大して」不
具备「あまり」的态度保留功能。

　　我们把前面几个具有态度保留功能的句子中的「あまり」置换成「大して」
来观察一下。

　　例(52)彼はあまり誠実な人間ではない。

　　　　　（あまり誠実な人間ではない＝不是什么诚实的人＝他不诚实）

　　　　　→?彼は大して誠実な人間ではない。

　　　　　（「大して」无此用法,即使勉强说,意思也是"虽不算狡猾,但也不是
　　　　　很诚实"。）

　　例(53)最近体の調子があまりよくない。

　　　　（調子があまりよくない＝状況不太好＝状况不好）

　　　　→？最近体の調子が大してよくない。

　　　　（「大して」无此用法，即使勉强说，意思也是"状况没大问题，但也并不是很好"。）

例（54）今回試験の成績はあまり好ましくない。

　　　　（成績はあまり好ましくない＝好ましくない＝成绩不理想）

　　　　→？今回の試験の成績は大して好ましくない。

　　　　（「大して」无此用法，即使勉强说，意思也是"不差，但也达不到理想的程度"。）

4.2.4　「あまり」系副词的用法、意义、功能小结

经过以上的论述考察，在本书第4.2节中提出的课题得到了以下结论。

Ⅰ.「あまり」的基本意思是程度、数量、频度超过了客观或心理上的标准。

Ⅱ. 部分否定构式「あまり～ない」含有微弱的肯定意思，即在否定谓语达到基准或预期的同时，保留了谓语程度中微弱的一小部分，具有命题性的程度修饰功能，以及主观性的委婉态度和语气的功能。

Ⅲ. 在部分否定构式中，形式上「あまり」是在修饰谓语的同时与否定表达相关联，但实际上，它的主要作用是与影响整个句子的否定表达相呼应的。「あまり」在量和程度的保留用法中起到的是命题性和客观性的意义与功能，在态度、语气的保留用法中是模态和主观性的意义与功能。两种意义、功能根据修饰对象的谓语是否有明确的是非界限这一性质来区分。

Ⅳ. 肯定用法的「あまり」和否定用法的「あまり」在基本意义上是相关联的，但有各自不同的意义解释，语感上存在程度的差别，这是因为各自的参照基准不同。在肯定句中以常识和预测为基准，而在否定句中以极少的存在为基准。

Ⅴ.「大して」虽然是「あまり」的近义词，但仅限于程度保留的功能。除有程度意义外，还有数量意义，但不能表达频度意义。至于态度保留的主观性功能则是「大して」不具备的。

4.3　汉语"太"系副词与日语「あまり」系副词的比较

汉语"太"与日语「あまり」作为程度副词，其基本意义都表示超过预期或常态的程度、数量等，跟表示程度、数量不够的"稍微""有点"或「ちょっと」「少し」

形成对立。通常来说，过与不过都不是理想的状态，因此"不太"与「あまり～な
い」往往用于不好的场合或事态，而要用于好的场合或事态，就需要感叹句的
允准与赋能。汉语的"太……了"构式和日语的「あまりにも～」构式都是在达
到一定基准或预期的前提下，程度令言者"感叹"时使用的，并且无论是积极事
态或还是消极事态都能使用。

　　例（55）那个球打得太好了！

　　例（56）あの打球はあまりにも凄かった。

　　例（57）那个球打得太差了。

　　例（58）あの打球はあまりにも下手くそだった。

　　因此，学界所谓"程度极高"之类的解释都不过是用于感叹句时的语用意义
而已，并不能作为"太"或「あまり」的固定义项。

　　正因为有"达到一定的基准"这一语义前提在，所以"不太＋正面评价的状
态"或「あまり＋正面评价的状态＋ない」的"不够正面状态"的意义就得到了
支持。

　　作为反义表达的"太"与"不太"、「あまり」与「あまり～ない」在程度意义上
存在着级差，这正是极性用法带来的意义、功能上的分歧与区别。

　　程度副词"太"一般修饰状态性谓语，"不太"延续了这个特点，也主要修饰
状态性谓语，表示程度意义，基本不修饰动作性谓语，不表示数量或频度的意
义。而"大"在古代汉语中就既修饰状态性谓语，又修饰动作性谓语，"不大"也
继承了这一特点，既修饰状态性谓语，又修饰动作性谓语，既表示程度，又表示
数量和频度。日语的「あまり」也同样将其肯定用法中的特点带到了否定用法
中。「あまり」作为副词，既修饰状态性谓语，又修饰动作性谓语，可表示程度、数
量和频度。而「大して」作为连体词「大した」的连用形，既修饰状态性谓语，又
修饰动作性谓语，但终究要受到原本词义的限制，保持认可的立场，可以表示程
度、数量甚至规模范围，但不能表示频度。

　　由此可见，共用语根造成的肯定形态与否定形态之间在用法功能意义上有
相当多的继承性或一贯性，但具体在哪方面保持一贯性却又是因词而异的。

　　汉语的"不太"与状态性谓语之间可以有保持修饰关系与脱离修饰关系的
两种解读，而日语的「あまり」与谓语之间则至少存在形式上的修饰关系。

　　汉语"不大""不太"的程度、数量保留功能乃至态度保留功能不仅仅存在于
结构较为紧密的"不大……""不太……"构式中，也能延伸到较为松散的"不怎
么……""不那么……"构式，甚至还能扩展到更松散的"不是太……""不是

很……""不是十分……""不是特别……"等构式中。这些构式的最大公约数就是"不(是)＋较高程度＋谓语"这一基础构式。

例(59)这次考试考得不太(/不大)理想。

例(60)这次考试考得不怎么(/不那么)理想。

例(61)这次考试考得不是很(/十分/特别/顶)理想。

这一基础构式既是部分否定,又是间接否定。由"不(是)＋较高程度"构成的部分否定兼间接否定结构都具有从程度、数量保留到态度保留的功能。

"不大"和"不太"既作为否定极性副词存在,又作为部分否定或间接否定的否定词存在,显示了否定与否定极性副词的胶着,也显示了汉语的否定表达系统的复杂性。这是汉语特有的否定内含型否定极性副词的一大特色。有别于其他诸如"未必""无须""不见得"等间接否定的是,"不大"和"不太"不能单独用来回答问题。

日语的「あまりPない」「大してPない」构式虽然同样具有程度、数量保留的功能,但由程度、数量保留的功能向态度保留功能的延伸只限于「あまりPない」构式,并不能扩展到「大して～ない」构式。

例(62)a. 今回の試験はあまりできなかった。

（译文:这回考试没怎么答得出。）

b. 今回の試験は大してできなかった。

（译文:这回考试没怎么答得出。）

例(63)a. 今回の試験はあまりよくできなかった。

（译文:这回考试答得不太好。）

b. ？今回の試験は大してよくできなかった。

当「あまりPない」「大してPない」用于表示中性结果的「できた」时,作为程度、数量保留的用法都没有问题。但是当用于表示积极评价的结果「よくできた」时,「あまりPない」「大してPない」就发生了分化。「あまりよくできなかった」表示委婉(态度保留)的否定,而「大してよくできなかった」则不成立。汉语"不太"和日语「あまり～ない」分别作为程度副词"太"与「あまり」的反义表达,说明用法的扩展与变化必然带来意义功能的发展与变化。(见表4-1)

表4-1 "不太"系副词与「あまり」系副词用法意义功能的比较

	词目	大(词素)	太	あまり	大した (连体词)
肯定用法	描写句叙述句	"大＋形容词词素(/心理动词词素/动词词素)" 大忙、大喜、大吃大喝	"太＋状态谓语(心理动词)" 太大、太关心	「あまり＋状态谓语(/动作谓语)」 あまり鹹いなら捨てよう	
	感叹句		"太＋状态谓语(/心理动词)＋了" 太了不起啦!	「あまりにも＋状态谓语(/动作谓语)(すぎる)」 あまりにも凄すぎる	「大した＋名词＋だ」 大したもんだ!
否定用法	程度保留	"不大＋谓语(形容/心理/动作)(中性或消极评价)" 不大咸、不大在乎、不大喝酒	"{不＋太}＋谓语(状态/心理)(中性或消极评价)" 不太咸、不太在乎	「あまり＋谓语(状态/心理/动作)(中性或消极评价)＋ない」 あまり鹹くない、あまり気にしない、あまり飲まない	「大して＋谓语(状态/动作)(中性或消极评价)＋ない」 大して鹹くない、大して気にしない、大して飲まない
否定用法	态度保留	"不大＋谓语(形容/心理/(中性或消极评价)" 不大行、不大满意	"不大＋谓语(形容/心理/动作)(中性或消极评价)" 不太行、不太满意、不太鼓励	「不大＋谓语(形容/心理/动作)(中性或消极评价)」 あまり行けてない、あまり満足しない、あまり薦めしない	
能否独用		不能	不能	可(あんまり) 昨日の映画は面白かった?あんまり。	不能

5 汉语"莫非""难道"与日语「まさか」的比较研究

5.1 引言

汉语的否定极性副词"莫非"与"难道"属于否定内含型否定极性副词。"莫非"是在表示否定判断的"非"字前加表示否定愿望的"莫"字构成的双重否定构造①。"难道"则是由含有否定义的"难"加动词"道"构成偏正结构组成的。两个词在意义、功能、用法上有很多共同点：同样表示对事态的"疑"的态度，同样用在问句中，同样具有"莫非（难道）……（吗）?"构式和"莫非（难道）……不成?"构式等。

无独有偶，与"莫非""难道"相应，日语副词「まさか」也同样表示对事态的"疑"的态度，同样用在问句中，也经常与表示否定的「ないだろう」「まい」等呼应使用。

那么，同样作为否定极性副词，汉语的"莫非"与"难道"有何共性与区别？汉语的"莫非""难道"与日语的「まさか」之间又有何共通之处与差异之处？以下对此展开比较研究。

5.2 关于"莫非"与"难道"的以往研究及问题点

汉语的否定极性副词"莫非"与"难道"是一对近义词，都表示揣测或反诘的语气。"莫非"早在唐五代的"敦煌变文"中就已出现，到明代的《金瓶梅词话》又与"难道"一起活跃在汉语会话中②。关于两个词语的意义、功能、用法，词典的解说比较一致。

关于"莫非"，《汉语大词典》有如下解释：

> 副词，表示揣测或反诘。或许；难道。也常跟"不成"呼应。

---

① 叶建军（2002：56-58）认为"莫非"在晚唐五代出现时是一个短语，是测度副词"莫"的否定形式。但从同时代有同义词"莫不""莫是"，现代又有同义词"莫不是""别不是"等事实来看，这个判断是有问题的。

② 杨荣祥（2005：72）所列"敦煌变文"的否定副词中有"莫非"。《金瓶梅词话》中有"莫非"和"难道"。

王自强的《现代汉语虚词词典》解释为：

【副词】
有"莫不是"的意思，表示怀疑或者推测。
有"难道"的意思，表示反诘。常常同语气助词"不成"配合着用。

吕叔湘的《现代汉语八百词》（1999增订本）：

莫非，表示怀疑或揣测，和口语"别不是"相当。常和句末的"不成"呼应。常用于书面。"莫非＋是"，表示反诘，意思相当于"难道"，做状语，可放在主语前，也可以放在主语后。

杨万兵（2008）认为，在"莫非"的两个义项中，怀疑或猜测指说话人对所说的事不确信，通过"莫非"来表达这种主观认识，系有疑而问；反诘则是说话人对所说的事已有明确认识，只不过通过"莫非"来进一步强调这种认识，系无疑而问。这是两者的差别所在。"莫非"虽有揣测和反诘两个用法，但揣测的用法更为常见。

关于"难道"，《汉语大词典》有如下解释：

副词，加强反问的语气。句末可以用"不成"呼应。

吕叔湘的《现代汉语八百词》（1999年增订本）解释为：

难道（难道说）［副］加强反问语气。句末常有"吗"或"不成"。

齐沪扬、丁婵婵（2006:6）指出："难道"本身就是"不好说"的意思，表示难以言说之意，由此而产生出"不会有这样的道理吧"这样的意思，表示反诘的意味要强于表示疑问的意味，在句子中也表现出强烈的否定倾向。

关于"莫非"与"难道"的关系，吕叔湘在《现代汉语八百词》（1999年增订本）中有比较：

【比较】莫非—难道。都是语气副词，"难道"主要表示反诘，而"莫

非"主要表示怀疑和揣测。

然而,进入21世纪以来,有许多学者指出,"难道"除了表示"反诘"的用法,还有表示揣测的用法,意思与"莫非"差不多①。

这样一来,无论在用法、句型构式上还是意义功能上,"难道"都与"莫非"完全重叠了。那么"莫非"与"难道"在意义功能用法上到底有无区别? 揣测与反诘,到底哪个是"莫非"与"难道"的基本义? 哪个是衍生义? 导致两种意义功能解释的触发机制是什么? 为了解决这些问题,以下我们在历时性考察的基础上,从共时的角度对这对近义词进行比较。

5.3 "莫非"与"难道"的历时性考察

我们从《近代汉语标记语料库》检索到了155个包含"莫非"的用例。其中能够判断为语气副词用法的有73例,中间历经了《敦煌变文集新书》《祖堂集》《永乐大典戏文三种》《全相平话五种》《全相平话五种》《关汉卿戏曲集》《水浒传》《西游记》,直到《金瓶梅》之前的用例全部用于疑问句,为带有疑问、缺乏确信的揣测用法,所揣测事项多为人物身份,少数为事态。事态多为中性,少数为负面②。到《金瓶梅》中则揣测用法与反诘用法参半。由此可见,"莫非"的基本义是表示带有疑义的揣测,而反诘则是其衍生用法。当"莫非"表示反诘用法时,除了跟句尾"不成""么"呼应,也跟疑问语气词"乎""否"呼应,更多还是跟揣测用法一样,只有疑问语气而没有其他呼应成分。而跟句尾"么"呼应的"莫非"

---

① 持此论者如苏英霞(2000)、袁劲(2001)、刘钦荣(2004)等。

② 揣测消极事态的用例:(旦出唱)【山坡里羊】知它你是及第? 知它你是不第? 知它在上国? 知它归来未? 镇使奴终日泪暗垂。莫非不第了羞归乡里? 又恐嫌奴贫穷忒地。别也别来断信息,断信息。(《永乐大典戏文三种 张协状元》)

揣测消极事态的用例:张千进去。可怎生不见出来。莫非他不肯通报。我自过去。(《关汉卿戏曲集 钱大尹智宠谢天香》)

揣测身份的用例:曹操披乘而见,邀上车与对坐。曹相问:"师父莫非江下八俊?"先生曰:"然。"〔曹操拜蒋干为师〕曹公大喜,入寨筵会数日。(《全相平话五种 三国志平话》)

揣测身份的用例:张表等众人皆惊。张表问:"甚人? 莫非探马?"张飞曰:"我不是探马,我是汉元帅手下先锋军内一卒。"(《全相平话五种 三国志平话》)

揣测中性事态的用例:道童呵呵大笑,拿著铁笛,指著洪太尉说道:"你来此间,莫非要见天师么?"太尉大惊,便道:"你是牧童,如何得知?"(《水浒传》第一回)

揣测积极事态的用例:亲随同张稍做拍卓子科。(云)妙也。妙也。小娘子。莫非识字么。(正旦云)妾身须识简撇竖点划。(《关汉卿戏曲集/望江亭中秋切鲙旦》)

也是兼有揣测与反诘两种意义的。这跟现代汉语中的用法完全相同。

关于"难道",我们同样检索《近代汉语标记语料库》,找到了 432 个包含"难道"的用例。除《元刊杂剧三十种》中 7 例表示引用的"早难道"外,其余 425 例,从元代的《关汉卿戏曲集》到清代的《岐路灯》,所有用例都用于反问句,表示对某种不合情理、荒诞不经的事态的不相信、不能接受的抵触态度。在《金瓶梅》之前,"难道"还只是单独用在要否定的事态之前,到《金瓶梅》中,才经常跟"不成"等句尾语气词相呼应起来。

这就是从历时角度观察到的"难道"的基本义和基本用法。

"莫非"与"难道"同时出现大约初见于明代中前期的《平妖传》第三十二回:

> 王则想道:"莫非是梦么? 不是梦,难道是真!"又道:"便不是真,也是个好梦,我且落得受用。"

在这个用例中,"莫非"与"难道"的意义功能似乎有些细微差别,但又能够相互替代使用。究竟两者之间有无区别,区别何在? 以下我们依托《国家语言委员会的现代汉语语料库》,从共时的角度,先按与"莫非""难道"对应的句末语气形式进行分类,再分别将一方代入另一方的正例中试验其句子是否成立及意义功能是否有改变,来考察该组词语内部的差异与分工。

5.4 共时背景下"莫非"与"难道"的比较

"莫非"作为表示揣测义的语气副词比较典型,而且跟"难道"同样使用"莫非/难道……?""莫非/难道……吗?""莫非/难道……不成?"等构式,但两者在具体意义功能上有显著差别。下面我们采用同样语句,用置换的方法,从问话的对象、表示的意图及伴随的情绪角度来进行比较考察,从而厘清所谓"难道"的揣测义到底是什么。

替换例中前加"≒"符表示可以替换且意义功能没有明显变化。"?"符表示不可替换。"Or"符表示用"莫非"或"难道"句子都通,但意义功能有所差异。

5.4.1 "莫非"被"难道"替换的情况

5.4.1.1 句尾以表示推测的"吧"字呼应时

例(1)他简直是在一眨眼之间就从一个村夫俗子变成一位审美家了。他恨
　　　不得能看一看她的眼睛才好,偏是那姑娘睡得正甜;一双眼睛闭得紧

紧的,因此他好几次想要把她叫醒。但是他觉得自己曾看见过这样一个美貌的姑娘。莫非她是仙女下凡吧?/《十日谈》

例(2)有些人虽然随着别人往前跑,但心中还多少有些怀疑:昨天还听到谣言说闯王病重,怎么会突然骑马来到这里? 莫非是别人吧? 等他们过了林木葱茏的土丘,看清楚沟南岸,巍峨的悬崖下边,那匹特别高大的深灰色骏马上骑着的大汉时,不由得叫来:"是闯王! 是闯王!"/《李自成》

例(3)今天似乎是一个特殊的日子,平时互不来往的这些人结伴从他屋前经过,莫非有什么事要发生吧? 胡三兴奋起来,穿好鞋到外面去看。/《残雪自选集》

例(4)她父母的眼力非常厉害,光线那么暗淡,也发现了我的"毛病":这年轻人,太瘦了,真是太瘦了,莫非患有什么病吧? 可怜天下父母心。谁不希望自己的女儿找个高学历身体棒的女婿呢?/《作家文摘》

我们暂且把"莫非"从句中剥离,来观察没有"莫非"修饰的"吧"字疑问句原句的意思,以作为"莫非"的语境。然后尝试将"莫非"替换成"难道"进行观察。

例(1')他觉得自己几曾看见过这样一个美貌的姑娘。莫非她是仙女下凡吧?

? 他觉得自己几曾看见过这样一个美貌的姑娘。难道她是仙女下凡吧?

例(2')昨天还听到谣言说闯王病重,怎么会突然骑马来到这里? 莫非是别人吧?

? 昨天还听到谣言说闯王病重,怎么会突然骑马来到这里? 难道是别人吧?

例(3')今天似乎是一个特殊的日子,平时互不来往的这些人结伴从他屋前经过,莫非有什么事要发生吧?

? 今天似乎是一个特殊的日子,平时互不来往的这些人结伴从他屋前经过,难道有什么事要发生吧?

例(4')这年轻人,太瘦了,真是太瘦了,莫非患有什么病吧?

? 这年轻人,太瘦了,真是太瘦了,难道患有什么病吧?

这些剥离了"莫非"的"吧"字疑问句原句都是表示揣测的,倾向于事态的"是"或"有"。加了"莫非"以后,整句添加了对揣测结果不敢确信的态度。如果替换为"难道",则其倾向于排除的基本义与"吧"字疑问句的基调相悖,因而不成立。

5.4.1.2　句尾没有语气词呼应时

这种用法仅靠"莫非"与句尾语气的配合及文中事态的合理性来判断其确信度或抵触度,这时"莫非"因没有句尾成分构成的特殊语境的约束,意义、功能及伴随情绪都较为灵活,可以表示揣测,也可以表示怀疑甚至质问,伴随情绪也可以是接受或抵触。而"难道"则始终表示带有抵触情绪的怀疑或质疑,即"莫非"——揣测;"难道"——怀疑。

剥离了"莫非""难道"的原型句都是表示揣测的疑问句。用"莫非"时表示指向事态成立的正向推测或揣测,用"难道"时表示指向排除、否定的反向推测。这种类型的用例特别多,也有多种情形。

A. 句中有"大惊""心头一惊""警觉起来""纳闷""觉得奇怪"等暗含揣测意思的词语,跟"莫非"形成意义上的呼应。"莫非"表示对事态带有疑义的揣测。

例(5)龙王大惊,莫非那猴儿又来抢水晶宫的"夜明珠"了?/《水晶宫里的烦恼》

例(6)但当他听到汽车车轮跟柏油路面摩擦所起的"咝咝咝"的声音,好象在自己房子门口嘎然而止时,他警觉起来:莫非是找我来的?/《黑龙号失踪》

例(7)方遁斋老先生抱孙心切,刚占了个周易神卦,求得≡≡,是"小畜"卦,什么"密云不雨","舆脱辐,夫妻反目","血去惕出无咎",看了《易经》的卦词纳闷,想莫非媳妇要难产或流产? 正待虔诚再卜一卦,忽听儿子没头没脑的来一句,吓得直跳起来:"别胡说!"/《围城》

例(8)莫非这次事故也是飞鸟冲进了进气道造成发动机停车的?/《意外的意外》

例(9)他想:莫非这位滑稽朋友到这儿静坐绝食来啦?/《蜘蛛猴开饭店》

如果剥离了"莫非",原句就都是表示揣测的疑问句,揣测的内容又都是担心、怀疑的负面事态,这时"莫非"那种又揣测又不愿其成真的抵触心理就比较明显。特别是"莫非这位滑稽朋友到这儿静坐绝食来啦?"这一句,还带有戏谑的感觉,表明说话人只是提示了某种可能性,并不是真正相信此事态会发生。我们尝试用"难道"来替代它,结果如下:

例(5')龙王大惊,莫非那猴儿又来抢水晶宫的"夜明珠"了?

　　　Or 龙王大惊,难道那猴儿又来抢水晶宫的"夜明珠"了?

例(6')他警觉起来:莫非是找我来的?

　　　Or 他警觉起来:难道是找我来的?

例(7')方遁斋老先生看了易经的卦词纳闷,想:莫非媳妇要难产或流产?

    Or 方遁斋老先生看了易经的卦词纳闷,想:难道媳妇要难产或流产?

例(8')莫非这次事故也是飞鸟冲进了进气道造成发动机停车的?

    Or 难道这次事故也是飞鸟冲进了进气道造成发动机停车的?

例(9')他想:莫非这位滑稽朋友到这儿静坐绝食来啦?

    Or 难道这位滑稽朋友到这儿静坐绝食来啦?

由以上例句可知,用"难道"替换也能成立。只是用"莫非"时确信程度高一些,怀疑或心理抵触小一些。用"难道"时心理的抵触更强,说话人不愿意接受所揣测的事态。与其说是推测,不如说是怀疑。尤其是"莫非这位滑稽朋友到这儿静坐绝食来啦?"这一句,替换成"难道"后,这种戏谑的意味就变成荒唐不可信,抵触的情绪更加强烈。

B."莫非"的前后有暗示因果关系的词语,提示判断揣测的依据。如下列句中"听到这声音""腹部微微隆起""吃得撑的慌""按你的说法"等。

例(10)林美玲被摸得心里恼火,可听到这声音,心里又踏实了点儿,莫非这是帮小毛贼?/《罗曼律师》

例(11)马教练的腹部微微隆起,莫非她怀着娃娃跑了几千里路?/《会当凌绝顶》

例(12)女贼也讥诮道:"莫非吃得撑的慌,跳开舞啦?"/《棉田里的战役》

例(13)周大勇忙问:"老伯伯,按你的说法,莫非李振德老人还在世?"/《保卫延安》

例(14)柯爷爷,这个副巢屯积了这样多的粮食,莫非它是一个仓库?/《槐安国探险记》

如果剥离了"莫非",原句就都是表示揣测的疑问句,揣测的内容又都是能够接受的积极事态,如"李振德老人还在世?""它是一个仓库?"。这时"莫非"的推测义很强,而且几乎没有心理抵触。我们不妨尝试同时以"莫非"和"难道"修饰来进行对比。

例(10')林美玲被摸得心里恼火,可听到这声音,心里又踏实了点儿,莫非这是帮小毛贼?

    ≒ 难道这是帮小毛贼?

例(11')马教练的腹部微微隆起,莫非她怀着娃娃跑了几千里路?

    ≒ 马教练的腹部微微隆起,难道她怀着娃娃跑了几千里路?

例(12')莫非吃得撑的慌,跳开舞啦?

　　≒ 难道吃得撑的慌,跳开舞啦?

例(13')老伯伯,按你的说法,莫非李振德老人还在世?

　　≒ 老伯伯,按你的说法,难道李振德老人还在世?

例(14')这个副巢屯积了这样多的粮食,莫非它是一个仓库?

　　≒ 这个副巢屯积了这样多的粮食,难道它是一个仓库?

由以上例句可知,这些句子也能用"难道"替换,虽然确信程度上有较大差距,更加趋于难以置信,但主要还是对事态可能性的疑虑,对事态本身并无抵触。

C. 句中有"什么""啥"等表示存在的不定代词或"还是""抑或"等带有不确定含义的选择连词等与"莫非"呼应。"莫非"之外的疑问句原句都表示带有很大的可能性的揣测。"莫非"与之配合,只是加重了揣测语气,基本上没有排斥、抵触的感觉。

例(15)莫非这人看我是外埠打扮,想用什么花招骗我?/《冷若冰霜》

　　Or 难道这人看我是外埠打扮,想用什么花招骗我?

例(16)在出站的那个当口中,我注意到你看也不看车票,手一甩就送给了检票员,动作小而流畅,你一边递票一边向外张望,我真不知你在看什么,莫非你约了别的什么人?/《闭上你的眼睛》

　　Or 我真不知你在看什么,难道你还约了别的什么人?

例(17)周圣三心生疑惑:这老头,看样子是本岛上的坐地户,门口就有便衣狗子,说话怎么这样畅快,就没点惧怕,莫非跟匪徒们有啥特殊关系? 倒要防着他一手。/《奇人行踪》

　　Or 这老头,看样子是本岛上的坐地户,难道跟匪徒们有啥特殊关系?

例(18)他母亲让我坐在沙发上,然后仔细打量着我,看得我有些发毛。莫非我的衣服脏了,还是身上有什么滑稽的地方?/《中学生梦幻曲》

　　Or 看得我有些发毛。难道我的衣服脏了,还是身上有什么滑稽的地方?

例(19)42岁的贾忍放,此时静静地伫立在西安小寨他的医院大门口,望着满天的星辰,若有所思。莫非他又看到了药王那沉重的药碾,抑或他的思绪又回到了那漫山遍野的药的海洋……/《1994年报刊精选》9

　　Or 难道他又看到了药王那沉重的药碾,抑或他的思绪又回到了那

漫山遍野的药的海洋……

以上用例，若是替换成"难道"，这些句子的确信度就会大大下降，怀疑或推测中伴有更多难以置信的抵触情绪。

D. 句中有"真的""果然""确实"等词语，剥离了"莫非"的疑问句原句都是表示追问的反问句，本身就带有不愿相信的抵触意味。"莫非"在这样的语境中使用，其带有疑义的正向揣测之义与之相得益彰。

例(20)莫非球场里真有她所不知道的奥秘？/《净火》

　　Or 难道球场里真有她所不知道的奥秘？

例(21)有一天我实在忍不住的说起"角门里"，我想由此再引到哭声的问题上去，当我说到"角门里"的时候停了一下，偷看她的小脸上确乎有一种与往日不同的神色，"莫非真有什么隐秘吗？"/《幽灵》

　　Or 我偷看她的小脸上确乎有一种与往日不同的神色，难道真有什么隐秘吗？

例(22)我偷偷地看了王强和李辉一眼，莫非他俩真是机器人？要不怎么会给抓进来呢？/《我不是机器人》

　　Or 难道他俩真是机器人？要不怎么会给抓进来呢？

例(23)"这可怎么好，可怎么好？"杨妈说，"全义，你知道，咱家可从来……从来也没出过这种事啊。莫非，莫非真的是天意？"张全义"哼"了一声，说"如果是天意，它何必这样？让老爷子永远摇不出吉签儿不就成了？"/《皇城根》

　　Or 难道真的是天意？

这些句子中的"莫非"换成"难道"后，语义中对事态可能性的排斥感更加强烈，表明说话人不愿接受该判断的高度怀疑态度，即"莫非"——质疑；"难道"——更强质疑。

如果问句本身就表示说话人所不能接受的事态，作为语境也都可与"莫非"的不能接受的态度相呼应，构成较强的质问语气。

例(24)我在工厂当化验员，你这里哪来的工厂，莫非要叫我失业？/《闭上你的眼睛》（担心，不接受）

　　≒ 我在工厂当化验员，你这里哪来的工厂，难道要叫我失业？

例(25)在欧洲许多国家里近年来不断上升的排外主义浪潮莫非算不上侵犯人权？为什么那些坚定的人权卫士们不起草一个关于自己上述问题的决议，以向人权委员会哪怕是宣示一下他们的公正、客观和

非选择性呢？/《人民日报》1995年2月（诘问，不认可）

≒ 在欧洲许多国家里今年来不断上升的排外主义浪潮难道算不上侵犯人权？

以上这些句子的"莫非"如果都换成"难道"，不相信、不认可、不接受的抵触情绪会更加强烈。

5.4.1.3 句尾以表示否定、打消的"不成"呼应时

由"……不成"构成的原型句本身就带有强烈的排斥与不信的意思，"莫非"与之呼应，只是起到了导出某种揣测的作用，该揣测旋即被后面的"不成"打消，否定意味加重而成为怀疑甚至质疑。伴随情绪也趋于抵触与排斥。

老舍《女店员》第二幕第二场的一段台词印证了这种关系：

莫非我看错了人？不能啊！

这段台词的事态是"我看错了人"，对此事态说话人用了"莫非"来表示对该事态成立的质疑与抵触态度，并且补上一句"不能啊！"表示对该事态可能性的否定，实施了这个否定行为。两句合起来，意义、功能也完全相同，就是"莫非我看错了人不成"。

"难道"也经常与"不成"相呼应。"难道"的怀疑态度借由"不成"的否定作用而进一步强化，成为质疑。

例（26）有意思的是，对几面在大阪附近出土的古代铜镜产地，中日考古专家发生了分歧，日本学者说是从中国输入的，中国学者却认为当是日本自产。大家一笑，说是莫非在替各自的祖先谦虚不成？/CCL《人民日报》1994年第3季度（设疑、抵触）

≒ 大家一笑，说是难道在替各自的祖先谦虚不成？（质疑、抵触）

例（27）本来在古希腊时代，是体育把交战的敌手变成了竞争的对手，用赛场取代了战场。而今，赛场莫非又要向战场演化不成？这实在是现代体育令人叹息之处。/CCL《人民日报》1996年5月（担忧，抵触）

≒ 而今，赛场难道又要向战场演化不成？（质疑，排斥）

例（28）胡雪岩大为诧异，求田问舍，往往经年累月，不能定局，她居然一天工夫就定局了，莫非受人哄骗不成？罗四姐看他的脸色，猜到他的心里，"你不相信？"她问。"不是我不相信，只觉得太快了。"/《红顶商人胡雪岩》（疑惧，抵触）

　⇌ 求田问舍,往往经年累月,不能定局,她居然一天工夫就定局了,
　　难道受人哄骗不成?(怀疑,抵触)

例(29)"你看画得还可以吗?"她问,一边朝自己的画点点头。菲利普站起
　　身,凑过来看她的画。不看还罢,一看大吃一惊。她莫非是瞎了眼
　　不成? 画儿完全走了样,简直不成个人形。"我要能及到你一半就挺
　　不错了。"他言不由衷地敷衍说。/《人性的枷锁》(怀疑,抵触)

　⇌ 不看还罢,一看大吃一惊。她难道是瞎了眼不成? 画儿完全走
　　了样,简直不成个人形。(质疑,抵触)

例(30)农民们惊愕了,头脑中一片空白:"莫非受了骗不成?"他们找村长,
　　找支书,找供销社主任。这些父母官们开始还不相信这是真的,可
　　眼前的事实却不容他们怀疑。/CCL《1994年报刊精选》11(疑惧,
　　抵触)

　⇌ 农民们惊愕了,头脑中一片空白"难道受了骗不成?"(怀疑,
　　抵触)

例(31)托生为一名贫苦农家的娃子,命里注定必须挥镰舞锹,放学回家后
　　不去干活,莫非要终日养膘坐等衣食不成? /CCL《人民日报》1998年
　　3月10日(疑惧、抵触)

　⇌ 放学回家后不去干活,难道要终日养膘坐等衣食不成?(质疑、
　　排斥)

由以上例句可知,"莫非"换成"难道"以后,句中质疑、排斥的语气更强。

5.4.1.4　句尾以表示质询、疑问的语气词"吗"呼应时

与"莫非"呼应的"吗"字疑问句有表示疑惑和表示反问两种。

A. 与表示疑惑的"吗"字疑问句呼应的用例:

例(32)王所长好象从五里雾中清醒过来,拽住冯教授的手摇个不停:"莫非
　　这就是你在车上说的'电池'吗?"/《第三颗钮扣》(揣测,接受)

例(33)不知什么地方钟嘡地一声响。"怎么,莫非已经七点半了吗? 不可
　　能,大概这钟快了!"/《罪与罚》(揣测,抵触)

例(34)老人这才低头看见了小木人,原来他并没想到来的是个小朋友。哎
　　呀! 老人惊异地说:"原来是个小孩儿呀! 怎这么黑间半夜的出来
　　呢? 莫非走迷了路,找不到家吗?"/《老舍短篇》(揣测,接受)

例(35)这家伙说要干什么工作,难道犯下了那样大的罪恶之后,还胆敢在
　　这半夜里开始什么雕刻工作吗? 只见他手里拎着个大榔头,刚才似

乎还把一个什么东西放进了口袋,也许是一把凿子吧? 莫非他现在就要开始木刻吗?/《地狱的滑稽大师》(揣测,接受)

这些句中,去掉"莫非"句子也是完全成立的,我们可以视为原语。在这个背景下不妨分别加上"莫非"和"难道"进行对比:

例(36)莫非这就是你在车上说的"电池"吗?

　　Or 难道这就是你在车上说的"电池"吗?

例(37)怎么,莫非已经七点半了吗? 不可能,大概这钟快了!

　　Or 怎么,难道已经七点半了吗?

例(38)原来是个小孩儿呀! 怎这么黑间半夜的出来呢? 莫非走迷了路,找不到家了吗?

　　Or 怎这么黑间半夜的出来呢? 难道走迷了路,找不到家了吗?

例(39)只见他手里拎着个大榔头,刚才似乎还把一个什么东西放进了口袋,也许是一把凿子吧? 莫非他现在就要开始木刻吗?

　　Or 难道他现在就要开始木刻吗?

显然,"莫非"是在"吗"字疑问句疑惑的语境下加上了不确定的意思,共同构成了不带确信的测度的语义。如果换成"难道",则都变成带有较强抵触和排斥的"怀疑"语义,句子也会变成反问句。

B. 与表示反问的"吗"字疑问句呼应的用例:

例(40)咱们再来说说《太阳报》一再强调的"发霉"吧,在这段短短的段落里,这位编辑提到的"霉"字竟有三次之多。莫非他真不懂"发霉"是怎么回事吗? 莫非他没听说过所谓"霉",即一种真菌,而这种真菌的最普通的特性之一就是能在24小时之内迅速成长和凋萎?/《罗杰疑案》

例(41)"莫非情况这么糟吗? 可你,老兄,论穿戴,往常你可是比我们大家都强啊,"他瞅着拉斯科利尼科夫那身褴褛的衣服,又加上一句,"你坐啊,大概累了吧!"当拉斯科利尼科夫躺倒在比他自己的沙发更差的漆布面土耳其式沙发上的时候,拉祖米欣突然看出,他的客人有病。/《罪与罚》

例(42)你们认为动物会有感觉吗?

　　——感觉什么? 傻瓜,莫非它们有灵魂吗?

　　——我是说它们会有快感吗,就像女人那样?

　　——玛尔巴贝阿达那只母狗跟女人一个样? 博阿,你真叫人恶

心。/《城市与狗》

这些句子去掉"莫非"也是完全成立的,我们可以视为原语,也不妨把"莫非"和"难道"代入进行比较。

例(40′)这位编辑提到的"霉"字竟有三次之多。莫非他真不懂"发霉"是怎么回事吗?(质疑,抵触)

≒ 难道他真不懂"发霉"是怎么回事吗?(更强质疑,抵触)

例(41′)莫非情况这么糟吗? 可你,老兄,论穿戴,往常你可是比我们大家都强啊!(质疑,抵触)

≒ 难道情况这么糟吗?(更强质疑,抵触)

例(42′)你们认为动物会有感觉吗?

——感觉什么? 傻瓜,莫非它们有灵魂吗?(质疑,抵触)

≒ 傻瓜,难道它们有灵魂吗?(更强质疑,抵触)

在"吗"字疑问句构成的反问语境中,"莫非"所带有的不愿相信的抵触态度与之相呼应,共同构成了强烈质疑的语义。如果换成"难道",质疑的语气会更加强烈。

5.4.2 "难道"被"莫非"替换的情况

反过来我们看看"难道"都有哪些用法能被"莫非"替换,哪些不能替换。

首先,"难道"的用法全都是用于反问句中。这也分为几种情况。

5.4.2.1 用于肯定反问句式时

用于肯定反问句中时基本上是"难道＋(是/能/会/应该)＋(吗)?"构式。根据构式的实质性内容,"难道"有可以用"莫非"替换和不可以替换两种情形。

A. 构式中内容属于情景性、描述性假想的场合,可以用"莫非"替换。

在第5.4.1节"莫非……吗?"构式中,我们看到,作为构式的实质性内容大多是例如"已经七点半了""他真不懂'发霉'是怎么回事""情况这么糟""走迷了路,找不到家了""真的有鬼""它们有灵魂""斋木犀吉要从我的小世界中进行第三次的失踪""他现在就要开始木刻"这样情景性、描述性的事态。当"难道……吗?"构式中也出现类似内容时,就很容易被"莫非"替换。

例(43)我忽然想起我在河边看见一条鱼,在没有水的沙滩上挣扎的情景,我难道也会跟那条鱼一样,活活地憋死吗? /《上月球》

≒ 我莫非也会跟那条鱼一样,活活地憋死吗?

例(44)你历来标榜你的文学座右铭是"哪儿人多不去哪儿",可你在大家一

窝蜂拥向和攀扶企业家热潮之后,还赶来凑上去一分子,如果不是吃错药,就只能用经济学家亚当·斯密的"经济是只看不见的手"的理论来解释——你老兄难道也被这无所不在的"手"操纵了吗? /《"拷贝"李秀森》

　　≒ 你老兄莫非也被这无所不在的"手"操纵了吗?

例(45)斯琴高娃抱了"金鸡"走了。难道真像有些人说的那样,外国的月亮比中国的月亮圆吗? /CCL《1994年报刊精选》4

　　≒ 莫非真像有些人说的那样,外国的月亮比中国的月亮圆吗?

例(46)赤豆递过氧气瓶,奇怪地问:"难道他也要呼吸吗?"《花生米医生出诊记》

　　≒ 莫非他也要呼吸吗?

B. 当构式的实质性内容是主观性内容的场合,不能用"莫非"替换。

这类内容多采用"是……的""就是""能(就能)""可以(就可以)""应当""一定""算(就算)""有(有什么)"之类的形式。

例(47)呜呼,竞争被理解得如此荒唐,难道竞争意识就是欺骗,就是人格的颠倒吗?/《竞争需要诚恳品质》(质疑竞争就是欺骗,就是人格的颠倒)

　　? 莫非竞争意识就是欺骗,就是人格的颠倒吗?

例(48)那个期间的"打倒一切""全面内战"和"打砸抢抄抓",难道能叫作"民主"吗?/《社会主义民主的新开端》(质疑能叫民主)

　　? 那个期间的"打倒一切","全面内战"和"打砸抢抄抓",莫非能叫作"民主"吗?

例(49)在资本主义国家也只是资产阶级一个阶级的两党制,是资产阶级的各种党派"轮流执政",从来也不是资产阶级的政党和无产阶级的政党"轮流执政",难道在我国就可以实行工人阶级和民族资产阶级的两党制吗?/《在国家和法的理论问题上驳斥右派谬论》(质疑可以实行两党制)

　　? 莫非在我国就可以实行工人阶级和民族资产阶级的两党制吗?

例(50)那些出勤不出工,出工不出力,出力不出活,不服从分配,闹工资,闹待遇,甚至贪污盗窃,侵占国家财产的人,他们长了三只手,难道反而是光彩的吗? /CCL《中国青年报》1983年9月1日(质疑反而是光彩的)

　　? 他们长了三只手,莫非反而是光彩的吗?

例(51)一个在党和人民怀抱里成长起来的共产党员,在党和人民需要的时候,难道还有什么个人利益不能抛弃吗? /CCL《解放军报》1983年10月20日

　　? 共产党员在党和人民需要的时候,莫非还有什么个人利益不能抛弃吗?

　　至此,我们看到在"莫非……吗?"构式和"难道……吗?"构式中,"莫非"具有提起情景性假想又表示不相信、不愿意等态度的功能,描述性质较为明显。而"难道"则易于使用在含有强调及当为等事理性议论的句中,具有较强的批判、质疑的主观性功能。

5.4.2.2　用于否定反问句式时

反问句式也分为"难道不(没)……吗?"构式和"难道……不成?"构式。

A. 使用"难道不(没)……吗?"等否定反问构式时。不能用"莫非"替换。

例(52)拿汉字作例,"奸淫""妖""奸"这些本不限于女性才有的坏品性,都算在女人的账上,难道不是奴隶社会、封建社会重男轻女、侮辱妇女的观念的反映吗?/《关于中国文字有没有阶级性和改革问题》(主张是重男轻女,侮辱妇女的观念的反映)

　　? 拿汉字作例,"奸淫""妖""奸"这些本不限于女性才有的坏品性,都算在女人的帐上,莫非不是奴隶社会、封建社会重男轻女、侮辱妇女的观念的反映吗?

例(53)你看,这小小的蚕儿,难道不是我们这个世界上的一宝吗! /《春蚕赋》(主张是我们这个世界上的一宝)

　　? 你看,这小小的蚕儿,莫非不是我们这个世界上的一宝吗!

例(54)但是在另一方面,难道这些坏分子就没有露出狐狸尾巴来吗? /《不让反革命分子"滑过去"》(主张坏分子露出狐狸尾巴过)

　　? 莫非这些坏分子就没有露出狐狸尾巴来吗?

例(55)森林覆盖率已经高达71%的芬兰,人们骄傲地说"芬兰人是爱森林胜过爱生命的人民",难道我们不应该学习吗?/《万水千山莫等闲》(主张我们应该学习)

　　? 芬兰人是爱森林胜过爱生命的人民,莫非我们不应该学习吗?

　　这些句子,句型基本上是"难道+不(是/能/应该)+吗?"构式,否定词前面常常附加表示某种逻辑关系的副词。"难道"表示对否定事态或判断的强烈排斥

态度。整个句子通过这个双重否定构式表示某种正面的主张或愿望。带句尾疑问语气词"吗"的反问句比不带的语气更强。由于实际语义是强调肯定,跟"莫非"表示缺乏确信的揣测的原义不相符合,因此不可用"莫非"替换。

B. 用于"难道……不成"构式时,可以与"莫非……不成"构式互相代换,意义、功能略有变化。

例(56)丁碧实在听不下去了,遂说道:"你也太目无尊长了!他是俺的亲戚,你偏说他长得像女真人,难道对俺怀疑不成!……"/《努尔哈赤》(强质疑)

Or 他是俺的亲戚,你偏说他长得像女真人,莫非对俺怀疑不成!(弱质疑)

例(57)群众抱着怀疑的态度:我们造了这么多年林,树也没长起来,难道这里的荒山也会怕当官的不成? /CCL《1994年报刊精选》10(强质疑)

Or 我们造了这么多年林,树也没长起来,莫非这里的荒山也会怕当官的不成?(弱质疑)

例(58)第三天,张大毛来到李家拉猪,见猪没了,要求李三保退还800元钱。李三保一听急了,说:"猪已经卖给了你,现在这猪被别人偷走了,怎么能要我赔钱?难道我帮你存着猪还错了不成?"/《人民日报》1995年7月(强质疑)

Or 猪已经卖给了你,现在这猪被别人偷走了,怎么能要我赔钱?莫非我帮你存着猪还错了不成?(弱质疑)

例(59)这次下岗让元吉荣痛苦不堪。自己到底能干点什么?难道自己这辈子就这么过不成?/《人民日报》1998年(强质疑)

Or 自己到底能干点什么?莫非自己这辈子就这么过不成?(弱质疑)

不管是"难道……不成"构式,还是"莫非……不成"构式,都是推出某种假想事态,表示该事态是荒谬的,显示自己不可接受的态度。

该构式一般表示说话人的意见,有时也可以像"莫非是做好吃的怕人家讨要不成?",作为一个可信度存疑的设问,提起下文。

5.4.3 "难道"与"莫非"的否定极性

从前面的置换比较中看到,"难道""莫非"虽然都用于问句中,但"莫非"趋向于事态的"有"或"是",其否定极性不强、不典型。相反,"难道"对事态强烈的

怀疑、排除的态度则显示出很强的否定极性。

我们从《国家语委现代汉语语料库》500个"难道"用例中搜到183个"难道＋事态＋?"构式、298个"难道＋事态＋吗?"构式、10个"难道＋事态＋不成?"构式。另有9个"难道……"样式,因语焉不详,作为无效例。可见"难道＋事态＋(吗)?"构式占绝对多数,是主流的用法,"难道＋事态＋不成?"构式则是近代汉语的遗存。以下我们分别分析揣测(怀疑)、质疑、反诘(双重否定,简称"双反")这3种意义功能中有效构式的否定强度。

5.4.3.1 用于揣测用法时

"难道"用于揣测用法时,其"疑"的成分要多于"测"的成分,具有具象的特点。"难道＋事态＋?"构式、"难道＋事态＋吗?"构式和"难道＋事态＋不成?"构式除在怀疑这一点上一致外,各有微妙的区别。

A. 使用"难道＋事态＋?"构式时。带有"疑惧"的情绪。

例(60)难道妈妈有什么事,瞒着我和哥哥,也瞒着爸爸? /《中学生梦幻曲》
　　　　(自问,揣测,疑惧)

例(61)达尔文全身一震,"难道,难道华莱士也在研究物种起源!"/《梦魇》
　　　　(自问,揣测,疑惧)

例句中"妈妈有什么事"和"华莱士也在研究物种起源"都是猜疑的内容,言者不希望甚至担忧其真的发生。

B. 使用"难道＋事态＋吗?"构式时,相较于"难道＋事态＋?"构式的"疑惧"义,"难道＋事态＋吗?"构式更强调"疑",其"不信"的意味明显强于前者。

例(62)难道这玩艺儿就是那神通广大的"电子间谍"吗? /《奇机怪弹》(自问,揣测,不信)

例(63)难道这支笔里装了个微型录音机吗? /《神笔》(自问,揣测,不信)

例(64)不知怎么的,他们忽然听不到声音了,心里都在猜想,难道会议散了吗? /《山风》(自问,揣测,不信)

例(65)我忽然想起我在河边看见一条鱼,在没有水的沙滩上挣扎的情景,我难道也会跟那条鱼一样,活活地憋死吗? /《上月球》(自问,揣测,不信)

C. 使用"难道＋事态＋不成?"构式时,先由"难道"试探性地导出某个带有疑念的猜想,又从该事态发生、成立的可能性、合理性上自我打消掉,前后呼应,来表示对事态的成立、发生既有所揣测又抱有强烈抵触的矛盾心理。

例(66)灵灵闭上眼睛,心想:"难道其中真有一真一假不成?"/《真假金猴

王》(自问,设疑,抵触)

例(67)难道教书跟作诗一样,需要"别才"不成?/《围城》(自问,设疑,抵触)

例(68)教师团结大院的邻里相处得和睦融洽是久有耳闻的。但是这个大院的"怪"现象却令人费解——许多户居民做饭菜时把门窗关得很紧,即使三伏天也不例外。难道是做好吃的怕人家讨要不成?/CCL《人民日报》1995年2月(自问,设疑,抵触)

我们从3种构式中各取一例进行相互置换,可以明显看到其中的差异。

例(60')难道妈妈有什么事,瞒着我和哥哥,也瞒着爸爸?(自问,揣测,疑惧)

　? 难道妈妈有什么事,瞒着我和哥哥,也瞒着爸爸吗?(自问,怀疑,不信)

　? 难道妈妈有什么事,瞒着我和哥哥,也瞒着爸爸不成?(自问,设疑,抵触)

例(62')难道这玩意儿就是那神通广大的"电子间谍"吗?(不确定对象,怀疑,不信)

　? 难道这玩意儿就是那神通广大的"电子间谍"?(不确定对象,揣测,狐疑)

　? 难道这玩意儿就是那神通广大的"电子间谍"不成?(不确定对象,设疑,抵触)

例(66')难道其中真有一真一假不成?(自问,设疑,抵触)

　? 难道其中真有一真一假?(自问,揣测,狐疑)

　? 难道其中真有一真一假吗?(自问,怀疑,不信)

5.4.3.2　用于质疑用法时

质疑用法多用于面向未来的,或抽象性(观念性)的事态。

A. 使用"难道＋事态＋?"构式时,该构式的质疑用法都对文中事态表现出不相信、不接受的抵触情绪。

例(69)好几次,劳累一天的陈思宏在静寂的夜晚,眼望棚顶芦苇缝隙中透进的幽幽月光,一种孤独感就袭上心头;自己不像别人那样,上海还有个舒服的家;生活迫使自己到了这里,难道就这样在猪棚里消磨青春年华?/《陈思宏和她的猪娃》(自问,质疑,否定)

例(70)她铁板着脸反问:"难道我的女儿成绩这么差,只配去当艺术上的花

瓶?"/《"建筑师"成了歌唱家》(他问,质疑,排斥)

例(71)她打断了我的话:"难道为了一个不再爱你的人要等他一辈子?" /
《幸亏她的指点》(他问,质疑,排斥)

例(72)我们点灯买不上煤油,难道现在还叫我们点松明子?/《女"父母官"
传奇》(他问,质疑,抵触)

B. 使用"难道+事态+吗?"构式时,与"难道+事态+?"构式相比,"难
道+事态+吗?"构式在对文中事态表现出不相信、不接受的抵触情绪上是一致
的,只是用疑问语气词"吗"的质疑语气更强一些。

例(73)这时,他心中非常难过,难道我就这样伏在地下,等待鬼子开枪结束
我的生命吗?/《我是中国人》(自问,质疑,抵触)

例(74)难道一个冶金工程师,单凭决心和信心,就能找出从来没有接触过
的机械和仪表的故障吗?/《神奇的三色邮包》(不确定对象,质疑,
不信)

例(75)难道一个簸箕只因被挂在了美术馆的墙壁上便也成了艺术品而不
再是簸箕了吗?/《生命的邀约》(不确定对象,质疑,排斥)

例(76)难道,女人有了家,生完了孩子,就该关在屋子里,任自己的理想泯
灭吗?/《柔道女裁判》(不确定对象,质疑,排斥)

C. 使用"难道……不成"构式时,由于"难道……不成"构式的自足性,因此
多用于当前事态,不能用于否定性事态。又由于其构式中自带否定的表态功
能,隐含"不该""不能""不会"的意思。

例(77)这次下岗让元吉荣痛苦不堪。自己到底能干点什么? 难道自己这
辈子就这么过不成? /CCL《人民日报》1998年(自问,质疑,排斥)

例(78)宋美龄又说:"不过什么,难道你害怕他们不成? 你现在是手握军
权,能调动千军万马的总司令呀! 做事要有魄力……"/《蒋氏家族
全传》(他问,诘难,排斥)

例(79)赵所长听说要去安玻璃的这家,心里十分纳闷,扶着方向盘不解地
问道:"今天是除夕,咱们何必去惹麻烦? 难道你以为这个老头子会
报复那个傻子不成?"/《除夕之夜》(他问,诘难,排斥)

以上3例都对假想事态"自己这辈子就这么过""害怕他们""老头子会报复
那个傻子"提出强烈质疑,含有"自己这辈子不能就这么过""你不该害怕他们"
"老头子不会报复那个傻子"的否定意味。

5.4.3.3　用于反诘用法时

反诘问句多用于表示某种强烈的主张,是无疑而问。

A. 使用"难道＋事态＋?"构式时。

例(80)难道我们给邓妈妈寄一件棉衣的权利都没有了?《一件棉衣寄深情》(反诘/否定)(主张我们有这个权利)

例(81)难道在中国就长生不老,不进坟墓?《美国短长》(主张在中国也会老,也要进坟墓)

例(82)在我们这个科学昌隆,机器人普遍为人类服务的时代里,难道就不能设计一个机器人,把老艺术家生前的演出动作和唱词,变成信息,装进机器人"脑袋"里。《一场奇怪的演出》(强烈希望能设计一个机器人)

例(83)可话又说回来,当权者也是人,难道就不能有七情六欲?《"从桓公好味谈"起》(主张能有七情六欲)

反诘的用法大多用在否定事态(命题),表示对该事态(命题)不认可,而主张相反的意见。

B. 使用"难道＋事态＋吗?"构式时。

例(84)他忆起潇潇临行时从罗苗手中慎重接过那只脑射波放大环时的苍凉神情,若有所思,迅速调整好一系列旋钮,然后侧身而卧……"不错,我们被剥夺了爱的权利,难道我们连做梦的权利也没有吗?"/《异梦同床》(主张至少有做梦的权利)

例(85)猫头鹰认真地说:"因为这一发明,芬森得了诺贝尔奖金,难道不是受到大猫的启迪吗?"/《花猫黄狗贺猪年》(主张获奖是受到大猫的启迪)

例(86)怎么,难道我这个"庄"字不对吗?《神笔》(主张这个字是对的)

例(87)辛向球冷冷地说:"以院士所在星球的文明水平,她在宇宙中比地球文明起码早了一千年,难道还需要向刚学步的地球人类讨教吗?"/《埃里温星保卫战》(主张不需要向地球人类讨教)

例(88)如今,这个呆大要来娶他们花儿般俊俏的如梅了,难道忍心把这女孩子往这火坑里推吗?/《惜楼烟云》(主张不能把这女孩子往火坑里推)

"难道＋事态＋吗?"构式的反诘用法既能用于肯定事态(命题)又能用于否定事态(命题),在表示对该事态(命题)不认可,而主张相反的意见上与"难道＋

事态＋吗?"构式相同,构式的实际语义是为唤起共鸣的肯定,因此带有强调的语感。只是由于疑问语气词"吗"的使用,反诘语气显得更强一些。

由于"难道……不成"构式是设想某种事态的出现再予以打消,因此不能用于否定性事态。又由于其功能意义局限于怀疑和否定,很难延伸到有所主张,因此不能用于反诘用法。

5.4.4　关于"莫非"和"难道"比较的结论

"莫非""难道"的主要功能都在于提出假想的情景或事态,同时配合句末语气表示对该事态存疑的态度,其态度的强度从不具有抵触性的不确定到具有抵触性的不相信、不情愿、不接受,乃至质疑、批判等,具有一定的幅度。两个词的意义功能及态度强弱都受到句型构式、句末语气及句中事态本身性质或评价(可接受的,或不可接受的)的影响。

首先是所导入事态的命题性质决定了"莫非""难道"的功效等级。在同样的句型中,作为肯定命题的事态将功效等级限制于带疑的揣测、怀疑或质疑,作为否定命题的事态又将"难道"的功效等级提升到诘难与双反(双重否定)。而言者对于假想事态的价值判断(可能的,不可能的,能接受的,不能接受的)则会影响到对事态的态度是危惧、抵触(不信)还是排斥(否定)。

"莫非"跟"难道"在使用场景、意义功能方面非常接近,除了与表示推测的句末语气词"吧"呼应的场合,"莫非"都可以用"难道"替换,但用于强调判断等主观性较强的句子时,不能替换"难道"。

"难道"不但在用法上几乎完全覆盖"莫非",在意义功能上也基本覆盖了"莫非",并且语义强度要高于"莫非"一层。不论是自问还是他问,使用"莫非/难道……?"构式、"莫非/难道……吗?"构式、"莫非/难道……不成?"构式时,同样的语句,"莫非"疑义较弱,立场比较偏向正面,指向事态成立的倾向性较强,对事态的抵触感较小。这是典型的揣测义。"难道"虽然也具有提起假想事态的功能,但其"疑"的程度要大于"莫非",立场趋向于负面,不相信、不接受事态成立的倾向性较强,对事态的抵触感、排斥感较强,具有较强疑义,带有怀疑乃至有所主张的反诘,朝向否定的主观性渐趋增强。与其说它有揣测义,不如说"置疑"才是其基本的意义功能。

即使是使用同样句型构式,"莫非"既能带有推测语气又能带有反问语气,既能表示推测又能表示怀疑。而"难道"因其本身带有的抵触感使其所在的任何句子都成为反问句,当假想事态为否定命题时甚至可以构成双重否定句。

我们可以用否定强度轴线和接受度轴线这两条相反的轴线来标定"莫非"与"难道"各自的位置,直观地看到两者的异同(见图5-1)。

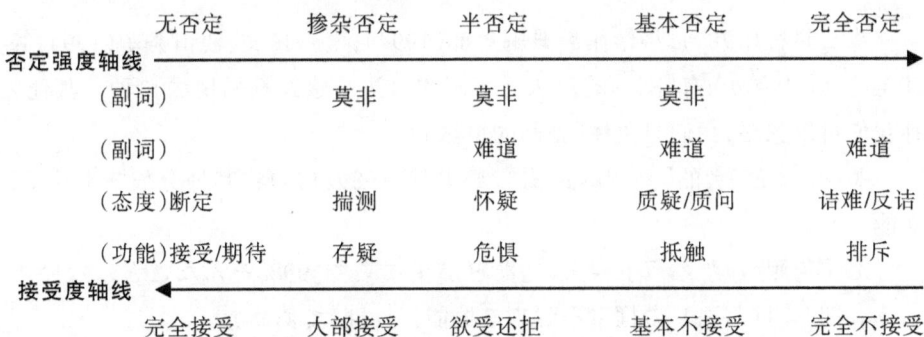

	无否定	掺杂否定	半否定	基本否定	完全否定
否定强度轴线 ——————————————————————→					
(副词)		莫非	莫非	莫非	
(副词)			难道	难道	难道
(态度)断定		揣测	怀疑	质疑/质问	诘难/反诘
(功能)接受/期待	存疑	危惧	抵触	排斥	
接受度轴线 ←——————————————————————					
	完全接受	大部接受	欲受还拒	基本不接受	完全不接受

图5-1　从否定强度轴线与接受度轴线所见"莫非"与"难道"的异同

由图5-1可知,作为否定极性副词,"难道"比"莫非"具有更强的否定极性。无论在用法上还是在意义功能上,"难道"都比"莫非"更具有否定极性副词的典型性。

5.5 「まさか」的用法与意义功能

关于日语副词「まさか」的用法、意义、功能,有几种不同的解说:

『新明解国語辞典』(1989年第4版):

「まさ」は「まさしく・まさに」の語根と同義で、「か」は副詞を形作る接辞である。一抹の危惧の念はあるけれども、その可能はまずなかろうという主体の判断を表す。

(译文:「まさ」与「まさしく・まさに」的词根同义,「か」是接尾词,两者结合构成副词「まさか」。表示说话人带着一丝的忧虑判断某事态不可能出现。)

『広辞苑』(2008年第6版):

「まさか」は「名詞的な用法」「副詞的な用法」に分けられ、それぞれ「目前の時」「下に打ち消し、反語などの語を伴って予期しない仮定を表す」「まさしく」の意味を持つ。

（译文：「まさか」分名词性用法、副词性用法，分别表示"当下的时刻"、其后伴有打消或否定意义的词表示非预期的假设。有"正是"的意思。）

森田良行（1989），小学館辞典編集部（1994），飛田良文、浅田秀子（1994）等甚至主张「まさか」有「副詞的用法」「名詞的用法」「感動詞的用法」3种。其他2种我们可以忽略，我们只关注「副詞的用法」。

关于「まさか」的「副詞的用法」，島本基（1989：193）将其划分成3种意义、功能。

A.［予測の「だろう」「～まい」などが後に来て］99%そんなことはないだろう。（即ち〈打ち消しの推量を強める機能〉〈反問〉である）

（译文：后接表示预测的「だろう」「～まい」等，表示99%不会那样。即强调否定性的揣测和反问。）

B. ある出来事が思いがけなかったことを強調するときに言う。（即ち〈想定外〉のムードである）

（译文：强调某事态出乎意料。即"表示出乎意料"的语气。）

C. 考えられないことだが、もしそうだとすると大変なことだ。即ち〈危惧〉のムードである）

（译文：表示难以想象该事态会发生，如果发生了会出大事。即表示担忧的语气。）

然而杉村泰（2000：27）主张，跟「とは思わない」呼应的「まさか」，其否定可能性和否定性揣测的意义、功能应该归因于其所在构式，「まさか」自身的功能在于表示所涉事态出乎意料。但是参照中右实（1994）的论述可知，「まさか」作为否定态度的表达成分，跟后面的否定表达也是互为表里的。

「まさか」主要应用于口语中。我们利用自创的视频语料库［包含约1.5万段视频用例，涵盖约500万字，10万个（次）以上的语法要点］，从日剧、动漫、纪录片、视频新闻等中采集到100多条「まさか」的用例，分别归纳为3类7种。

5.5.1 第 I 类：与句尾的「とは思わない」等否定表达相呼应

第 I 类表示对事态发生感觉意外的态度或评价。

A. まさか～とは思わない（思わなかった）

对导出的事态表示意外的评价。

例（89）大丈夫ですか?

　　——大丈夫じゃないわよ。血管切れそう！なんでこっちが一千
万もかぶんなきゃいけないの？
　　——最終確認でOK出したから。
　　——出したわよ。
　　——出したけど，まさかQRコードが同業他社のサイトにつなが
るなんて思わないでしょ。/*Legal High*
　　（节译：谁能想到那二维码会接到同别的公司的网上去呢！）

例（90）まさか、お前とこんなふうに暮らせる日が来るとは思わなかった
から、うれしくてさ、毎朝噛み締めてんだよ。
　　——うん。
　　——そっか。でも、お母ちゃんもよく許したよね。俺がここで暮
らすこと。
　　——そうだな。大学が近いからかな。/*Legal High*
　　（节译：没想到会有一天能跟你一起这样生活。我高兴啊，每天都在
细细品味着这样的生活。）

例（91）まさか七人いるなんて思わなかった。毎日会う子に告白してた
なんて。パン屋さんのシフトのせいだ。シフト目！『しろくま
カフェ』
　　（节译：没想到她们竟然有7个人长得一模一样！都怪那个轮班制，
害得我每天碰到一个就去求爱！狗屁的轮班！）

例（92）パンダ君、どうしたんですかね。まさか、週7日も出勤するって
言うとは思わなかったな。
　　——ホント助かりますよね。
　　——うん。けど、早くパートさん探さないとな。
　　——ええ、週7日？週7日って、あの週7日？みんな、驚いてます。
『しろくまカフェ』
　　（节译：没想到竟然说是每周7天要出全勤。）

例（93）まさか犬の話からあんなトントン拍子に話進むとは思いもしま
せんでした。
　　——だって篠崎さんの全シュールームにうちのバブルバス置い
てもらえるんすよ。
　　——話の流れでああなっただけだよ。

――いや、流れに乗せる天才ですって。山崎さんは営業のエー
スって言うより、もはや神っすね。レジェド！『これは経費で落
ちません！』

（节译：没想到从狗的话题说起来生意竟然谈得那么顺利。）

B. まさか~とは（な）

这是「（A）まさか~とは思わなかった（知らなかった）」的缩约形。与 A 的
用法相同，带有意外的评价。

例（94）まさかこんな展開になるとはな。ぐリーの兄貴も一うっすか、
シャケをサカナにおしゃけを一杯何つって？『しろくまカフェ』

（节译：没想到成了现在这个局面啊！ 怎么样，灰熊老兄，一起来一
杯吧？）

例（95）泉水子は相当大事な子だということは察しが付いてたが、まさか
ここまでとは……どういうことだよ？

――そうだな、深行が言ったように、泉っ子のお守りはお前には
荷が勝ちすぎていたよ。わかったんなら……深行に泉っ子の同
級生を無理強いするのはもう止めておく、転校したかったら好き
なところに転校していいよ。『RDG 瀬危物種少女』

（节译：我知道这泉水子是个相当高贵的人物，没想到这么……）

例（96）いたいたいた。おはようございます。人間の想像を遥かに超え
る出来事が起こった時、人はそれを奇跡と呼ぶ。奇跡って意外と
身近に起こるもんですねえ。お前の女運はまさに奇跡だ。まさ
か犯罪者まで名を連ねるとはなあ。『怪盗キッド』

（节译：你小子女人缘真好！ 没想到连罪犯都名列其中啊！）

例（97）土屋さんがまだ一人とは思わなかった。

――私もびっくり。当時の自分に教えてあげたい。まさか部長
同士で再会するとはね。

――私は部長代理。女が7割の会社なのに、女の管理職はたった
の一割。寂しいもんよ。

――何か信じられなくて。俺、今土屋さんと二人で飲んでる。
そんなこと！土屋さん、高嶺の花だったから。

――田島君だってもテてたじゃない？かっこいいってキャー
キャー言われちゃって。『今日はお休み』

（节译：没想到再会时我们都成部长了。）

例（98）悪いな、付き合わせて。もし129億の余剰資産見つけたら、牛丼お
　　　ごれや。

　　　——一年分おごってやる！伊勢島も伊勢島だが、まさか近藤の会
　　　社も粉飾してるとはな。どっかにまともな会社ってのはない
　　　もんですかね！『半沢直樹』

　　　（节译：伊势岛嘛也就罢了。连这近藤的公司也做假账，真没想
　　　到啊！）

C. まさか～なんて

这是「まさか～なんて思わなかった（知らなかった）」的变形和缩约，与A
的用法相同，也带有意外的评价。

例（99）そろそろちゃんと決めるか。

　　　——みんないきたいところバラバラだしな。

　　　——多数決とか。

　　　——無理じゃん。

　　　——トンちゃんに決めてもらうのはどう。トンちゃんがどの
　　　ティーカップを選ぶか。

　　　——遊園地みたいで可愛いね。

　　　……

　　　——まさかトンちゃんがこんな重大な役目を負うことになる
　　　なんて。『けいおん！』

　　　（节译：没想到竟然会让猪猪鱼担负起这么重大的责任。）

例（100）本を出すのが小さい頃からの夢だったんですけど、全然才能な
　　　くて。まさかそれが本になるなんて。初めてお話頂いた時は本
　　　当に信じられなくて。

　　　——いや、これは本になりますよ。だって節約技が半端じゃな
　　　いですもん。しかもそれを楽しんでやってらっしゃいますし。
　　　才能ないっておっしゃいましたけど、とても読みやすい文章で
　　　した。だからこそここまで人気が出たんだと思いますよ。『地
　　　味にスゴイ！校閲ガール・河野悦子』

　　　（节译：我从小就梦想着要出书，可是一点儿才能也没有。没想到
　　　这个竟然成了书。刚听你说的时候真是难以置信。）

例（101）文化祭まで残り1ヶ月、文化祭実行委員の僕と照橋さんは図書館
にいた。何故なら……

——まさか皆で劇をやることになるなんて。劇の演目を決めよ
うってことで、図書館に来たけど、なかなかいいのがないわ
ね。『斉木楠雄のΨ難』

（节译：没想到会大家一起排练演剧。为了确定剧目来到图书馆，
可是总找不到合适的剧目。）

D. まさか～ないだろうね

以按常理不会发生的情况作为想要排除的假设事态，「まさか」表示对该事
态的发生持不相信的态度，暗含该事态不合于常理的评价，有点近似于「ありえ
ない」的意思。

例（102）夕日といえば、とたんが煎餅食べて……何だっけ？

——中原中也の詩よ。

——だから……美里さんが今答えてくれるところだったの。中
学生の教科書に出て来る詩だもの。まさかまさか、知らないわ
けないわよね。『あなたの番です』

（节译：这首诗中学教材里有的，怎么会不知道呢？）

例（103）まさかお前十七歳になるんじゃねえだろうな。

——何よ。高二なんだから。当たり前でしょう。

——にしては胸も腰もお尻も、青子お前まさか男じゃねえか。/
『怪盗キッド』

（节译：你莫非17岁了？

——什么呀，我都高二了，当然17岁呀！

——可是看你的胸腰臀，莫非是个男儿吧？）

例（104）もう、私には関係がないって言ってるじゃないですか？伊勢島
のことは、全部時江さんに引き継いだので、彼に聞いてくだ
さい。

——時江からは 引き継ぎがあまりうまくいかなかったと伺っ
ております。

——まさか伊勢島の運用失敗を見抜けなかったのは、うちに責
任があるとでも言うんじゃないでしょうね。

——とんでもない。ただ、白水は見抜いていたようなので。/

『半沢直樹』

（节译：你莫非要说对于伊势岛的资金运用失败，我们也有失察的责任吧？）

例（105）まさかトッフレストランのキンクに興味がないとか言わないよね。

　　　　——まあ、グルメ気取りのフーデイーにうちの料理をとやかく言われるのはしゃくに障るような……

　　　　——まいったな。子供かよ！

　　　　——子供だよ！

　　　　——なあ、うちは今そんなこと言ってる余裕ないだろ、尾花！／『グランメゾン東京』

（节译：难道你对顶级餐厅的荣誉没兴趣？）

例（106）10代であなたと縁を立ち、自力で人生を切り開いきたからこそ、今の私があります。

　　　　——今の君とは？まさか君は自分が成功者だと思ってるわけじゃないだろうね？/*Legal High*

（节译：十几岁就跟你脱离关系，靠着自己打拼才有了现在的我！现在的你？你莫非以成功者自居了吧？）

例（107）お前の息子、中学生だろ。中学二年生ですか？

　　　　——そう。相手も14歳同級生だって。

　　　　——今何週ですか？

　　　　——もう8ヶ月だっていうの。

　　　　——8ヶ月？

　　　　——ああ。

　　　　——まさか8ヶ月も見づかなかったって言うんじゃないでしょうね。

　　　　——そのまさかだよ。家族はもちろん、本人も気づかずにバスケットの練習してたっていうんだから、驚くよね！/『Dr.倫太郎』

（节译：——难道8个月的时间都没有发觉？

　　　　　　——问题就在这个难道上。别说家人了，连她自己都没察觉，还一直在练篮球。真是吓死人！）

最后一例出现了两个「まさか」,从第二个「まさか」我们可以清楚地理解其意义就是认为不可能。

5.5.2　第Ⅱ类:不依赖句尾的否定表达

在导出某种消极的猜测或假设前,表示对该事态的排斥态度。

E. まさかとは思うけど

以「まさか」为核心构成固定短语,用于导出确信度很低的猜测或假设。「まさかとは思うけど」这个固定短语起到声明的作用,表明对导出的猜测自己认为「ありえない」,并不愿其为真。表示负面事态的句子可以是否定句,也可以是肯定句。否定句的确信度更低,跟汉语副词"难道"在功能上很像;肯定句的确信度略高,跟汉语副词"莫非"在功能上相似。

例(108)ね、憂、まさかとは思うけど、唯先輩留年してないよね。

　　　——それはないよ。

　　　——本当に?

　　　——卒業用のタイツを買うって言ってたもん。『けいおん!』

　　　(节译:诶,阿忧,难道阿唯学长她留级了吗?

　　　　　　——没有没有。)

例(109)唯、まさかとは思うけど、このことはまだ梓に?

　　　——大丈夫だよ、憂にも内緒にしてるもん。『けいおん!』

　　　(节译:阿唯,这事儿你莫非还没告诉阿梓?

　　　　　　——不要紧的,我连阿忧也没告诉呀!)

例(110)通帳無くした?

　　　——ええ、気付いたら見当たらなくなってて。

　　　——半沢じゃないのか?

　　　——分からない。まさかとは思うが。

　　　——しっかりしてくれよ、ターちゃん。もし半沢に取られたんだとしたら、殺せよ。『半沢直樹』

　　　(节译:银行存折丢了?

　　　　　　——是啊,一不留神找不到了。

　　　　　　——是不是半泽搞去了?

　　　　　　——不知道,难道是他?

　　　　　　——别不当回事啊,阿塔! 如果是半泽搞去了,就杀了他!)

F. まさか～か

以副词「まさか」＋疑问结构「～か」组成固定短语,导出某种事态作为假设。「まさか」表示对该事态「ありえない」的评价,持不相信或不愿其为真的态度。由于多用疑问句式,确信度略高,可译为汉语的"莫非""不是……吧"。

例(111)ないないない!SDカードがない!

　　　　——まさか……会議用の?

　　　　——ここに入れたのに。

　　　　——ちゃんと探したんですか。

　　　　——盗まれたんたりして。『掟上今日子の備忘録』

　　　　(节译:SD卡不见了!

　　　　　　　——不是那个会议专用的卡吧?)

例(112)名取さんは?

　　　　——昨日の夜から調べに行ったきりだ。

　　　　——まさか徹夜で?どうして妖怪のためにそこまで?『夏目少年の友人帳』

　　　　(节译:名取大哥呢?

　　　　　　　——昨晚去查了就没回来。

　　　　　　　——莫非干了个通宵?为个妖怪何必花这么多心思啊?)

例(113)じゃあ、やっぱりさつきちゃんが犯人?

　　　　——かもしれませんな。

　　　　——まさか貴和さん?

　　　　——かもしれませんぞ。

　　　　——ちょっと……待ってください。私いったい何のために裁判であんなでっち上げの真実を語ったですか。

　　　　——案外、それが真実かもしれません。/Legal High

　　　　(节译:那,杜鹃她果真是罪犯?

　　　　　　　——说不定哦!

　　　　　　　——贵和莫非也是罪犯?

　　　　　　　——那也说不定哦!)

例(114)龍崎、俺のコーヒーも頼むわ。何だ!朝から不景気な面して。お前、まさかまた日比野ちゃんを怒らせたのかよ。しっかりしてくれよ。お前、そう見えても、一応うちのエースなんだか

らよ。

　　——エースなんて、そんな……/『ウロボロス～この愛こそ、正義』

（节译：龙崎，咖啡也给我来一杯啊！怎么啦？一大早就摆个晦气脸！你不是又惹日比野小姐生气了吧？振作点呀，别看你这鸟样，你可是我们的台柱子啊！

　　　　——台柱子？哪有哪有。）

例（115）悪かったな、厄介事押し付けちゃって！

　　——全くだよ。今度奢れよ！

　　——そうしたいのはやまやまだが、しばらくは無理だ。

　　——おまえ、まさか？

　　——名古屋の系列に出向が決まったよ。驚け、取締役待遇だぞ！/『半沢直樹』

（节译：不好意思，让你为难了！

　　　　——真是哦！你请客哦！

　　　　——好多好多事都该请你客的，暂时是不行了。

　　　　——你莫非……

　　　　——派我去名古屋系银行的决定已经下了。吃惊吧？竟然给了我董事的待遇！）

例（116）昨日わたし、お兄ちゃんがバイトをしてる動物園へ遊びに行ったのね。そしたら、すごいかっこいい人見つけちゃったの。

　　——えっ、動物園の人？

　　——私に優しく声をかけてくれて、竹をくれたのよ。もうドキドキしちゃって……

　　——それって、まさかこの人？

　　——きゃー、この人！かっこいい！王子！

　　——お……王子？半田さんが？

　　——ハンダさんって言うの？素敵……/『しろくまカフェ』

（节译：哥，昨天我去你打工的动物园去玩了。在那儿见到个人，简直帅呆了！

　　　　——嗯，动物园的人？

　　　　——他热情地给我打招呼，还给我竹子。我好动心哦……

　　　　——那，不会是这个人吧？

——啊！就是这个人！真帅！

——王子！

——王……王子？这个半田？

——他叫半田吗？真帅……）

5.5.3 第Ⅲ类 独用型

G. 〜、まさか！

独立用于应答，表明对对方所指事态的「ありえない」的否定辩解，相当于汉语的"怎么会""怎么可能"。

例（117）すぐに真相は分かります。

——分かったんですか？

——僕は分かりませんが、名探偵がここに。今日子さんに解けない謎はないと思います。

——すこぶる楽観的ですね、あなた。

——まさか！僕は本来マリアナ海溝よりも深いマイナス思考です。『掟上今日子の備忘録』

（节译：真相马上就会搞清楚的。

——已经弄明白啦？

——我虽然还不明白，但有你这个名侦探啊！没有你解不开的谜！

——你可真是太乐观了。

——怎么会！我本来是个负面思考的人，负面的程度比马里亚纳海沟还深！）

例（118）相楽君って、泉っ子と同じ家に住んでるの？

——まさか！神社の宿舎の方。ご飯は一緒だけど。

——ええ。いいな。だって粟谷中にあんなにレベルの高い男の子なんていないよ。『RDG 瀬危物種少女』

（节译：那个相乐，跟你泉水子住在一个家里吗？

——怎么会！他住在神社的宿舍里。饭倒是一起吃的。

——啊，那挺好啊！整个粟谷中学都没有这么高水平的男孩呢！）

例（119）これで満足だろ？これ持って、さっさと帰ってくれ。

——東田は今どこにいるんですか？

——さあ、倒産以来連絡取ってませんから。

——では、質問を変えます。東田はどこに金を隠し持ってるんですか？

——まさか！なんでそんなこと……？

——あなたたちは粉飾だけじゃなく、脱税もしていたんじゃありませんか？

——ちょっ、ちょっと。

——だとしたら、どこかに金を隠し持っていても不思議じゃない。『半沢直樹』

（节译：东田把钱藏哪儿了？怎么会！

　　　　——你怎么问这样的问题？）

例（120）ほんと、別々に暮らしてみたいだけ、わりと多いらしいわよ。子供が独立したら、自由な暮らしをって言うご夫婦。

——ね、この先熟年離婚とか考えてるの？

——まさか！『家族のかたち』

（节译：真的，只是想要分开过过看的还真不少呢！孩子自立了以后，想要过过自由生活的夫妇。

　　　　——诶，你是不是想着中年离婚呢？

　　　　——怎么会！）

这类用法是书面语「まさか～まい」句的口语略语。以上口语例句都可以置换成书面语。如：

例（117'）すこぶる楽観的ですね、あなた。

——まさか！

→まさかそんなことあるまい！

例（118'）相楽君って、泉っ子と同じ家に住んでるの？

——まさか！

→まさかそんなことあるまい！

例（119'）東田はどこに金を隠し持ってるんですか？

——まさか！

→まさかそんなことあるまい！

例（120'）ね、この先熟年離婚とか考えてるの？

　　　　　　——まさか！

　　　　　　→まさかそんなことあるまい！

相反,书面语的完整句子也可以转变成独词句的「まさか！」。

例(121)まさか、まさか、人見があの夜のわしの態度を誤解しての行動で
　　　　はあるまい。『魔境原人』

　　　　→あれは人見があの夜のわしの態度を誤解しての行動だろう?

　　　　——まさか！

5.6　汉语"莫非""难道"与日语「まさか」的比较

　　由以上Ⅰ、Ⅱ、Ⅲ分类中的7个句型的分析可知,「まさか」的意义中都包含对事态的「ありえない」(不合常理)的评价,表示意外、难以置信或难以接受的态度,或单独作为辩解应答表示否认的态度。

　　在分类Ⅰ的否定用法中,A、B、C3种用法的主要意义功能是表示对导出的事态感觉意外。而D用法则表示对导出的负面事态感觉不合常理,难以置信或难以接受,因此其意义功能在于表示对于负面事态的态度。这4种用法中的「まさか」都可译成汉语的"没想到""哪想到""怎么会想到"等,跟汉语的"难道""莫非"并无契合点。

　　在分类Ⅱ的肯定用法中,用法E和F都有导出推测或猜想的功能,E的用法同时带有对该导出事态感到意外或不愿其为真的态度。F的用法则带有不合常理、难以置信的态度。而在E、F两种用法中,「まさか」都可以译成汉语的"不会……吧",也就跟汉语的"难道""莫非"对于事态的否定性猜测产生契合。确信度略高的「まさか～か」可对应汉语的"莫非",确信度较低的「まさかとは思うけど」可对应汉语的"难道"。否定用法中「まさか」与否定表达「とは思わない」或「ないだろうね」的关系可以通过中右实(1994)的否认态度与否定实施的理论得到解释。

　　而分类Ⅲ的单独应答用法G则表示对对方所指事态不认可的否认态度。也与"难道""莫非"不相对应。

　　以下单就汉语"莫非""难道"与日语「まさか」分类Ⅱ的用法进行比较考察。

5.6.1　用于揣测用法时

　　揣测用法都含有"疑",但不同的词,其"疑"的强度、"疑"的态度也是有差别的。陈昌来(2000:231-233)认为"疑问"包括"疑"和"问"。询问是有疑而问,测

度问是半疑而问,反诘问是无疑而问。

半疑而问比较典型的是日语的「もしや」。关于「もしや」,飛田良文、浅田秀子(1994)有如下解释:

> 表示对疑问的内容不敢断定。既无积极评价也无消极评价。置于表疑问或推测的谓语前,常见谓语或其一部分的省略。暗示说话人对于疑问或推测的内容缺乏确信。

该书所举「もしや」的4个用例中有2例可直接用汉语的"莫非"来翻译:

電話が鳴るたびにもしや行方不明の息子からではと胸が騒ぐ。

(每当电话铃响,我就乱想,莫非是我家失踪的儿子打来的?)

(「行方不明の息子からでは」后面省略了「ないか?」)。

(小学校の同窓会)あなた、もしやミーちゃん?

(小学同学会上)(你莫非是小咪?)

上例中的「もしや」和"莫非"都用于疑问句,都带有对某种可能事态的推测,因此对译起来很自然。

但对于这个"可能事态"的态度,「もしや」所含态度是"没把握,不能断言",而"莫非"则是带有疑念的"确信度不高"。因此,两者间语义韵味上有微妙的差异。

同样是该书,也有下列用例显示「もしや」与"莫非"的差别。

先生ならもしやご存知かもしれないと思ってお尋ねします。

? 我想莫非老师您懂,所以请教一下。

√ 我想也许老师您懂,所以请教一下。

「もしや」虽然带有不确信的语感,但还是倾向于断定,接近于汉语的"或许""也许",是半疑而问。而"莫非"则包含对所揣测的事态本身是否为真的疑虑,是有疑而问。因此,如上例所示,当推测事态发生在尊长者等身份的主体上时,「もしや」用"莫非"来翻译就会失礼,只好改用同样倾向于肯定的"也许,或许"。

虽然"莫非"和「もしや」在对事态的断定上有疑,但在态度上都是倾向于事态的成立,即"有"或"是"的。而"难道"和「まさか」的"疑"则完全指向否定,即事态不成立的"无"或"非"。

以下专就"难道"与「まさか」进行考察比较。

"难道"与「まさか」的揣测对象都是不愿其成立的事态。用于不愿其发生

的事态时,汉语"难道"的"难道＋事态?"构式、"难道＋事态＋吗?"构式、"难道＋事态＋不成?"构式和日语「まさか」的「まさか＋事态＋か」构式、「まさか＋事态＋ないだろうね」构式都能表示揣测(怀疑)义,我们采取把各自的用例互译的方法来观察其中异同。

汉语"难道"和日语「まさか」的揣测(怀疑)用法基本上用于情景性、描述性的事态,很容易相互翻译。

例(44)*你历来标榜你的文学座右铭是"哪儿人多不去哪儿",可你在大家一窝蜂拥向和攀扶企业家热潮之后,还赶来凑上去一分子,如果不是吃错药,就只能用经济学家亚当·斯密的"经济是只看不见的手"的理论来解释——你老兄难道也被这无所不在的"手"操纵了吗?(他问,揣测,抵触)

例(60)*难道妈妈有什么事,瞒着我和哥哥,也瞒着爸爸?(自问,揣测,疑惧)

例(114)*龍崎、俺のコーヒーも頼むわ。何だ！朝から不景気な面して。お前、まさかまた日比野ちゃんを怒らせたのかよ。(不愿发生的事态)

汉语和日语的这些用例中,都能传达出"疑惧"的意味。

5.6.2　用于质疑用法时

质疑用法都用于不信其为真的事态。"难道"在反问句中表示质疑时,既可以用于肯定事态,又可以用于否定事态。当事态为否定命题时则可构成双重否定句。

5.6.2.1　质疑用法用于肯定事态时

质疑用法用于肯定事态时,句中事态都是主观设定的事态。这类句子多带有"是……的""就是""能(就能)""可以(就可以)""应当""一定"之类强调判断等,主观性较强。这些主观性事态本身带有较强的情态意义,带有否定意味的"难道"可以很方便地从情态上提出质疑,表示对该主观事态的不认同。

例(47)*呜呼,竞争被理解得如此荒唐,难道竞争意识就是欺骗,就是人格的颠倒吗?(自问,质疑,排斥)

(节译：まさか競争意識とは、人騙し、人格の顛倒を意味するものだろうか。)

例(48)*那个期间的"打倒一切""全面内战"和"打砸抢抄抓",难道能叫作

"民主"吗?(自问,质疑,排斥)

（节译：まさかあの時期の……云々は民主と言えるのだろうか。）

例(69)*许多户居民做饭菜时把门窗关得很紧，即使三伏天也不例外。难道是做好吃的怕人家讨要不成?(自问,质疑,抵触)

（节译：まさか旨いもんでも作って、他人と分かち合うのを嫌がってるためではないだろうな。）

以上的"难道"质疑句都能用日语的「まさか～だろうか」「まさか～あるまい」句来对译。

日语「まさか」的质疑句也都能用汉语"难道"的质疑句来直接翻译。

例(122)戸越さん、どうして当行ではなく白水に内部告発したんですか? 普通ならメインバンクである当行にと考えるはずじゃありませんか?

——おめでたいやつだなあ！何も分かってない!

——まさか当行にも告発したんですか? 『半沢直樹』(他问、质疑、抵触)(不相信的事态)

［节译：难道说您向敝行也举报过了(吗)?］

日语「まさか」的质疑句用汉语"难道"的3种构式都能翻译。但如果加了"真的"等要求确认的表达时，对译就会出问题。

例(45)*斯琴高娃抱了"金鸡"走了。难道真像有些人说的那样，外国的月亮比中国的月亮圆吗?(自问,质疑,抵触)

（?まさか本当に言われたように、外国の月は中国のよりも丸いのか。）

因为"难道"是属于"话语主观"，而"真的"属于"对命题的主观态度"，二者处于不同层面，所以"难道"可以涵盖"真的"。但是「まさか」与「本当に」同处于对命题的主观态度的层面，二者互相抵牾，因此句子不成立。我们在自创的日语视频语料库和日本国立国语研究所开发的大规模语料库《少纳言》中都没有找到这种「まさか」句中包含比况的「ように」、比较的「より」的用例。

5.6.2.2 质疑用法用于否定事态时

汉语副词"难道"可以对肯定的事态发起质疑，也可以对否定事态发起质疑。在对否定性事态发起质疑时往往形成双重否定，表示与事态相反的强烈主张。日语副词「まさか」也能对否定性事态发起强烈质疑，但不能表达相反的意见主张。

下例中表示质疑的「まさか」可以用汉语"难道"翻译。

例(109)＊まさか8ヶ月も見づかなかったって言うんじゃないでしょう
　　　ね。(不相信的事态)(表示质疑、不信)

　　　(节译:难道8个月的时间都没有发觉?)

反过来,下列"难道"的用例中表示相反意见、主张的意思用日语的「まさ
か」就无法翻译出来。

例(123)难道我们给邓妈妈寄一件棉衣的权利都没有了?《一件棉衣寄深
　　　情》(反诘/否定)(主张我们有这个权利)

　　　(节译:まさか鄧ばちゃんに綿入れのコートを送る権利までもな
　　　くなったのだろうか?)

　　　(只是表示对"给邓妈妈寄一件棉衣的权利都没有了"的质疑。)

例(124)不错,我们被剥夺了爱的权利,难道我们连梦的权利也没有吗? /
　　　《异梦同床》(主张我们至少这个权利是有的)

　　　(节译:確かに、我々に愛の権利は奪われたが、まさか夢を見るこ
　　　とまでもなくなるのか?)(仅表示对"连梦的权利也没有"的质疑)

例(125)猫头鹰认真地说:"因为这一发明,芬森得了诺贝尔奖金,难道不是
　　　受到大猫的启迪吗?"《花猫黄狗贺猪年》(主张是受到大猫的
　　　启迪)

　　　(节译:?まさかフェインソンがノーベル賞を受賞したのはこの
　　　発明のおかげではないだろうか。)

　　　(√フェインソンがノーベル賞を受賞したのはこの発明のおかげ
　　　じゃないの。)

不加「まさか」可以表达主张,加了「まさか」句子变得不成立。

以上这些日译汉、汉译日的例子都反映「まさか」只能表示质疑,而不能表
示相反的主张。

5.7 汉语"莫非""难道"与日语「まさか」比较的结论

在对事态是否成立的肯否判断上,"莫非"是倾向肯定的,与"难道"大相径
庭,但与「まさか」的猜测用法有相通之处。

汉语的"难道"和日语的「まさか」都是语气副词,都是基于对事态不可能、
不合理的认知而表示不相信、不接受等负面立场或态度,都能用在疑问句中表
示揣测或反诘。

汉语的"难道"只能用于假想事态的场合,而日语的「まさか」则既能用于假想事态,又能用于眼前事态。当句中事态为假想事态时,汉语的"难道"与日语的「まさか」在对事态可能性、合理性的判断上存在契合,常常可以相互翻译。而当事态为眼前事态或由他人提出而成为旧信息(预设)时,「まさか」或表示意外,或表示该事态缺乏可能性、合理性,而"难道"则不能使用,两者间无法契合。

汉语的"难道"全部用于疑问句,主要从确定性(确信度)角度表示对假想事态的怀疑、诘难,伴随态度从无抵触到危惧到排斥,有相当的幅度,但都倾向于事态的不成立,往往带有盖然性判断的意味。

而日语的「まさか」则可以用于推量句、疑问句、预置转折句和否定句。其确定性(确信度)从推量到直接否定,幅度更大。但除了独用时直接表示否认,多数场合并不涉及事态的成立与否,而主要是表示对事态的接受与否的态度,带有价值判断的意味。

汉语副词"难道"与日语副词「まさか」最显著的区别是与「まさか」呼应的否定成分的缺省与"难道"作为副词自身的缺省。「まさか」的呼应否定成分的缺省都基于「まさか」的使用场景和句式的定式化。日语本身就有谓语省略的习惯,由于否认态度的上部构造与下部构造(即以否定词为核心的否定表达)的呼应关系而造成下部构造(即否定表达)不言自明,因而谓语连带其否定形都可以省略,上部构造也因此而担负了更多语义项目。而汉语副词"难道"的用法虽然也局限于几种构式,这些构式却是缺省了"难道"也能够成立且意义没有大的变化的。这说明「まさか」是决定语句意义的核心成分,是核心变量。它是语句基本架构的必需部分,甚至承担了超过该词本身意义的意义。而"难道"只是语句意义的辅助成分,是参考变量。(见表5-1)

表5-1　汉语"莫非""难道"与日语「まさか」的交集

词语	基本意义	意义功能的分类	具体用法	句型构式
まさか	基于对事态"不合理""不可能"的判断而采取的排斥或不信的态度	1. 与句尾的否定表达相呼应,表示对事态发生感觉意外的态度或评价	对出现的事态表示意外	A. まさか～とは思わない
莫非,まさか			对导出的事态表示不相信的态度。暗含该事态不合于常理的评价。有点近似于「ありえない」的意味 汉语限定于对不合理的否定型事态的猜测。态度偏于排斥	B. まさか～ないだろうね 莫非(没有/不)……吧
难道,まさか			A型「まさか～とは思わなかった(知らなかった)」的缩约形。也带有意外的评价	C. まさか～とは(な)
			A型「まさか～なんて思わなかった(知らなかった)」的变形和缩约,也带有意外的评价	D. まさか～なんて
难道 莫非 まさか		2. 不依赖句尾的否定表达,在导出某种消极的猜测或假设前,表示对该事态的排斥态度	不用于否定的事态,而是预作声明,表明对接下来的猜测自己并不愿或不信其为真。确信度比D的用法略高。可译为汉语的"莫非""不是……吧"	E. まさかとは思うけど 莫非(难道)＋消极事态?
莫非,まさか			对事态"不可能"的判断,持不相信或不愿其为真的态度。确信度略高 "莫非"用于猜测。态度偏于接受。确信度略高	F. まさか～か 莫非是……(吗)?
		3. 独立的用法。用于表示否认的态度	脱离了句尾的否定表达,也不直接用于否定的事态,而是表明对事态的否定态度。相当于汉语"怎么会""怎么可能"	G. ～、まさか!

6 汉语"并"与日语「別に」的用法、意义、功能的比较

汉语和日语中都有不少既能用于肯定又能用于否定,并且其意义与功能会随用法的不同而呈现差异的副词。葛金龍(2005,2012)将这些副词作为语义上在命题性与主观性之间发生转换的一类,称为肯/否同形副词。这些副词,依其命题性与主观性转换的根据与方式的不同可分为3个类型。

类型Ⅰ:汉语的"全然"和日语的「全然(ぜんぜん)」「まるで」「とても」「なかなか」等工藤真由美(1999)所谓的"连接语法上的肯定形式与语法上的否定形式的副词"。属于由语法性否定、语义性否定与带有消极评价的谓语之间的连续性变化而实现了命题性与主观性转化的一类。

类型Ⅱ:汉语的"不大""不太""不怎么""不那么"和日语的「あまり」「大して」「さほど」「さして」「そんなに」等,依据与谓语之间的修饰关系(存续或不存在)及谓语自身的评价性(积极、消极或中性)而实现了命题性与主观性转化的一类。

类型Ⅲ:汉语的"并"和日语的「別に」「特に」等,属于依据副词在肯定用法、否定用法中出现的功能上的变化而实现了命题性与主观性转化的一类(参照葛金龍,2005:29)。

其中,汉语的"并"和日语的「別に」在肯定用法中具有具体的概念意义,而在否定用法中概念意义被虚化了,只剩下语法功能。肯定用法与否定用法之间存在较大的差异。如果在这两种用法间找不到连接点,就不得不认定其为互不关联的两个同形词。

若要探究用法与意义功能的转换,一般的做法则是追溯该词语的历史变迁。但就汉语的"并"和日语的「別に」而言,现有资料不足以追溯其用法由肯定到否定的变迁过程。即便能够追溯,对肯/否同形多义词而言,伴随用法的变化而发生的意义功能的变化,其原理和途径、方法,仍是我们无法绕开的问题。此外,现代的一般语言使用者也未必是在了解了某多义词的历史变迁以后才正确地区分使用该词语的。如此一来,不如说,人们是在领会了多义词各种用法的使用条件的基础上才能够正确地区分、使用该词语的。因此,在探寻词语历史性变迁的同时,有必要也有可能从现代的角度,根据用法成立的条件等的变化来探求肯定用法、否定用法的转换,进而探寻伴随用法的转换而出现的副词命题性与主观性转换的途径与方式。

　　汉语副词"并"和日语副词「别に」既能用于肯定也能用于否定。在肯定用法中意义功能多种多样,在否定用法中却趋向于校正的意义功能,成为否定极性副词。那么肯定用法和否定用法中的"并"、「别に」到底是多义词还是意义功能并无关联的同形词呢? 如果是多义词,肯定用法和否定用法之间应该能找到连接点。

　　本书从共时变化的立场,着眼于与副词相关的事物的类型与关系、说话人的立场与视线及所采取的操作(谓语动词)等方面的变化,用图形分析的方式来探求"并"和「别に」从肯定用法1、肯定用法2、肯定用法3⋯⋯到否定用法的演变逻辑,以及伴随用法的演变发生的从命题性功能到主观性功能的转化,探索其实现语法功能和语义属性转换的方式与途径。

6.1　以往研究

6.1.1　关于"并"的以往研究

　　关于"并"的否定用法,《现代汉语词典》(1988年版)中的解释是"用在否定词前面加强否定的语气,略带反驳的意味"。马真(2001)把"并"作为一般虚词,指出其功能在于强调否定语气。郑剑平(1996)在讲13个否定性结构专用副词时列举了"并"。彭小川(1999)认为否定用法中的"并"是对语境预设的否定,以往"加强否定语气"的解释有失准确。葛金龍(2005)认为"并"的意义功能是对听者意识中的预想进行校正。尹洪波(2011)从历时角度总结了"并"的意义变化的过程,把"并"称作反预设标记,指出其功能是否定预设、说明事实,具有校正的作用。

6.1.2　关于「别に」的以往研究

　　『新明解国语辞典』(1999)中关于否定用法的「别に」的解释是「特别に取り立てて言うことはない、という意味を表す」(表示无须特别一提)。工藤真由美(1999a)指出「别に」在失去"特别""另外"等概念意义和文脉指示功能时就会与否定共现。俞晓明(1999)将日语副词分为表示程度高的副词、表示程度低的副词、中间性及比较性的副词、量性副词和否定结构副词等5类,把「别に」归入与否定呼应的否定结构副词类。葛金龍(2005)把与否定呼应的「别に」跟「特に」一起归入表主观意义的否定极性副词,认为其属于想起预测又将其否定的用法,表示辩解和订正。

　　以上关于汉语副词"并"和日语副词「别に」的以往研究存在一个共同的问

题,那就是对由肯定用法到否定用法,从实词到虚词的意义功能的转化研究不够。以下将进行这方面的探讨。

6.2 "并"的用法与意义功能的转换

汉语副词"并"是个肯/否兼用的多义词。肯定用法中,"并"从动词到介词,到副词,再到连词一步步改变,意义功能也跟着一步步虚化。而否定用法只有表示校正这一种用法。虽然缺乏历时性的语史变迁的考察,我们仍可以通过共时的语义功能的联系探察其大致的演变逻辑。以下我们从共时的角度来考察"并"的各种用法和意义功能之间的内在联系。(见表6-1)

表6-1 现代汉语"并"的意义用法

词性	用法	意义	例句
动词	肯定	1. 合并	原来那地方就是小店儿比较多,就是干这行儿比较多,后来都并到废品公司去了,就是属于废品一类。 常熟两家屋顶晶硅电池光伏发电站日前正式并网发电……
介词		2. 连同	我家的后面有一个很大的园,相传叫作百草园。早已并屋子一起卖给朱文公的子孙了。
副词1		3. 并排,同时,一起	每当二月十五日,明月当顶照于桥上,他俩并坐在桥上谈心。 洞子可以从两头向中部挺进会合,也可以分成数段,多头并进。
接续词1		4. 并列,累加	这一年,政府同网民有着良性的互动,但同时也有质疑的声音,就是在这样"痛并快乐着"的过程中,政府的执政理念得到发展……
接续词2		5. 递进,补充	好心的出租车司机免费把伤者送到了医院,并垫付了急诊费。
副词2	否定	6. 否定预设,表示校正	萨盖尔是一个很够味的男人,尽管他在战场上冷酷、嗜血、狂暴,但这并不妨碍他成为一个优秀的男人。 姐姐穿着那一身并不鲜艳的新衣服,跟着姐夫,跟着那一溜迎亲的人,默默地去了。

6.2.1 "并"在肯定用法中意义功能的转换

在肯定用法中,"并"经历了从动词到介词,到副词,再到连词的转换,也就是由实词向虚词,由概念词向功能词的转换。

首先是作为动词的用法。(见图6-1)

例(1)新机组的并网发电缓解了电力供应的不足。

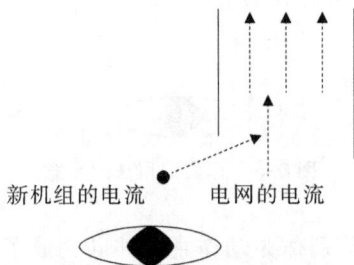

图6-1 作动词用法的示意

并网发电是指发电机组的输电线路与输电网接通(开始向外输电)。新机组的电流与电网中其他来源的电流处在一个平行线上。

"并"是"归并"的意思,表示把少的部分归入大部分(主网)中。

动词的动作性丧失,就转变为介词。此时虽然仍带着宾语,却不具有处置意义了,必须依靠后续的动词"卖(给)"才能完成一个行为。(见图6-2)

例(2)我家的后面有一个很大的园,相传叫作百草园。早已并屋子一起卖给朱文公的子孙了。

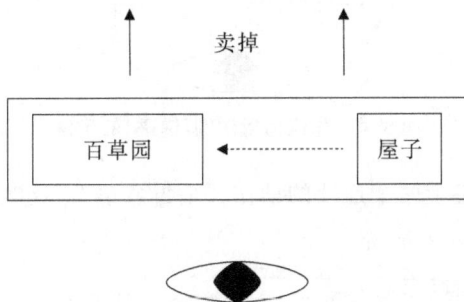

图6-2 作格助词用法的示意

此句中被卖的主体为"屋子",而"百草园"作为附属物被归入卖品之中。"并"表示把附属(从属)物归入主体物中做同等处置。

由介词进一步丧失宾语,就转换为副词,表示不同的主体共同完成某一行为。(见图6-3)

例(3)朝旭走过来递给丁克一支烟,拍着他的肩,两人并坐在沙发上。

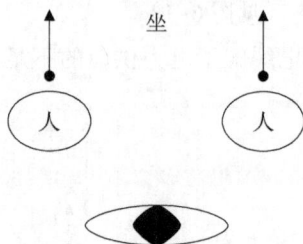

图 6-3　作副词用法的示意

此句中朝旭与丁克分别作为动作主体共同完成了"坐"的行为。双方是并列的关系,不分主次。

介于实词与虚词之间、概念语与功能语之间的副词更进一步丧失概念意义,就转化为只具有功能性的连词。连词可以表示并列的行为,也能够表示递进的状态,甚至还能表示行为或状态的追加或补充。(见图6-4)

例(4)好心的出租车司机免费把伤者送到了医院,并垫付了急诊费。

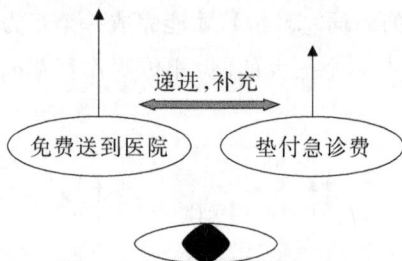

图 6-4　作连词用法例(递进)的示意

此句中"并"连接了两个连续的动作,"垫付急诊费"比"免费送到医院"更进一步,是对后者的递进和补充。

例(5)痛并快乐着(书名)

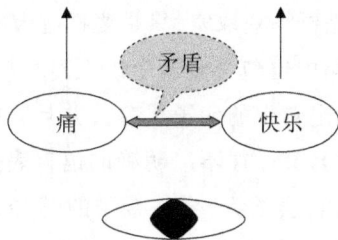

图 6-5　作连词用法例的示意

此句中"并"连接了两个并列的状态，"痛"与"快乐"本是相互矛盾的两种状态，此句中处于并列共存的关系。

例(6)拍了片子，打了石膏，并在医生建议下，留院观察。

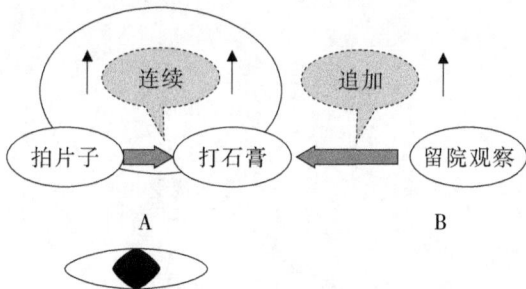

图 6-6　作连词用法例的示意

此句中，"拍片子""打石膏"作为医疗处置是一个层次，而"留院观察"是医疗处置以外的进一步安排。"并"表示的就是这个"进一步"的意思。

由此，肯定用法中"并"的用法与意义功能可以归纳如下：

Ⅰ. 表示两个以上的主体共同施行某一动作行为；表示同一主体施行或接受两种以上的动作行为，或具有两种以上的状态。

Ⅱ. 句中应有两个以上的主体、客体、动作行为或状态。

Ⅲ. 随着复数主体或客体之间的关系由支配关系、主次关系向并列关系的转换，"并"的意义和词性也由实向虚转换。

6.2.2 "并"在否定用法中意义功能的转换

例(7)尽管美玉已经多次表白，但男人并不接受。

例(8)萨盖尔是一个很够味的男人，尽管他在战场上冷酷、嗜血、狂暴，但这并不妨碍他成为一个优秀的男人。

例(9)我说这话并不是要哗众取宠,只是要提醒大家提高警惕。

跟肯定句一样,否定句中也包含着两个以上对立项。只是这些对立项都是用句子表达的事态而非肯定句中的句子成分。并且其中之一往往是虚拟的,属于想象、推测的内容(预设),又往往不以明确的语言表达出来,因此我们不易察觉。如"美玉已经多次表白"会给人"会被接受的吧"的推想,这跟后句的"男人不接受"的结果对立;"在战场上冷酷、嗜血、狂暴"往往会给人粗暴野蛮的印象,这又与后句"不妨碍他成为一个优秀的男人"的状态对立;"我说这话"可能会给人"要哗众取宠"的猜想,因此要用"只是要提醒大家提高警惕"来澄清,两者间的转折关系也构成两种意图的对立。

句中对立的两项甚至可以只出现否定项而不出现肯定项。如"美玉多次表白,但男人并不接受"的句子可以只说前半句而表示单纯否定。(见图6-7)

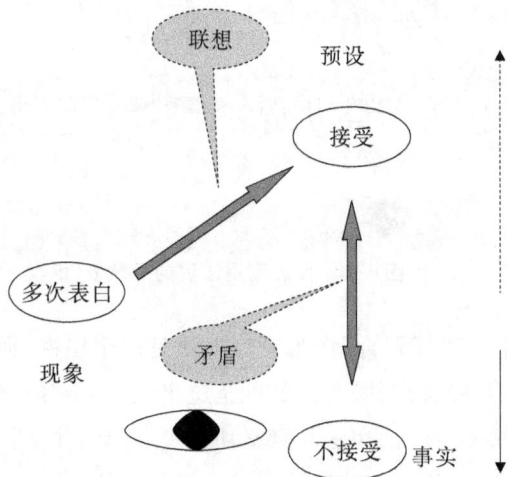

图6-7　作否定用法的示意

6.3 「別に」的用法与意义功能的转换

6.3.1 「別に」的基本义

「別に」来自汉语的"别",是日语的形容动词「別だ」的连用修饰形态。其意义解释见以下词典。

『角川古語大辞典』:

別(べち)(べつ)名・形動ナリ

①基準とするものの範囲外であるさま。ほか。他。また、複数のものが互いに異なるさま。相違。べつべつ。

（译文：表示处于基准事物的范围之外。另外。其他。又表示多个事物相互区别。不同。分别。）

②普通一般と異なるさま。特別。格別。

（译文：表示与一般不同。特别。格外。）

『日本国語大辞典』:

「別」

①(形動)異なること。同じでないこと。

（译文：形容动词。不同。不一样。）

②並みと同じでないこと。特別なこと。格別。

（译文：与普通的不同。特别。格外。）

③けじめを立てて分けること。区別。差別。

（跟别的区分开来。区别。差别。）

④分かれ。いとまごい。

（译文：分手。告辞请假。）

『邦訳　日葡辞書』:

Betniベツ ニ(別に)ほかの仕方で、あるいは、違った方法で。

（译文：用别的方式或方法。）

『日本語大辞典』(第二版):

「別に」(下に取り消しを伴って)とりたてて。

[译文：(后接)取消义的词语。值得一提。]

いっしょでなく。

（译文：不一起。）

各自に独立して。分けて。

（译文：各自独立。分开。）

总括各词典的解释,「別に」的基本义是状态与性质等与其他不同、特别,或与其他事物分开、单独地处置。其意义构成要素中有三个关联事项:一是两个以上的对象事物,二是说话人的立场,三是处置、操作或判断。

以下我们根据基本义和关联要素来探索「別に」由肯定到否定的用法变化,以及在此变化过程中意义功能的转换。

6.3.2 「別に」在肯定用法中的意义功能

在肯定用法的背景下,「別に」都表示对谓语的修饰,但关联要素有两种情况,意义也有所不同。

6.3.2.1 表示区别对待

同样的事物处于矛盾或对立的关系中,操作各不相同。(见图6-8)

例(10)いよいよ家の登記は済みましたが、手入れをしたり、また七畳の
隠居所のような坐敷があるが、これは私の仕事部屋に使うことにして、地所内に別に父の這入る隠居所を建てました。『幕末維新懐古談・初めて家持ちとなったはなし』

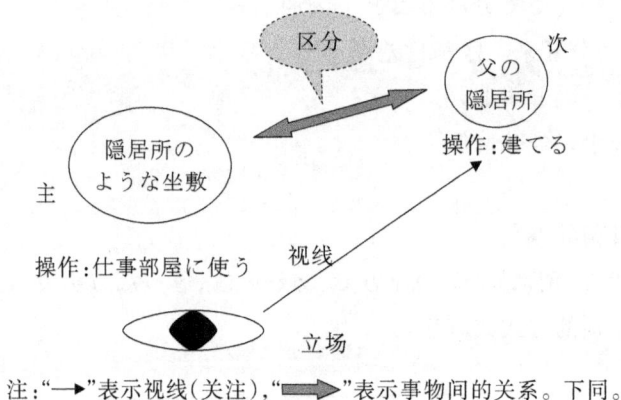

注:"──→"表示视线(关注),"━━▶"表示事物间的关系。下同。

图6-8 表示区别对待的示意

例(10)中,「私の仕事部屋」与「父の隠居所」为并列关系,但二者之间有主(背景)与次(前景)的区别。「私の仕事部屋」为主(背景),「父の隠居所」为次(前景)。说话人站在主位的立场上,视线(关注)朝向次的一方。针对两者的操作各不相同,表示对次位的事物采取与主位的事物不同的处置。

6.3.2.2 表示补充、增加

同列的事物中间没有矛盾与对立,操作也相同或类似。(见图6-9)

例（11）二七日が済む、直に丑松は姫子沢を発つことにした。やれ、それ、と叔父夫婦は気を揉んで、暦を繰って日を見るやら、草鞋の用意をして呉れるやら、握飯は三つも有れば沢山だといふものを五つも造へて、竹の皮に包んで、別に瓜の味噌漬を添へて呉れた。/『破戒』

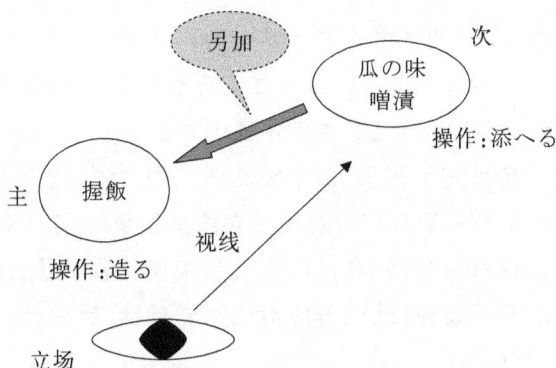

图6-9　表示补充、增加的示意

例（11）中，「握飯」与「瓜の味噌漬」为主次关系。说话人站在主位事物「握飯」的立场上，视线朝向次位事物「瓜の味噌漬」，进行补充性的操作「添へる」。表示在主位事物「握飯」之外另加上次位事物「瓜の味噌漬」。

6.3.3　「別に」在否定用法中

在有两个与「別に」关联的事项这一点上，否定用法与肯定用法是相同的。否定用法与肯定用法最根本的差异是，否定用法中对两个关联对象的操作不可能相同。即不可能对两个对象都做出否定操作。只能是否定一方，肯定另一方。因而，两个关联对象一定是对立或矛盾的关系，句式以转折句为基本。其中又分为真正观点前的否定姿态和对预想的校正等两种情形。

6.3.3.1　表示真正观点前的否定姿态

这种用法出现在复句的前分句，作为前提提示，表示预先声明或某种原则。后分句从现实的立场提示与前句所述事态相反的结果或结论。意义的重心不在「別に」所在的前句，而在后句表示的现实状况或结局上。（见图6-10）

例（12）別に好きでも嫌いでもなかったけれど、一度、二度、三度と来るのが重なると、一寸重荷のような気がしないでもない。『放浪記』

（译文：我本来并不在乎，可是三番五次这么翻来覆去地搞，就多少有些不耐烦了。）

例（13）レセプションから帰ってくると、山本は藪から棒に、おい、クーリッジのネクタイの色は、何色だったかと、三和に質問した。三和は大統領がモーニングを着ていたことは記憶にあるが、ネクタイの色までは分らない。気が付きませんでしたというと、山本が笑いながら、別にネクタイが何色だってかまわないが、臆せず落ち着いて応対せよというんだ。そうしたら、一瞬の間でもネクタイの色ぐらいは分る。『山本五十六』

（译文：接见完了回来，山本突然问三和："喂，柯立芝的领带是什么颜色来着？"三和只记得总统是穿着晨礼服的，至于领带颜色就不知道了，只好说："没注意。"山本笑起来说："领带什么颜色并不重要，重要的是不要狐疑，沉着应对。那样的话，哪怕是一瞥也能记住领带的颜色。"）

例（12）中，「別に」所在前句的「好きでも嫌いでもなかった」（并不在乎）跟后句的「一寸重荷のような気がする」（有些不耐烦）是两种对立的态度。「好きでも嫌いでもなかった」（并不在乎）成为「建前」（场面话），即原则性的前提，而「一寸重荷のような気がする」（有些不耐烦）却作为现实的结果成为了「本音」（真心话）。

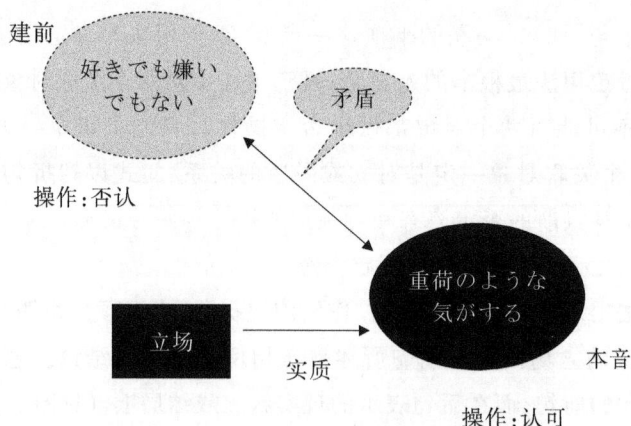

图6-10　表示真正观点前的否定姿态的示意

例（13）同样如此。「クーリッジ大統領のネクタイが何色かに気をつける」

（留心柯立芝总统的领带是什么颜色）跟「臆せず落ち着いて応対する」（不狐疑，沉着应对）是两个并列的选项，山本五十六运用副词「別に」，通过否定前者，强调了后者。

这种用法下，作为「別に」使用条件的否定句可以是语法否定句，也可以是语义否定句。

6.3.3.2　表示对预想的校正

转折句的前句提示某种状况或道理，「別に」在后句中对由此而生的某种结论或预想做出否定，表示校正。（见图6-11）

例（14）へえ、俺は知らんね。日まちにちょっと顔を出したが、
　　　　——沢屋がわざわざ招びに来たもんだから……
　　　　——へえ、沢屋の野郎が、招びに……
　　　　——君のところへは。
　　　　——来たっけど、別に招ばなかったな。『瘤』

在这段转折关系的对话中，「沢屋が来た」（泽屋来了）作为背景被肯定了，由此生出「沢屋が招きに来たか」（泽屋来喊我了吧）的联想，但是说话人依据实际的结果「招ばなかった」（没喊），运用副词「別に」打消了此预想，起到了校正的效果。

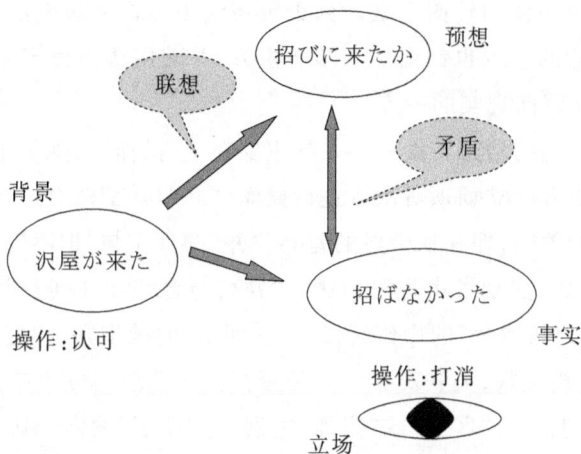

图6-11　表示对预想的校正的示意

例（15）也一样，是对同伴问话中「お前、何やったんだよ」这个猜想（预想）的否定。

例（15）（阿誠）部長、となりのスワローマーケチングスが、お試しで一ヶ

月間サーバーを置いてくれることになりました。

——（部長）そうか。ご苦労さん。

——（同僚）お前、何やったんだよ、おい。

——（阿誠）いや、別に。

——（同僚）うそだね。この俺が三回行って、三回とも木端微塵
だった。

——（阿誠）いやいや、本当に。おいてくれなんて一言も言ってない
し。/自创视频语料库『ボク、運命の人です』

6.4 "并"与「別に」的比较

本章我们分别详细考察论述了"并"与「別に」的功能转换及其途径。肯定
用法和否定用法都涉及与副词「別に」相关联的对象、说话人的立场及操作等要
素。我们可以从关联对象、说话人的立场及采取的操作等方面对"并"与「別に」
的肯定用法和否定用法进行比较，辨析其异同，进而探索在其由肯定向否定变
化的过程中，其功能由命题性向主观性变化的转换轨迹。

"并"与「別に」在功能转换中既有共同点也有差异处。两者所涉及的事项
同样都由物体转换为事态（命题），而"并"的情况更加复杂。所涉及对象之间的
关系与地位都由两立而转向主次。到否定用法中再进一步发展为虚拟与现实
的对立。说话者的立场也都由中立转向主方，并随用法由肯定向否定的转变，
由偏向主方转而偏向现实的一方。

"并"与「別に」的功能转换中的差异主要在于"操作"。除了中立的场合，说
话人总是站在主方的立场来对次方进行操作。"并"与「別に」操作的差异与其原
本意义的差异相关联，即存在天然的差异。"并"的操作与"把不同的对象并行处
理"的字义相关联，实现了由肯定用法中"并列与合并→并列→并列与累加"到
否定用法中"并列与取舍"的操作转换。而「別に」的操作则与"把不同的对象分
别处理"的字义相关联，关联对象之间是否存在矛盾或对立影响到「別に」所关
联的操作，意义上也有"区分"或"附加"之别。实现了"遍涉→区分或附加→选
择与取舍"的操作转换。

肯定用法中，关联对象一般是两个具体的事物，有主次之分。说话人总是
站在主方的立场来对次方进行操作。采取具体的动作行为对关联对象进行类
似行为的操作。「別に」属于所谓「語の副詞」，其功能都属于命题性的。「別に」的
意义依据关联对象间是否存在矛盾对立关系而分别表示"区别"或"补充"。

　　在否定用法中,关联对象一般不是具体的事物,而是两个相平行的命题。说话人站在事实或结果的立场上,对关联命题采取相反的操作,舍弃或否认一方,选择或认可另一方。「別に」属于所谓「文の副詞」,其功能都属于主观性的。依其在复句的前句或后句,分别表示预先的声明或依据事实的校正。

　　「別に」就是这样,通过关联对象、立场和操作等语言要素的变换而实现了共时背景下从肯定用法到否定用法,从命题性功能到主观性功能的转换。

　　“并”与「別に」在肯定用法时,分别经历了由实词向虚词转化的过程,相互之间意义上没有相同之处,不可互译。但是两者在使用条件上具有共同之处,即句中必须有两个以上的行为、状态(由谓语表示)或谓语相关项(主语或宾语)。这时的“并”与「別に」都属于命题的范畴。而在否定用法中,“并”与「別に」的适用条件变成了两个不同的事态。这两个事态一个是虚拟的想象(预设),另一个是现实的事态。“并”与「別に」作为副词,并不作用于谓语或其相关项,而是作用于事态(句子),表示立足于现实,否定虚拟的想象(预设)。这时“并”与「別に」不再属于命题,而属于主观,表示对预设的打消与校正。(见表6-2)

表6-2 “并”与「別に」用法功能转化过程与途径的比较

项目	并		別に		比较
	肯定用法	否定用法	肯定用法	否定用法	
对象	事物	命题	事物→形容词、动词	命题	不同
关系	并列	矛盾	并列	矛盾	共通
主次	无主次→有主次	有主次	无主次→有主次	有主次	
立场	中立→偏向一方	偏向现实一方	中立→偏向一方	偏向现实一方	
操作	并列与合并→并列→并列与累加	并列与取舍	遍涉→区分或附加	选择与取舍	不同
	同向操作	反向操作	同向操作	反向操作	

7 汉语"全然"与日语「まったく」「全然（ぜんぜん）」的比较

汉语的"全然"与日语的「まったく」「全然（ぜんぜん）」都属于表示最大量（程度）的否定极性副词。「全然（ぜんぜん）」是近代随文学作品流入日语中的，200年来在汉语和日语各自的环境中也发生了不小的变化，产生了一定的分歧。汉语的"全然"与日语的「全然（ぜんぜん）」作为有着共同来源的同形词，其用法与意义功能的比较受到人们的关注也很自然。事实上，日语的「全然（ぜんぜん）」的发展变化与作为同义词的和语「まったく」有着密切的关联。现在，这两个副词在用法与意义功能、用法上既有重叠又有分工。其中，日语的「全然（ぜんぜん）」在肯定用法上的意义功能及其演化因有较多的争议而成为重点话题。

7.1 汉语副词"全然"的用法与意义功能

汉语的"全然"是个副词，表示最大量。在范围上表示"完全地"，在数量上表示"全部"，在程度上表示"十足"。其主要用法与意义功能如下。

用法1，用于修饰表示异同或相像等的谓语。夸张强调异同的程度。

例（1）与人们事先猜测的几乎全然一致，多少享受了一点东道主优惠的中国队，果然在2004年亚洲杯决赛分组中避开伊朗，国足小组赛中的对手是卡塔尔、印尼、巴林3支二流球队。

例（2）他招招手，那位身材娇小的妇女忙走了过来。不知怎么搞的，她的脸边竟抹上了一点儿面粉，全然像个乡下的妇女。

例（3）康达尔在深市涨幅最大的前20只股票中名列17，全年涨幅111%，全然一只高大牛股的形象。

例（4）他要求"艺术性和社会能动性的有机的不可分割的统一"，前者指的是艺术创造的主观性，后者则说的是社会生活的客观性。与他全然相反的是美国人约翰·史平加尔的"新批评主义"。"新批评主义"强调艺术研究的对象只能限于作品本身，而与现实生活无关。

例（5）当越野车载着我们进入鄂尔多斯高原时，展现在眼前的画卷，已与先前走过的呼伦贝尔、锡林郭勒大草原全然不一样了。

例（6）主宰欧洲中世纪的经院哲学和权威主义与科学格格不入，全然二致。

异同程度具有从小到大的差异。因此"全然"具有抵消微小程度的意义。

显然,这种用于异同场合的"全然"是个量性副词。

用法2,用于修饰语法否定,强调否定的全范围和彻底性。

例(7)荷兰人具有执拗和不易接近的名声。他们交流的方式在他们与生人之间竖起了一道障碍。他们与素不相识者全然不交谈。在公共场合中,除非有事,人们不轻易与周围的人搭腔。

例(8)他那幅《睡虎图》,着意表现了虎的安详,瞧那全部肌肉和骨骼都放松的样子,全然没有了兽中之王的威风。

例(9)在1987年一个寒冷的日子里,杨时展的老伴悄然辞世,杨老痛哭失声。望着白色墙壁上的黑色镜框,杨老终日怔怔发呆,儿女们的劝说全然不济。

例(10)如同被困在井底的人,他看到了最后一根能爬出来的绳索。这根绳索是草捻的,还是钢制的,他已全然顾不得了。

这里接受"全然"修饰的既可以是及物动词,也可以是不及物动词,甚至是动词的被动态和形容词。在这些否定句中,即使没有"全然"的修饰,其完全否定的意思也依然成立。"全然"的加持与其说是对范围、程度或量的修饰,不如说起到了强调否定态度的作用。因此,这里应该看作是一种主观的用法。

用法3,用于修饰语义否定,表示否定的程度或范围。

语义否定根据其否定强度,可分为与语法否定等效的语义否定,以及否定强度低于语法否定的表示消极评价的否定。

A. 修饰与语法否定等效的语义否定。

例(11)报载,一位几年前办起酒家并自任老板的歌唱演员,就痛切地感到,自己不是当经理的料,经商对她来说全然是外行,酒家繁烦的工作使她身心交瘁,她已后悔当初的选择。(外行=不懂)

例(12)我曾被放逐,待到拖着尾巴回来已是1979年的秋天,美术界的事全然陌生了,周思聪的名字对于我来说是全新的,看那画,画得很棒,听说还是位女画家,就更多了一分注意。(陌生=不了解)

例(13)全村的父老乡亲聚在村里的开阔地上,喜滋滋地看着露天电影,全然忘记了刺骨的寒风。这就是当地人津津乐道的"喜庆场"。(忘记=不在意)

例(14)假如始终无法达成妥协,过去所花费的时间与努力就全然白费了,因此要把握最后的机会。(白费=没有效果)

汉语"全然"所修饰的语义否定表达的意义范围并不限于工藤真由美

(1999)的3类6种,而更加广泛。接受"全然"修饰的除了含有微小程度的谓语(通常是消极评价或中性评价的词语),也有不受微小程度修饰的谓语(通常是积极评价的词语)。因此"全然"不仅仅表示程度,更有表示夸张强调的意义。

"全然"修饰这些具有同一性意义的谓语时,保持了字面"全量""全范围"的语义。

B. 修饰否定强度低于语法否定的带消极评价的谓语。

接受"全然"修饰的主要是动词,包括及物动词和不及物动词。除此以外还有以系动词为中心的判断句,很少有形容词。

例(15)在《废都》书前有个"作者声明":"情节全然虚构,请勿对号入座;唯有心灵真实,任人笑骂评说。"(虚构=非现实/不真实)

例(16)公司成立伊始,技术上的"创造者"们就全然藐视那些有经验的管理人员和营销人员。后者成了公司的"扈从"人员。(藐视=不严肃对待)

例(17)在历史进程中,一成不变的文明是没有的,在一个时期内全然改观的文明也是不可思议的。(改观=样子变得大不相同)

例(18)书画上的印章在古代被称为"印信",是古人用来防伪的。可是,这一功能在计算机造假面前现在也已全然"退化"。(退化=效能降低,不起作用)

这些动词和以系动词为中心的判断句都可以接受程度、范围的修饰,由此"全然"的数量、程度等命题性副词的功能得以实现。

用法4,用于修饰表示中性及积极评价的谓语,带有程度夸张的意义。

这种用法大多见于以系动词为中心或省略了系动词的判断句中。而这些判断句绝大多数是描写样态的。

例(19)这是一个全然忘我的群体。瓯海区的领导和有关部、委、办、局主要负责人组成堤塘建设督导组,吃住在工地上;沿海各乡镇的干部不分上下班,没有休息日,沙城镇干部与石匠、民工们实行"三班倒",一连熬了27个日日夜夜。(忘我=不顾自我。积极评价的形容词)

例(20)现代化并不像人们通常理所当然地认为的那样是一个全然积极的进步过程,像所有其他的社会进步过程都必须或多或少为自己付出代价一样,现代化也必须为自己付出代价。(积极=积极评价的形容词)

由以上"全然"修饰的谓语的分类看,汉语"全然"还是偏重用于表示否定或

消极评价的场合,较少用于表示中性或积极评价的场合。

7.2 「まったく」的用法与意义功能

现代日语中,「まったく」的用法与意义功能有 7 种。

用法1,既用于肯定句也用于否定句,表示完全处于其状态。用于强调异同的彻底。表示"完全是""完全"。

例(21)貧しい人が感じずにはいられない動揺の現れだろうと思ったのだが、実は問題はまったく別のところにあったのだ。『ダラ』

(译文:本以为那是穷人不由自主表露出来的惶恐,其实问题却在完全不同的地方。)

例(22)「朝」という文字を「朝」と認識できない側の方からも、まったく同じことが言える。みんなこんなヘンテコな形のものを、楽々と覚えている。『模倣犯』

(译文:对于认不出"朝"字的人来说,可以说是同样的。大家居然轻轻松松就记住了那奇怪的字形。)

用法2,后接语法否定形式的谓语。这被认为是正式的、规范的用法,也是使用频率最高的用法。从对象范围的角度强调否定的彻底。

例(23)警告帯が外野の芝生と比べて、足音も感触もまったく違わなかったためである。「しかし」と設計者は反論した。「色は違えてある。」『ベスト・スポーツ・コラム』

(译文:警示带与外场的草坪相比,在脚步声和脚下的触觉上完全没啥区别。"可是,"设计者却辩白说,"颜色不一样。")

例(24)脳血栓の発作は、「朝起きたときは手足が少し動いたが、昼になったらまったく動かなくなった」というふうに、少しずつ起こります。『老人介護の基礎知識』

(译文:脑血栓的发作是逐步发生的。"早起时手脚还稍微能动,到中午却完全动不了了。")

用法3,在肯定句中与表示否定意义或消极评价的表达一起使用。从程度或数量角度强调否定的语义。

例(25)どこが仮想敵国か。構造的にまったく異質で、アメリカ人に絶対敵だと言っても違和感を覚えない国……答えはひとつ、日本。/『国際情報 just now』

（译文：哪里是假想敌？构造上完全不同,说是美国人的绝对敌人也很自然的国家是……答案就一个——日本。）

例(26)「その仕事でもらえるはずだった代金四十万円を支払え」と言ってきたわけです。まったくムチャな話です。『社長をだせ!ってまたきた!』

（译文：那边跟我说:"把干这活儿该得的40万日元付给我!"简直是荒唐。）

例(27)辰四郎はまた柔和な笑みを見せた。しかし、顔はもう蒼白だ。血の気がまったく失せている。辰四郎は言った。「お前たちが、佐久で暮らす。『週刊新潮』2003年5月15日

（译文：辰四郎露出柔和的笑容。可是脸色却是苍白的,完全没了血色。辰四郎说:"你们要到佐久去过活。"）

例(28)入社したクルグラーの肩書はプログラムエンジニアだった。だが最初に担当した仕事は、まったく期待外れのものだった。『林檎の樹の下で』

（译文：库卢戈拉入职了,职务是程序工程师。可是最初负责的工作完全不像期待的那样。）

例(29)書類をタイプしたり、ラベルを封筒に貼ったりするだけの、まったく耐えがたい仕事だったが、オフィスの文具類をいつでもくすねることができた。『いつかわたしに会いにきて』

（译文：不过是打印文书或是往信封贴标签这样实在无聊的工作,却随时能够贪点儿办公文具啥的。）

例(30)何といっても相手は空の上だ。フォークの手にある武器といえば、動物以外に対してはまったく無力な神経銃と、あとはお飾り程度の小さなナイフがあるだけだ。『天界に幸多からんことを』

（译文：总之对手在天上。福柯手里的武器也就是只能对付动物、对其他都没用的麻醉枪,还有就是只能做装饰的小刀。）

用法4,在肯定句中与表示中性或积极评价的表达一起使用。强调谓语所表示的状态。

例(31)彼女はこれまで彼女になかったまったく新しい強さを発散させることで、状況をすっかりかえてしまっていたのです。『アタマにくる一言へのとっさの対応術』

（译文：由于女人发挥出了未曾有过的力量，终于彻底改变了当前的
状况。）

例（32）ところが、よく考えてみてくれ。ピンクが燻製ニシンを買って
いったのは、まったく偶然のことだ。つまり、それは犯人の計画
にはいってないことだったわけだ。『キッド・ピストルズの
冒涜』

（译文：你还是好好考虑考虑吧。平克购买熏鱼完全是出于偶然，并
不是罪犯计划好的。）

例（33）まったく、あいつらしいよ。おい、マネしちゃダメだぞ。『半沢
直樹』

（译文：这完全就是那小子的做派。喂，你可不能跟着做啊！）

例（34）まったくご丁寧なこったな。わざわざ威圧感丸出しの本館会議
室まで用意するとは。『半沢直樹』

（译文：还真像回事儿啊！竟然准备了压迫感十足的总部大会
议室。）

例（35）私が強制することはできません」野々村は、ひとしきり声を上げ
て笑った。『倉敷・白壁小路殺人事件』

（译文："我可没法强制。"野野村停顿了一下，笑出声来。）

用法5，用在对话的后句，独立作为否定应答。正用反用皆可。

例（36）「ねえ、信じられる？私が普通のサラリーマンに恋をするなん
て。」「まったくね」と僕は言った。「まだアリクイに恋をしてる方
が信じられる。」/*Missing*

（译文："诶，你能相信吗？我居然爱上个普通上班族。"
"怎么可能?!"我说，"还不如说你恋上了食蚁兽更可信些。"）

例（37）「新しい体育の先生、なんだか気味が悪いわ」イサドラがいった。
「まったくだ」ダンカがあいづちをうった。『おしおきの寄宿学校』

（译文：伊莎多拉说："新体育老师好叫人不爽啊！"
"正是！"邓科附和道。）

例（38）悪かったな、厄介事を押し付けちまって。

——まったくだ。おごれよ。

——そうしたいのはやまやまだが、しばらくは無理だ。

——お前、まさか？

——名古屋系統に出向が決まったよ。『半沢直樹』

(译文：不好意思啊，把麻烦事推给你。

　　——是啊！你得请我客！

　　——我欠你情太多了，可暂时是还不了了。

　　——难道你?

　　——决定派我去名古屋系统了。)

例(39)楽しんでるの見ると楽しくなりません?

——まったく。テレビとか見ると「イェー」とか言ってへらへら笑ってるじゃないですか、もうテレビ壊したくなりますね。『最高の離婚』

(译文："看见别人开心你不高兴?"

　　——"不高兴。我看到电视里那些人喊着'耶!'嘿嘿笑的样子就恨不得把电视给砸了。")

用法6,用在句首或句尾,表示抱怨。

例(40)惑星の動きを感じている。深く冷たい夜の箱のなかで、窓辺にもたれながら。「まったくもう……」『はートランドからの手紙』

(译文：我感觉到行星在动。深夜在那冰冷的盒子样的屋子里,我靠着窗边说："真是的!")

例(41)それでは営業会議を始めます。課題は大量に売れ残っているペンギンカードの販売促進について。クリスマスにも正月にもあまり動かなかったしね。

——だからそなに作らなくていいって言ったのに。

——売れると思ったんだよ。

——まったくキミは勢いだけなんだから。『しろくまカフェ』

(译文：营业会议开始。会题是关于大量卖不出去的企鹅卡的促销问题。圣诞节也没卖出去,新年元旦也没卖出去啊!

　　——所以我说别做那么多呀!

　　——我以为能卖掉呀!

　　——你就是全凭一时冲动!)

例(42)まったく。何でこんなに遠出せねばならんのだ。何言ってんだよ!先生が最近太りすぎだから、散歩に付き合ってやってるんじゃないか。『夏目少年の友人帳』

　　（译文：真是的！为什么非要跑这么远?! ——什么话！不是你最近
　　长胖太多，陪你出来散步嘛！）

例（43）先生、ニャンコ先生一。まったくどこいったんだよ。道らしい道
　　　　なんてないじゃないか。『夏目少年の友人帳』

　　（译文：猫老师，猫老师！真是的，跑哪儿去啦？连条像样的路都
　　没有！）

　　用法7，后加「の」连接表示消极评价的抽象名词，实际是修饰抽象意义或其
中的形容词状态性成分。

例（44）お内証のご夫婦がこの店を始めた時、まったくの素人だったらし
　　　　い。『花園の迷宮』

　　（译文：据说那对夫妇刚开店的时候，完全就是外行。）

例（45）昨年の日本 GP 以来、1 年ぶりのレース。しかも一発勝負の予選方
　　　　式はまったくの初体験である。それでも初日のアタックは無難
　　　　にこなしてみせた。/Auto Sport

　　（译文：这是他去年日本 GP 赛以来时隔一年的摩托赛事。并且这种
　　一场定胜负的预选方式完全是第一次体验。但他首日的表演顺利
　　完成了。）

例（46）松前藩兵は、持参した小銃を一斉に発射すると、それを合図に兵
　　　　糧方に斬り込んだ。まったくの不意打ちであった。『松前パン
　　　　屋事始異聞』

　　（译文：松前藩的士兵们一起放枪。随着枪声他们杀入了运送军粮
　　的敌阵中。完全出其不意。）

例（47）ザルに水を貯めるようなもので、いくら稼いでも利益は残らな
　　　　い。「観光産業は、まったくのザル経済になっている」と嘆く。/
　　　　『検証・沖縄問題』

　　（译文：这就像竹篮打水，不管怎么挣钱都没有什么利润。我感慨
　　道："旅游业完全成了零经济利润产业。"）

例（48）職は山県有朋など薩長藩閥出身者におさえられ、成之などは「兵
　　　　部省会計権少佑」というまったくの小役人から再び官歴を積み上
　　　　げることになった。『武士の家計簿』

　　（译文：职位都被山县有朋等萨摩藩长州藩出身的人占去了，成之等
　　人只得从"兵部省会计权少佑"这样的小差事开始重新干起。）

7.3　日语副词「全然(ぜんぜん)」的用法与意义功能——以俗语用法为中心

7.3.1　「全然(ぜんぜん)」的5种用法

现代日语中「全然(ぜんぜん)」的用法大致有5种。

用法1,既用于肯定句也用于否定句,修饰表示异同的谓语。表示"完全是""完全"。

例(49)今頃の景気状況は20年前と全然違うものだ。

　　(译文:现在的经济形势和20年前完全不同。)

例(50)指揮者によって全然同じ曲でも「顔」(表情)は変わっちゃうんですよ。

　　(译文:由于指挥者的不同,即使是完全相同的曲子,其"情绪"也会有变化。)

用法2,在否定句中修饰语法否定。这被认为是正式的、规范的用法,也是使用频率最高的用法。

例(51)私はビールなんて全然飲まない。

　　(译文:我根本不喝啤酒这玩意儿。)

例(52)このジュースは全然甘くない。

　　(译文:这个果汁一点也不甜。)

例(53)彼女は全然美人ではない。

　　(译文:她绝对说不上漂亮。)

用法3,在肯定句中修饰含否定语义或消极评价的谓语。

例(54)この任務は私には全然無理です。

　　(译文:这个任务我做不了。)

例(55)さっき先生の講義は全然チンプンカンプンだ。

　　(译文:刚才老师的课一点儿都听不懂。)

例(56)私は仏教については全然素人です。『黒い雨』

　　(译文:我对佛教完全外行。)

例(57)ほんとに死ぬなんて全然あほらしい。『焼き跡のイエス・処女懐胎』

　　(译文:说什么要死要活的,真是傻。)

由于日语的谓语都带有词尾形态,由以上用例可见,与其说「全然(ぜんぜん)」修饰谓语,倒不如说是修饰整个性状判断句。作为全句修饰成分的「全然(ぜんぜん)」自然发挥的不是量性的意义功能,而是主观性的强调功能。

用法4,在肯定句中与表示中性或积极评价的表达一起使用。

例(58)あーすみません、今日は、遅かったですか?

　　　——いやいや、今日ぐらいなら、全然、大丈夫だよ。『紅玉の火蜥蜴』

　　　(译文:啊,不好意思! 今天我是不是来晚了?

　　　　　——不,不,不! 像今天这样子,完全没问题!)

例(59)とんでもない匂いになって、鼻がひん曲がってしまうかと思った
　　　くらいなのに、彼女、全然平気な顔をしていたわ。『不安な童話』

　　　(译文:那气味把人鼻子都要熏歪了,她却是一副全然不以为意的
　　　样子。)

在肯定句中修饰表示积极评价的谓语的用法被认为是「日本語の揺れ」或"俗语用法",即不规范用法,应与其他用法区别对待。关于「全然(ぜんぜん)」的这个俗语用法,迄今已有30多位学者做过相关研究,但对于它的意义功能还有很多不确定之处,这也是本章研讨的重点。

用法5,用在对话文的后句,独立作为否定应答。

例(60)おじさん冷たくなった?

　　　——全然。『ラクになる』

　　　(译文:叔叔你冷了吗?

　　　　　——一点也不。)

例(61)林:スチュワーデスになってみようかな、なんて思わなかった?

　　　米倉:全然。だって、しゃべれなかったんだもん。『週刊朝日』
　　　2003年8月15—22日合併号

　　　(译文:林:没想过当个空姐试试?

　　　米仓:从来没想过。因为没机会说啊!)

例(62)金持ちぶったことをする人じゃなかったのね?

　　　——全然。君は?

　　　——育ったのはアパートメントよ。『罪深き二人』

　　　(译文:你没装过大头?

　　　　　——没有。你呢?

　　　　　——我可是出租屋长大的。)

迄今为止的很多研究都是以「全然(ぜんぜん)」的否定用法为中心,将其作为陈述副词的典型的。其中,论及「全然(ぜんぜん)」的意义功能的研究论文也有 10 多篇。当然,也有将「全然(ぜんぜん)」作为程度副词来研究的,但大部分(如若田部明,1991)将否定语境中的「全然(ぜんぜん)」和肯定语境中的「全然(ぜんぜん)」区别开来,在意义功能上也都分为两种,前者作为陈述副词,后者作为程度副词。其中,播磨桂子(1993)和小池清治(1994)将「完全(完全に)」这一原意从这两种用法中分离出来,将「全然(ぜんぜん)」一词在功能上一分为二,在意义上一分为三。

若田部明(1991)基于「全然(ぜんぜん)」如果作为陈述副词,那么与关联词词之间相隔的词节应该会增多这一假定,根据其与关联的词节之间的距离,对「全然〜ない」型和非「全然〜ない」型进行了比较:

> 「全然〜ない」型中的「全然」,在「全然」+名词(「を」「に」)+动词(「〜ない」)的句型中,作为预告「〜ない」的副词发挥作用。与此相对,非「全然〜ない」型中的「全然」,则倾向于作为程度副词与更近的词节相关联。……「全然〜ない」型的陈述性增强,非「全然〜ない」型的程度性增强,从这个表中能发现它们各自发挥着不同的作用。

但是,我们对此结论存有疑问。

从「全然〜ない」型和非「全然〜ない」型这两种表面形式来判断「全然(ぜんぜん)」的功能的方法,使语法形式和词汇形式(例如「だめだ」「無理だ」等)的否定相对立,使实质上的否定和形式上的否定(例如「構わない」等)混淆,有可能忽略其内在意义功能。因此,不得不说,根据与「〜ない」这一句末形式的呼应与否来判断「全然(ぜんぜん)」的功能的方法是有问题的。

同时,一直以来把否定语境中的「全然(ぜんぜん)」作为陈述副词,把肯定语境中的俗语用法的「全然(ぜんぜん)」作为程度副词,这种按用法将意义功能截然分开的二分法是否正确也有待商榷。

以下将围绕上述问题进行探讨。

7.3.2 否定语境中「全然(ぜんぜん)」的双重性

工藤浩(1982)将与否定表达共现的「全然(ぜんぜん)」定位为叙法副词次级的 b 类"现实认知叙法"中的"拟似叙法",即具有叙法性(主观性)。关于程度

性与叙法性的判断,工藤浩(1983)指出两者的分界线在于是客观性的还是主观性的,是对象性的还是作用性的,是事实性的还是陈述性的,并指出了「全然(ぜんぜん)」等与否定呼应的副词的复杂性。

在一般与否定呼应的副词中,有「ちっとも」「少しも」「たいして」「さほど」「一向に」「あまり」「全然」「そんなに」等兼备了限定状态程度的程度副词,在与这些副词的对立、竞争关系中,所谓的程度副词更倾向于肯定语境①。

该论说在否定语境中的「全然(ぜんぜん)」兼有程度副词和陈述副词的性质这一点上,比其他学说更符合实际。

葛金龍(1999)指出,在与否定的谓语共现的「全然(ぜんぜん)」中,既有回答程度上的问题[例如「少しPか」(“有点P吗”)、「どのぐらいPか」(“有多P呢”)]等的,也有回答陈述性(主观性)问题[例如「果たしてPか」(“到底是否P”)]的。进一步调查后发现,特别是在把有量的变化的动作性动词作为谓语的现象句(也称为事象叙述句)中,不管怎样都会出现与动词谓语相关的对象的范围、数量、频度的原义,表示完全排除和否定,是量性修饰。例如,在例(63)—(65)这几个表示否定判断的句子中,如果没有像「全然(ぜんぜん)」这样的可用来提示全部量和程度的副词,该句子就只表示否定的倾向,如果是「ほとんど」(“几乎”)「基本的に」(“基本上”)修饰「上がってない」(“没有上升”)「減らない」(“不减少”)「知らない」(“不知道”)的话,那么还是多少残留着“上升、减少、知道”的可能性的。「全然(ぜんぜん)」的修饰作用排除了这种可能性,实现了完全否定的意图。由此,「全然(ぜんぜん)」和谓语的密切关系,以及「全然(ぜんぜん)」的客观性、对象性、事态性得以呈现。

例(63)今日の気温は全然上がってない。

（译文:今天的气温一点都没有上升。）

例(64)いくらがんばっても仕事が全然減らない。

（译文:无论怎么努力,工作一点也不减少。）

例(65)あの人の経歴なんて僕は全然知らないよ。

（译文:那个人的经历我完全不知道。）

---

① 工藤浩「程度副詞をめぐって」原文如下:ふつう否定と呼応する副詞とされているものの中に、「ちっとも」「すこしも」「たいして」「さして」「さほど」「一向」「あまり」「全然」「そんなに」のような、状態の程度を限定する程度副詞の性質を兼ね備えたものがあり、それらとの対立・張り合いの関係の中で、いわゆる程度副詞は肯定文脈に傾向するのだと、まずは考えられる。

那么,修饰状态性谓语时情况又如何呢?状态性谓语依据状态成立与否可以分为两种,一种是无明确的界线,另一种是有明确的界线。

状态成立与否无明确界线的谓语,如「甘い」("甜")、「辛い」("辣")、「硬い」("硬")等,允许微小的量(「少し甘い/辛い/硬い」("有点甜/辣/硬")存在,状态成立与否的界线模糊不清,内部存在着程度的极小和极大的对立。「全然(ぜんぜん)」修饰这些谓语的否定形式,跟修饰动作性谓语的否定形式一样,表示对微小量的排除,强调否定的完全性,其量性副词的性质很明显。

例(66)このスイカは全然甘くない。

(译文:这个西瓜一点儿也不甜。)

例(67)この電球は全然明るくない。

(译文:这个灯泡一点儿也不亮。)

例(68)この暖房は全然温くない。

(译文:这个暖气一点儿也不暖和。)

就常理来说,西瓜多少有点甜,灯泡多少有点亮,暖气多少有点暖和。所以"不甜"不是完全没有甜度,"不亮"不是完全没有亮度,"不暖和"不是完全没有热度。「全然(ぜんぜん)」的修饰有夸张的语义,能看出其中排除微小量,强调否定彻底性的主观意图。

状态成立与否有明确界线的谓语,如「正しい」("正确")、「望ましい」("理想")、「優れている」("优秀")、「英雄だ」("是英雄")、「男だ」("是男人")等,是与不是的界线十分清楚,因此不能被表示微小量的程度副词修饰,谓语内部不存在程度的极小和极大的对立,只有状态和性质是否成立的质的问题。因此,"「全然」+谓语否定形式"并不是要排除"「少し」+谓语肯定形式"的状态,而是对谓语成立(或不成立)的主观强调。换言之,「全然(ぜんぜん)」不是程度性质副词,而是主观性质副词。「全然(ぜんぜん)」具有主观性、作用性、陈述性,其主观副词的性质很明显。

例(69)あの女子アナは全然美人ではないけど、結構かわいい。

(译文:那个女主播完全说不上是美女,但是相当可爱。)

例(70)あいつは気が小さくて、全然男らしくない。

(译文:那个家伙心眼儿小,一点儿男子汉气概都没有。)

这两例与例(66)—(68)的区别在于,着眼点不在"甜""亮""暖和"等的程度上,而在于对"是否是美女""是否有男子气概"的认定上。

因此,我们可以得到以下结论:

　　在谓语内部有量或程度的极小、极大对立的情况下,与其否定形共现的「全然(ぜんぜん)」有排除微小量、强调否定彻底性的意图和效果,此时「全然(ぜんぜん)」对谓语进行量性规定的性质较强,其功能偏向于量性。而在谓语内部不存在数量或程度的极小、极大的对立的情况下,「全然(ぜんぜん)」规定数量和程度的性质消失,起到强调否定判断的主观性作用。

7.3.3　修饰语法否定与修饰语义否定的「全然(ぜんぜん)」的比较

　　现代日语中的否定表达有语法形式的否定(语法型否定)和词汇形式的否定(词汇型否定)(近藤泰弘,1997)。「全然(ぜんぜん)」与两者都能共现。那么,修饰这两种否定表达的「全然(ぜんぜん)」在语法性质和功能上是否相同呢?

　　语法型否定主要通过句末(或者谓语的词尾)的「ない」来表示,关于其词性,表示不存在时是形容词,表示否定时是助动词。

　　词汇型否定又称语义否定,可以转换为语法型否定。词语意思上是否定的,但不采用否定形式,而是采用肯定的形式。关于其词性,既有形容词(「難しい」「～がたい」等)、形容动词(「無理だ」「だめだ」等),也有状态性动词(「ちがう」「不足している」等)。工藤真由美(1999)根据否定意义的强度,将词汇型否定的表达大致分为5种类型,即(1)「非現実類」("非现实类");(2)「非存在類」("不存在类");(3)「非同一性類」("非同一性类");(4)「非肯定評価類」("非肯定评价类");(5)「かまわない類」("没关系类")。其指出,否定专用的副词与词汇型否定的共现,正如在「とても、なかなか」的典型用法中所见的,连接着与语法上的否定形式的共现的用法,以及与语法上的肯定形式的共现的用法。

　　表示语义否定与消极评价的表达可以根据否定的程度和受程度修饰的性质加以区别。前者与语法型否定具有对等的价值,是可以相互转换的(例如「無理だ＝できない」「だめだ＝いけない」)。后者在意义上接近于语法型否定,但在否定的程度上与语法型否定不对等,有一定程度的差异(例如「難しい≠できない」「難しい≠無理だ」)。语义否定除绝对程度(「絶対/まったく/ほとんど/ほぼ」等)外,难以受表示相对程度(「最も/ずいぶん/とても/比較的/割合/大分/少し」等)的词的修饰,而表示消极评价的表达能接受相对程度的修饰,难以接受绝对程度的修饰。例如:

　　○絶対(/まったく/ほとんど/ほぼ)無理だ(/だめだ)

　　×最も(/ずいぶん/とても/比較的/割合/大分/少し)無理だ(/だめだ)

　　×絶対(/まったく/ほとんど/ほぼ)難しい

○最も(/ずいぶん/とても/比較的/割合/大分/少し)難しい

由于语法型否定和词汇型否定的并存,否定表达可以从语法型否定转变为词汇型否定,并可以通过类义关系进一步转移为表示消极评价的表达。表示消极评价的表达虽然在意义上与表示中性或积极评价的表达不同,但形式上同样采用肯定形式,在对副词修饰的限制和要求上与一般表示积极评价的表达(所谓褒义词)是一致的。

具体到「全然(ぜんぜん)」,我们来观察一下语法形式的否定表达和词汇形式的否定表达。

例(71)大雨で今日は全然売れなかった。

　　(译文:因为下大雨,今天完全卖不出去。)

例(72)大雨で今日の商売は全然だめだった。

　　(译文:因为下大雨,今天的生意完全不行。)

例(71)是语法形式的否定表达,例(72)是词汇形式的否定表达。两例意思完全相同。例(71)的谓语「売れなかった」("卖不出去")是动词谓语。「全然売れなかった」("完全卖不出去")在语用上可能有夸张,但就意思来说,「全然(ぜんぜん)」如前文所述,表示与动词谓语相关的对象的范围、数量、频度等,在这个句子中也可以替换为「少しも」。例(72)的谓语「だめだ」("不行")是表示状态、属性的形容动词,是对买卖状况的描述。虽然在意义上是否定的,但在语法性质上是肯定句的性状谓语。是否「だめだ」("不行")的界线很明确,因为不存在「少しだめだ」("有点不行")这样的暧昧状态,所以「全然(ぜんぜん)」不是排除「少し」("有点")等微小量(程度)的量性修饰,而是强调「だめだ」("不行")这一状况的主观修饰。

通过这个比较,可以看出语法否定与词汇否定(语义否定)在性质上的差异,以及修饰语法否定与词汇否定(语义否定)时,「全然(ぜんぜん)」在意义功能上的区别。

如此,日语的肯否同形否定极性副词根据被修饰的谓语的变化,从具有强烈否定倾向的副词转变成为否定、肯定并用的副词。同时,其功能和性质也实现了从程度性副词向主观性副词(或者相反)阶段性地转移。

7.3.4　肯定语境中「全然(ぜんぜん)」的主观性

7.3.4.1　肯定语境中的「全然(ぜんぜん)」程度副词说的矛盾点

关于在肯定句中修饰表示积极评价的谓语所谓"俗语用法",新野直哉

（1997：218）虽然认为「全然（ぜんぜん）」是一个程度副词，但对「全然（ぜんぜん）」的程度性意义表示怀疑：

　　　　在现代的例子中，「全然平気/大丈夫/OK」这些不能理解为「とても」「非常に」（"很""非常"）的意思，因为「とても平気だ」（"非常没事"）「非常に大丈夫だ」（"非常没关系"）等说法是不存在的。这里「全然」的意思是「完全に」。而且，在「牛革よりも全然軽い」（"比牛皮轻"）「そのほうが全然早い」（"那样绝对更快"）等比较表达中使用时，意思为"毫无疑问"，替换成「完全に」比「とても」和「非常に」更为贴切。在「全然見えるよね、高校生に」（"看起来就像个高中生"）「全然SMAPでしたけど」（"就是SMAP"）等句中也不能理解为"非常"的意思。这样看来，把现代"「全然」＋肯定"句中的「全然」断定为"非常"的意思，怎么想都是不合理的。

概言之，程度副词说有两个矛盾之处。
①很多情况下不能用程度副词替换。
②语义解释是流动性的，不能确定相当于程度副词的哪个层级哪个意思，根据上下文语境和谓语的不同，语义也会发生变化，看起来就像是万能的。这就陷入了词无定义的困境。
　　我们对新野直哉（1997）所提出的问题深有同感，因为所谓俗语性用法的谓语都是不可进行量性修饰的性状谓语，内部没有量或程度的变化。
例（73）全然OKだ。（完全OK。）
　　　　×ちょっとOKだ。（稍微OK。）
　　　　×少しOKだ。（有点OK。）
　　　　×とてもOKだ。（非常OK。）
　　　　×すごくOKだ。（非常OK。）
　　　　×最もOKだ。（最OK。）
　　　　×極めてOKだ。（极其OK。）
　　　　×比較的にOKだ。（比较OK。）
例（74）そのほうが全然早い。（那样绝对更快。）
　　　　×ちょっと大丈夫だ。（稍微没关系。）
　　　　×少し大丈夫だ。（有点没关系。）

×とても大丈夫だ。(非常没关系。)

×すごく大丈夫だ。(非常没关系。)

×最も大丈夫だ。(最没关系。)

×極めて大丈夫だ。(极其没关系。)

×比較的に大丈夫だ。(比较没关系。)

例(75)そのほうが全然早い。(那样绝对更快。)

〇そのほうがちょっと早い。(那样更快一点。)

〇そのほうが少し早い。(那样更快一点。)

? そのほうが比較的に早い(那样更快一点。)

×そのほうがとても早い(那样快。)

×そのほうがすごく早い(那样更快。)

×そのほうがもっとも早い(那样更快一点。)

这些例子中谓语或不接受程度修饰或只接受低程度修饰而不接受高程度修饰,却可以接受「全然(ぜんぜん)」修饰。说明「全然(ぜんぜん)」不是量性(命题性)修饰,而是主观性修饰。

「全然(ぜんぜん)」如果是量性修饰,那么应该置于谓语之前。在俗语用法中,也有「全然(ぜんぜん)」出现在句子的开头修饰后面判断句整句的例子。不过,这种用法已经完全脱离了量性副词的范畴,所以只能认为它是主观性副词。

例(76)〇全然和倉温泉から空港まで二時間かかって、本当に遅れてごめんなさい。(足立広子,1990)

(译文:实在是因为从和仓温泉到机场就花了两个小时,来这么迟真的抱歉。)

?ちょっと(少し・とても・すごく・最も・極めて・比較的に)和倉温泉から空港まで二時間かかって、本当に遅れてごめんなさい。

此例中「全然(ぜんぜん)」是在强调整个「和倉温泉から空港まで二時間かかって」是「遅れる」的原因。「全然(ぜんぜん)」作为非量性副词的属性更加明确。

当「全然(ぜんぜん)」与表示中性或积极评价的表达共现时,即俗语用法使用在比较句中时,足立広子(1990)将其解释为「ずっと」("……得多")。这仅在基于同质性的比较时才可成立,在不同质的比较时,「ずっと」的上述解释是不成立的。

例(77)このお宅のお姉さんはブサイクだけど、妹さんは全然美人だ。

(译文:这家的姐姐很丑,妹妹却是个十足的大美人。)

例(78)ワンメーター以内の距離なら、5人乗りのタクシーがバスより全
然お得だ。

（译文：起步价以内的距离的话，5人座的出租车真比公共汽车实惠。）

例(79)同じ商売で、A氏は100万円儲かったのに、B氏は20万円の損をし
た。B氏は全然バカだ。

（译文：同样的买卖，A氏赚了100万，B氏却损失了20万。B氏实在
是傻！）

在这3个例子中，如果把「全然（ぜんぜん）」解释为"一直"，那么"姐姐"也
会变成美人，公共汽车也会变得实惠，A氏也会变傻，这明显违反了说话者的意
图。所以将「全然（ぜんぜん）」作为程度副词来解释明显是行不通的。我们认
为，「全然（ぜんぜん）」与「実に」（"实在"）、「本当に」（"真的"）、「如何にも」（"实
在是"）、「あくまでも」（"完全"）等相似，起强调、判断的作用。肯定语境中的
「全然（ぜんぜん）」都可以这样解释。

肯定语境中的「全然（ぜんぜん）」被认为是表示程度很大的原因是，被强调
的谓语所表示的性质、状态和评价一定是达到了相当程度后，才有必要进行强
调。因此，「全然（ぜんぜん）」也被认为带有程度的意思。同样的解释也适用于
工藤浩(1983)所指逐渐被认定为程度副词的「実に」（"实际上"）、「意外と」（"意
外地"）、「案外に」（"出乎预料"）、「本当に」（"真的"）等。肯定语境中的「全然
（ぜんぜん）」最近也正在出现分化。感叹句仍然具有强调夸张的语气和判断的
确定性的功能，但是在一般会话的回答中，正如增井典天(1996)所指出的那样，
随着逐渐惯用化，其强调的功能和夸张的语感逐渐减弱了。

7.3.4.2 从所谓俗语用法与所谓规范用法的对称关系看「全然」的主观性

现实中，在「全然（ぜんぜん）」的所谓俗语用法与所谓规范用法之间，即状
态性谓语的否定形和肯定形，消极评价和积极评价之间，常常能看到对称的用
法。例如：

全然いけてない(完全不行)——全然いけてる(完全行)

全然美味しくない(实在不好吃)——全然美味しい(实在好吃)

全然素敵ではない(实在不出色)——全然素敵だ(实在出色)

全然すきではない(实在不喜欢)——全然すきだ(实在喜欢)

全然美人ではない(实在不漂亮)——全然美人だ(实在漂亮)

全然素人だ(完全是新手)——全然玄人(ベテラン)だ(完全是老手)

全然まずい(实在不好吃)——全然うまい(实在好吃)

全然つまらない(实在无聊)——全然面白い(实在有趣)

全然だめだ(完全不行)——全然OKだ(完全OK)

全然困る(实在为难)——全然大丈夫だ(完全没问题)

在现实的语言生活中,使用「全然(ぜんぜん)」对同一对象进行相反评价的情况也时有发生。例如以下对话:

例(80)父:今日の映画全然面白くなかった(/退屈だった)。

娘:いや、全然面白かったよ。

(译文:父亲:今天的电影实在没意思(/无趣)。

女儿:没有啊,真的挺好玩啊!)

例(81)甘党の人:四川料理は辛すぎて、全然美味しくない(/まずい)。

辛党の人:いや、全然美味しいよ。僕は辛いのが大好きだ。

(译文:爱吃甜的人:四川菜太辣了,实在不好吃(/难吃)。

爱吃辣的人:不啊,真的好吃啊!我就爱吃辣。)

例句中有两种否定:「面白くなかった」「美味しくない」是语法否定,「退屈だった」「まずい」是语义否定,其也是表示消极评价的表达,但句型是肯定句。如前所述,修饰语法形式的否定表达时,「全然(ぜんぜん)」主要是进行量性修饰,但也有主观上强调否定的彻底性的意图和效果。当表示语义否定或积极评价的谓语与之对立使用时,「全然(ぜんぜん)」中隐藏的主观性就会突显出来,成为加强语气,强调肯定判断的主观性修饰。我们很难想象在同样语境中修饰这三种谓语的「全然(ぜんぜん)」在意义功能上是不一样的。只能认为是修饰语法否定、语义否定的「全然(ぜんぜん)」的强调功能延伸并扩大到了在肯定句中修饰积极评价的谓语的用法中。

7.3.4.3 从与「全く」的同义互换关系来看「全然」的主观性

据鈴木英夫(1993,1996),「全然(ぜんぜん)」在江户中期的1800年前后,作为「漢語」,伴随着中国的白话小说被引入日语中时,有"完全"或"全部"等实质意义,并标有「まったく」的假名注音。而「全く」在中世(1192—1603年)即作为副词出现,通常形式为「まったく」或「またく」。

「まったく」主要作为书面语被使用,但因为在语义用法上与「全然(ぜんぜん)」相同,所以在英日、日英等词典中经常互相作为解释词使用。例如:

松平圆次郎等的『俗语辞海』(1909年)

まったく[全](副)「まるで」(全然)におなじ。

[译文:(副)"整个"义,同「全然」。]

上田万年等的『大日本国语辞典』(1915年初版,1940年修订版)
ぜんぜん［全然］(副)まったく。まるで。残らず。すべて。悉皆。
まったく［全］(副)すべて。ことごとく。悉皆。まことに。實に。
［译文:(副)完全,整个,无遗,尽皆,悉皆。
(副)尽皆,统统,悉皆;真的,实在。]

上田万年等的『大字典』(学生版大字典,1917年初版,1937年第9版,发行
209万册)
［全然］ゼン・ゼン　まるで。まったく。
(译文:整个。完全。)

金泽庄三郎编撰的『广辞林』(1925年)
ぜんぜん［全然］(副)まったく。まるで。
［译文:(副)完全。整个。]

关于「まったく」和「全然(ぜんぜん)」用法的异同,柄沢衛(1977)基于西
周、夏目漱石、芥川龍之介和二叶亭四迷的用例,做了如下阐述:

> 「全然(ぜんぜん)」一词的"不合规范的"、俗语性的用法是汉语词
> 「全然(ぜんぜん)」为取代日语「まったく」一词而产生的,也是「全然
> (ぜんぜん)」一词原本就具有的内在的用法。也就是说,加上现代日
> 语中的"不合规范"用法后,「まったく」和「全然(ぜんぜん)」的用法完
> 全重叠了,这也是「全然(ぜんぜん)」完整的用法。

据鈴木英夫(1996),「まったく」在中世纪主要与语法否定相关联。江户初
期经常在口语文学中使用,到了江户后期,虽然在口语中不再使用,但在读本中
经常使用,与肯定表达和否定表达都可对应。此时,「まったく」除了含有表示
全部的量和范围的「完全に」("完全")的意思,还出现了强烈主张说话者主观判
断的陈述性用法。

我们从文学作品中不但找到了「まったく」的这种用例,同时还找到了「全

然(ぜんぜん)」的同样用例。

例(82)あれはまったく親父から呼びに来て、駒込の家へ宿(とま)ったの
だ。『当代書生気質』

（译文：是老头儿来叫我，我才住到驹込的家里去的。）

例(83)彼らは、それを全然五位の悟性に、欠陥があるだと、思ってるらし
い。『芋粥』

（译文：他们似乎认为这完全是因为五位的悟性有缺陷。）

很容易理解这两个例子中的「まったく」和「全然(ぜんぜん)」都是为了辩
解而强调某一事实，是作为理由或原因的用法。同时，这两例也可以看作「全然
(ぜんぜん)」用于中性事态的早期用例。

此外，松浦純子、永尾章曹(1996)指出了志贺直哉(主要创作期为1904—
1947年)的作品中「全然(ぜんぜん)」和「まったく」的同义互换关系。

志贺直哉在作品中，似乎承认了「全然」和「まったく」在用法上存
在差异。但是，就一般而言，其差异并不一定是明显的。或者直截了
当地说，在许多情况下，将「全然」替换为「まったく」或将「まったく」
替换为「全然」并没有什么困难。即使把这里列举的例子一句句拿出
来看，这样的替换也是相当轻松自由的。

以上这些事实都佐证了前述柄沢衛(1977)关于「まったく」和「全然(ぜん
ぜん)」的用法完全重叠的判断。可作为从明治末期到"二战"后初期「全然
(ぜんぜん)」和「まったく」之间同义关系的证据。

以上我们看到，最初，「全然(ぜんぜん)」跟和语固有的副词「まったく」就
是同义词关系。明治时期以后，「まったく」与肯定表达的联系变强了。「全然
(ぜんぜん)」最初只被用在生硬的汉文风格的文章中，明治三十年代(1897—
1906年)以后也被用在通俗读本中，进而逐渐扩展至口语中。从大正时期(20
世纪一二十年代)开始，「全然(ぜんぜん)」却与否定表达的联系变强，填补了
「まったく」在口语中留下的空位。进入昭和时期(20世纪二十年代后期起)以
后，「まったく」以在肯定句中起主观强调的作用为主，而「全然(ぜんぜん)」则
确立了与否定表达的共现关系。「まったく」主要与肯定表达相关联，「全然
(ぜんぜん)」主要与否定表达相关联，这种印象也可能来源于这一历史断面。

正是由于这种分工造成了"「全然(ぜんぜん)」主要用于否定"的思维定

式,使得「全然(ぜんぜん)」追随和语「まったく」的用法、功能变化被人为地忽视甚至歪曲。尽管如此,我们从「全然(ぜんぜん)」所谓的俗语用法中很容易就能发现其与「まったく」的互换性。

それは全然(/まったく)奇跡だ。(译文:这简直就是奇迹。)

それは全然(/まったく)意外だ。(译文:这实在没想到。)

それは全然(/まったく)不思議だ。(译文:这实在是奇怪。)

この方法だと全然(/まったく)速いですね。(译文:用这方法实在是快。)

それは全然(/まったく)賛成だ。(译文:这我完全同意。)

その方針について私は全然(/まったく)納得しています。(译文:这个指导思想我完全接受。)

正因如此,田忠魁、泉原省二等所编『類義語使い分け辞典』(1998)中解说:"也有年轻人在使用时将与肯定词相呼应的「まったく」替换为「全然(ぜんぜん)」。"

关于「まったく」在肯定语境中的意义功能,据我们所见,很多词典都做了「まことに」("真的")、「実に」("实际上")、「本当に」("真的")等主观性的解说,且都没有进行量性(程度性)的解说。奇怪的是,「全然(ぜんぜん)」却被解释为程度副词(如「非常に」「とても」等)。这里仅举例几部大型词典的释例。

『日本国語大辞典』(1974—1975年版)

まったく(全く)(副)形容詞「まったい」の連用形から

[译文:まったく(全く)(副词)来自形容詞「まったい」的连用形]

①完全にその状態であるさまを表わす。すべて。完全に。落度なく。

(译文:表示完全处于该状态。全部,完全,无所遗漏。)

②特に、否定表現を伴って、完全な否定の気持を表す。全然(…でない)、決して(……でない)。

(译文:伴随否定表达,伴随完全否定的情绪。全不,决不。)

③自分がこれから示す判断、いま相手から聞いた判断が、嘘や誇張を含まない真実であることを、強める気持ちを表わす。ほんとうに。実際に。

(译文:表示强调自己所做的判断、刚才从对方那里听到的判断是不含谎言和夸张的真实的心情。真的,实在。)

ぜんぜん[全然](副)

①残るところなく。すべてにわたって。ことごとく。すっかり。全部。

（译文：无所遗漏。整个，所有，全部，完全。）

②（下に打ち消しを伴って）ちっとも。少しも。

［译文：(后面伴随否定)毫(无)，一点儿也(不)]。

③（口頭語で肯定表現を強める）非常に。

（译文：口语中用于加强肯定表达。非常。）

松村明的『大辞林』(1988年版)

まったく （全く）（副）形容詞「まったい（全）」の連用形から

［译文：(副词)来自形容词「まったい（全）」的连用形]

①否定表現と呼応して、それを強調する。全然。まるっきり。

（译文：与否定表达呼应，强调之。全然，完全。）

②ア、完全に。すべて。

（译文：ⅰ．完全，全部。）

イ、肯定表現と呼応して、それを強調する。自分の言うことにうそや誇張のないことを示す。本当に。実に。

（译文：ⅱ．与肯定表达相呼应，并强调。表示自己的话没有撒谎或夸大的成分。真的，实在。）

ウ、相手の言うことに同感であることを示す。本当に。実に。

（译文：ⅲ．表示对对方所言有同感。真的，实在。）

ぜんぜん ［全然]（副詞）

①（打ち消し、または「だめ」のような否定的な語を下に伴って）一つ残らず。あらゆる点で。まるきり。まったく。

［译文：后面伴随否定或「だめ」等否定性词语)一个不剩，所有，完全，全部。]

②あますところなく。ことごとく。まったく。

（译文：毫无保留。全部，完全。）

③（話言葉の俗な言い方）非常に。とても。

［译文：(口语中的俗语性说法)非常。非常。]

新村出的『広辞苑』(1998年第5版)

まったく ［まったく]《副》（マッタシの連用形から）

①ことごとく。すべて。

（译文：真的。实在是。）

②じつに。まことに。

(译文：真的。实在是。)

③(下に打ち消しの語を伴って)決して。全然。

(「―の」「―だ」の形で)まこと。本当。

[译文：(后面伴随否定)决(不)，完全。(用「―の」「―だ」的形式表示)确实，真的。]

ぜんぜん［全然］［二］《副》

①すべての点で。すっかり。

(译文：全部，完全)

②(下に打ち消しの言い方や否定的意味の語を伴って)まったく。まるで。

[译文：(后面伴随否定表达或有否定含义的词语)全部，完全。]

③(俗な用法で、肯定的にも使う)まったく。非常に。

(译文：俗语用法，也用于肯定。完全。非常。)

　　此外，『现代副词用法辞典』对「全然(ぜんぜん)」和「まったく」的解说也基本相同。

　　虽然「全然(ぜんぜん)」和「まったく」在语体色彩上和具体的应用场合中多少有些不同，但从与同义词「まったく」的用法互换来看，我们不得不承认俗语用法中的「全然(ぜんぜん)」与「まったく」一样，在与语义否定「だめだ」共现的情况下，「まったく」只具有主观强调这一种功能，但如果和表示消极评价的表达「困難だ」「難しい」「きつい」共现的话，就含有主观强调和程度修饰的双重功能。如果谓语转为表示积极评价的表达，同样由于与微小程度「少し」等的对立消失，其功能就从程度修饰转变为主观强调。

7.4　汉语"全然"与日语「まったく」「全然」的意义功能的比较

7.4.1　日语「全然」和「まったく」的用法意义功能比较

　　从日语的「全然(ぜんぜん)」与「まったく」的用法的比较看，用法1—4是完全相同的，用法5"用在对话的后句，独立作为否定。正用反用皆可"的用法中，「まったく」是既可用于否定也能用于肯定的，而「全然(ぜんぜん)」只能用作否定应答，而不能用作肯定应答。用法6"用在句首或句尾表示抱怨"的用法

和用法7"后加「の」连接表示消极评价的抽象名词,修饰抽象意义或其中的形容词状态性成分"的用法实际上已不是副词的典型用法,只适用于「まったく」而不适用于「全然(ぜんぜん)」。

例(16)和例(39)中「まったく」的否定应答可以用「全然(ぜんぜん)」置换,但例(37)中表示肯定应答的「まったくだ」却不能用「全然(ぜんぜん)」置换。

「まったく」和「全然(ぜんぜん)」一个是日语固有的和语词,一个是后来引进的汉语词,二者在日语中的应用高度一致却又有所分工。似乎可以把「全然(ぜんぜん)」看作是「まったく」的减配版。

7.4.2 "全然"与「まったく」「全然(ぜんぜん)」的比较

汉语"全然"与日语「まったく」「全然(ぜんぜん)」尽管都有表示全范围、十足程度、所有数量等最大量的本义或基本义,但作为附属成分,其本义或基本义能否实现或如何实现,很大程度上受到被修饰成分的制约。

汉语的"全然"除不具备日语「全然(ぜんぜん)」「まったく」的用法5、用法6、用法7外,用法1到用法4基本相同,但也显现出各自的特点。

用法1用于修饰表示异同的谓语,夸张地强调异同的程度。三者的用法与意义功能完全相同。

用法2后接语法否定形式的谓语,从对象的数量、范围或状态程度的角度强调否定的彻底。除了汉语与日语在否定的语法形式上存在差异(例如"全然不是天真女孩的样子"—「まったく紳士ではなかった/全然美人ではない」),三者的用法与意义功能完全相同。

这个用法中日语的「まったく」和「全然(ぜんぜん)」各有一个修饰带有性状的名词(性状名词)的用例(「まったく紳士ではなかった」「全然美人ではない」),构成「全然(/まったく)＋性状名词＋ではない」的构式。由于该构式中的性状名词不受程度修饰,因而「全然(ぜんぜん)」和「まったく」并无程度意义和功能,只起到对否定的主观强调作用(完全不具备该性状)。而汉语中并无这样的名词,只能用"全然＋不是(不像/没有)性状语＋的样子"构式来表示类似语义。这里的"不是……的样子"实际表达的是"样子与……不同"这种差异的意思,跟"不像/没有"这些谓语同样,是可以接受程度修饰的。因此"全然"只是起到从程度上强调否定的作用。一方是主观的强调,一方是程度的强调,意义与功能上多少还是有些区别的。

用法3在肯定句中与否定意义或消极评价的表达共现的用法,是从程度或

数量角度强调否定的用法。由于汉语中语义否定与语法否定的等值关系（如"外行＝不懂""陌生＝不了解""忽视＝不注意""忘记＝不在意""失语＝不能说话＝不能发表见解主张""白费＝没有效果"），汉语"全然"在修饰语义否定时仍然能够读取到从程度、范围等数量角度夸张强调的语义和功能。但在修饰表示消极评价的谓语时，这些谓语多为表示远离、改变（如"背叛""拒绝""忘记""失去""退化""变成"等）或性状（如"虚构""是幻想""是恶俗的"）的词语，接受程度修饰的机会少，因此其程度、范围等量性的意义就淡化乃至消失，而主观上夸张强调的功能更加突出。

　　日语「まったく」「全然（ぜんぜん）」所修饰的语义否定绝大部分为性状名词或形容动词（如「チンプンカンプンだ」「素人です」「無力な神経銃（だ）」「ムチャな話です」「無理です」等），而表示消极评价的词语又多为远离、消失、困难等描写性的词语（如「嫌になっちゃう」「耐えがたい」「予想を上回る」「期待外れ」「他から隔絶された」「関係を断ち切ってしまった」「姿を消してしまう」「失せている」等），很难读取到范围、程度等量性的意义，因此主观强调的功能比较突出。这种差异可以反映汉语的"全然"意义比较具体客观，而日语的「全然（ぜんぜん）」「まったく」意义更偏向于抽象与主观。

　　用法4在肯定句中修饰表示中性或积极评价的谓语。汉语"全然"的肯定用法局限于修饰样态描述的短句，形成"全然＋一（副）＋描述语＋的样子（神情/姿态）"的构式。这个构式实际是一个省略了系动词的判断句式。"全然"对这种状态判断起到了夸张强调的作用。

　　「全然（ぜんぜん）」在肯定句中修饰表示中性或积极评价的谓语的用法被看作「日本語の揺れ」，作为俗语性的用法受到限制。我们认为这种用法中「全然（ぜんぜん）」的意义功能跟「まったく」同样，都是修饰表示语义否定和消极评价的谓语用法的延伸，是对谓语所表示的性状判断进行主观性强调。汉语的"全然"与日语的「全然（ぜんぜん）」用于肯定都很受限，这反映了源自古代汉语的这一对同形词在汉语和日语中都带有很强的消极色彩。

8 肯否用法的转化与汉日否定极性副词命题性与主观性的转换机制

我们知道,言语的意义是由命题和主观两部分构成的。

这里所说的命题性与主观性的转换,是指副词从否定专用的副词转向肯否兼用的副词,或者相反,由肯否兼用的副词转向否定专用的副词的过程中出现的命题性与主观性的转换。

命题性与主观性的转换并不是说副词本身由一个词变成了另一个词,而是说副词的语法关系或者语法功能发生了变化。这种变化通常发生在同一副词由肯定用法向否定用法,或逆向地由否定用法向肯定用法转化的过程中。因此,这里的考察对象主要限于肯否同形副词。

这些语法关系或语法功能的变化可以从通时的(历时的)角度来观察,也可以从共时的角度观察到。以下我们拟人从通时与共时的两面来观察肯定用法与否定用法是以怎样的路径和方式转化的,并归纳出其规律。

8.1 汉语与日语的同形副词共通的转换例

8.1.1 "太"与「あまり」的用法转换与意义功能转化

例(1)为了效果逼真,要求演员普通话不要/太标准。(过分的程度)

例(2)あまり/飲むと、からだに毒だよ。(过度的量)

例(3)你的普通话真是/太标准(/太烂)了!(过分的程度)

例(4)あまりにも寒い/ので、外出も止めた。(过分的程度)

例(5)我的普通话不太/标准(不太/烂)。(以"一点"为参照的较高程度)

例(6)今日はあまり/寒くない。(以"少许"为参照的较高程度)

例(7)体に有害だから、あまり飲まないほうがいい。(以"少量"为参照的较大量)

例(8)我的普通话不太/标准(不太/熟)。(失去参照,成为主观副词)

例(9)彼はあまり素直な人間じゃない。(失去参照,成为主观副词)

汉语副词"不太"和日语副词「あまり」的这几个用例反映了它们用法转换与意义功能转化的途径和过程。例(1)和例(2)属于第一阶段,是基本用法和基本意义功能,表示程度超过必要限度,带有消极评价。例(3)和例(4)属于第二

阶段,表示程度超过了预期值或容忍限度,既能用于积极评价的事态,也能用于消极评价的事态。语气和感情色彩强烈。例(5)、例(6)和例(7)属于第三阶段,"太"和「あまり」对谓语的修饰关系变得暧昧,与否定词的关系变得更加紧密,相互呼应表示达不到高的程度,却又保留了低的程度,由此成为部分否定。例(8)和例(9)则属于第四阶段,"太"和「あまり」脱离对谓语的修饰关系,"不太"固化为一个词。"太"和「あまり」都成为内置焦点,"过度"意义消失。又因表示积极评价的谓语不接受微小程度的修饰,对于微小量或程度的保留功能进而转化为主观性质的态度保留功能,即委婉否定。

我们认为,汉语副词"不太"和日语副词「あまり」由肯定用法到否定用法、由命题性意义功能转化为主观性意义功能的关键点在于对谓语修饰作用的丧失、与否定词的关系固化,以及谓语是否受微小程度修饰的分化。当谓语为消极或中性评价,有微小量或程度为参照时它们是程度副词,表示较大量或程度,起量或程度保留的作用;而在谓语表示积极评价时,其语表形式上含有的微小量或程度就成为有名无实的客套或虚文,就成了主观性副词,"不太"和「あまりない」成为一种委婉的表达方式。起到态度或语气保留的作用。

8.1.2　"并"与「別に」的用法转换与意义功能转化

例(10)新电站即将并网发电。(动词,合并。)

例(11)两支队伍分头并进,日夜施工,争取早日完工。(副词,同时/一起。)

例(12)わたしの分は別にありますから、皆さん遠慮なく全部召し上がりください。(副词,另外。)

例(13)年轻人们在互联网的世界里痛并快乐着。(连词,并列/累加。)

例(14)好心的的士司机免费把伤员送到了医院,并垫付了急诊费。(连词,补充。)

例(15)東京電力の福島第1原発事故に関連して、6基の原子炉建屋内の貯蔵プールとは別に、約6400本の使用済核燃料を貯蔵した共用プールがある、と『読売新聞』が報じた。(词组,除……以外;与……不同)

(译文:《读卖新闻》报道说,与东京电力公司福岛第一核电站事故相关联,除了6座原子炉建筑内的储槽,另外还有1座储藏有6400根废燃料棒的共用储槽。)

例(16)他做了这么多好事,自己却并没有觉得有什么了不起。(副词,打消

预想。)

例(17)立教大学4年生の男子大学生K(仮名)が、インターネットコミュ
ニケーションサービスTwitter(ツイッター)に「レイプは別に悪い
と思わない。女が悪い」という内容の書き込みをし、インター
ネット上で大炎上となっている。(副词,打消预想。)

(译文:立教大学四年级学生K在推特上发帖说"强奸并不坏,女人
才坏",在网络上激起轩然大波。)

例(18)「1人で投げてくれれば一番良いんだけどな。後ろの2人(浅尾、
岩瀬)がいるから別に良いんじゃない。」(副词,修饰隐形否定。良
い＝構わない。)

(译文:"要是他一个人一直投下去就最好啦！后面还有两位投手
(浅尾、岩濑)呢,有啥妨碍!")

"并"和「別に」不论是肯定用法还是否定用法,都用于有两个或以上平行事
物的场合。"并"的副词用法来自动词,如例(10),而「別に」的副词用法则直接来
自汉语的副词用法。

在肯定用法中,两者在字面意义上虽有合与分的不同,但并列平行的两事
物或两行为是相容的,说话者所进行的操作与所持态度也是相同的,都是认可
或接受。所以"并"和「別に」的并列/平行/累加的意义很容易得到认知,其性质
是命题性的。

在否定用法中,并列的两项由具体的事物或行为变化为不相容的现实与预
想的事态。现实是不可否定的,被排斥的一定是未成现实的预想。因而「別に」
的意义功能就转化为站在现实的立场否定预想,即以现实校正预想。命题性意
义功能向主观性意义功能的转化从而得以实现。

综上所述,汉语"并"和日语「別に」由肯定用法到否定用法的转变、由命题
性意义功能向主观性意义功能的转化,是以同向并列的两项事物或行为转为对
立的预想与现实为契机的。原本并行不悖的操作变成了二者择一的操作促成
了汉语"并"和日语「別に」意义功能的转化。

以上是中日共通的两种情形,都是由谓语或谓语相关项的变化而引起用法
和意义功能转变的。汉语中肯定/否定同形,而功能/意义/性质不同的副词除
"太"和"并"二例以外并不多见。下面主要考察日语副词中的命题性与主观性
的转换。

8.2　日语肯否同形副词独特的肯否用法转换

播磨桂子（1992）指出，在「全然」「まったく」「とても」「なかなか」「断然」等同类副词用法的推移上，存在着共通的3个阶段的模式，即：

第一阶段，具有实质性意义，与肯定表达、否定表达都可结合的用法。

第二阶段，专门与否定表达相结合的用法。

第三阶段，与肯定表达相结合，强调程度的用法。

该三阶段说比较粗疏，只注意了肯否用法的转换这一结果，并未关注中间过程，也未关注伴随用法转换发生的意义功能上的转化及其原因。

我们注意到，日语肯否同形副词由否定用法向肯定用法转换时有2种类型：一种是由量性（程度性）意义功能向主观性意义功能的转化，如「全然（ぜんぜん）」和「まるで」，另一种是由主观性意义功能向量性（程度性）意义功能的转化，如「とても」和「なかなか」。

以下将对这两种类型的转化进行考察，着眼于从否定用法向肯定用法过渡的脱极性现象，考察用法转换的过程、途径及导致意义功能转化的原因。

8.2.1　由量性（程度性）意义功能向主观性意义功能转化的类型

这一类中有「全然（ぜんぜん）」和「まるで」。

8.2.1.1　「全然（ぜんぜん）」的用法转换

关于「全然（ぜんぜん）」用法的演变，柄沢衛（1977），若田部明（1991），播磨桂子（1993），鈴木英夫（1993,1996），松浦純子、永尾章曹（1996）等多有涉及。

首先是标记上。根据若田部明（1991）、播磨桂子（1993）、鈴木英夫（1993），「全然」是在江户时代中期以后，1800年前后，与中国的近代白话小说一起，被作为近世中文传入日语中的。最初的用例是《平妖传》第七回中"家养一窠小猪，内中有一个猪前面两只脚全然像个人手。"日文翻译文本上标注有「まったく」「まるで」「まるきり」「すっかり」等符合语境的和语假名注音。此后渐渐地，带假名标注的「全然」开始被用在在比较生硬的汉文风格的读本中。明治二十年（1887年）以后，「全然」作为新汉语融入日语中。最初只被用在生硬的汉文风格的文章中，明治三十年（1897年）以后开始被用在通俗读本中，又逐渐扩展到口语中。在小说等通俗作品中带有假名标注，在论说等语气生硬的作品中作为音读的汉语使用，不论肯定还是否定语境中都有使用。明治四十年（1907年）前后，带有假名注音的「全然」和作为汉语词的「全然」开始统一，有些作家、作品会

标假名注音，有些就不标了。「全然」的读法和写法虽然变得一致了，但仍和以前一样，用作「まったく」「まるで」「まるきり」「すっかり」「さっぱり」等语的「当て字」(汉字形)。

其次是用法与意义上。「全然」最初从汉语中导入日语时，修饰表示异同的谓语，在肯定和否定中都可以使用，表示全部的量或范围。从大正时期开始，与否定的联系变强，进入昭和时期，与否定的联系开始确立。从1945年日本战败后开始，在肯定句中与包含积极或中性的词语共现的用法开始流行，成了人们关注的话题。

根据若田部明(1991)的调查，从20世纪初起，「全然(ぜんぜん)」与包含否定性内容的词语(即本书的语义否定)以及包含「ない」的语法否定共现的实例已经占了实例数的大半(60%)。到了20世纪40年代，与包含否定内容和否定形式的表达共现的例句占了例句总数的绝大多数(86.5%)。而且，包含「ない」的语法否定在20世纪初仅占全部例句的24.0%，但到了20世纪40年代，已经占全部例句的67.6%了。在不与包含「ない」的语法否定共现，而与肯定形式共现的实例中，与「全然(ぜんぜん)」呼应的几乎都是「反对」("相反")、「别」("不一样")、「違う」("不对")、「異なる」("不同")、「不～」("不……")、「無～」("无……")等包含否定义的词语。这些与含有否定内容的词句共现的实例从20世纪初的47.4%上升到20世纪40年代的58.3%。其余的，即使不与否定内容呼应，也绝不会与包含肯定、赞叹等积极含义词句共现。

我们发现，除了明确表示是与不是、同与不同的词语外，与「全然(ぜんぜん)」共现的词语也逐渐扩展到暗含异同之意的词语。如『東京日日新聞』的以下用例：

「全然据置に決定した」(1928年)

「全然新たな基準」(1928年)

「全然その趣旨に賛成」(1928年)

「方針は全然同一である」(1938年)

这些用例中，「同一である」不用解释了，「据置」就是"保持原样不变"，「全然新たな基準」就是"与以前完全不同的基准"，「賛成」就是"赞同""同意"，都是暗含异同之意的词语。如果脱离语境来看的话，「全然新しい」「全然賛成だ」表面上就是修饰带有积极评价的谓语的用法，我们应视其为后来「全然(ぜんぜん)」的俗语性用法的滥觞。

由若田部(1991)的调查可知：「全然(ぜんぜん)」被从汉语引进日语的早

期,主要用于修饰表示异、同意义的谓语,修饰"不同"意义的用例更多些。后来与否定(语法否定、语义否定)共现的用例增多,到20世纪40年代与语法否定共现的用例逐渐占绝大多数。也就难怪有「全然(ぜんぜん)」必须用于否定修饰的思维定式了。

例(19)全然気色のない平気な顔では人情が写らない。『草枕』

　　　(译文:完全没有表情的脸上是看不出人情味的。)

例(20)このように全然発言権を与えない自分のやり方は少しひど過ぎるかしらと彼は思った。『晩秋』

　　　(译文:他觉得自己这种完全不给发言权的做法有点过分了。)

例(21)そんな潅木のあることにすら全然気づこうとしなかった私に対して,それが精一杯の復讐をしようとして,そんな風に私のジャケツを嚙み破ったかのようにさえ私には思えた。『風立たぬ・美しい村』

　　　(译文:我甚至觉得,正是因为我完全没在意那丛潅木的存在,那丛潅木才竭力复仇似的撕破了我的夹克。)

例(22)五位はこれらの揶揄に対して全然無感覚であった。『羅生門・鼻』

　　　(译文:五位对这些嘲笑毫无感觉。)

例(23)私は仏教については全然素人です。『黒い雨』(素人です＝分からない)

　　　(译文:我对佛教完全外行。)

由于语义否定与消极评价的表达的近义关系,「全然(ぜんぜん)」修饰语义否定的用法马上就能扩展成修饰消极评价的表达。

例(24)吹聴の程度が木村氏の偉さと比例するとしても、木村氏と他の学者とを合せて、一様に坑中に葬り去った一ヵ月前の無知なる公平は、全然破れてしまった訳になる。『学者と名誉』(全然破れてしまった＝全然成立しなくなる)

　　　(译文:尽管木村的形象随着宣传力度的加大显得愈发伟岸了,可是木村跟其他的那些学者月前葬于坑中的那无知的所谓公平,完全败露了。)

例(25)彼等の菩提を弔っている兵衛の心を酌む事なぞは、二人とも全然忘却していた。『或敵打の話』(忘却していた＝念頭に置いてなかった)

　　　　　　（译文：兵卫为他们烧香祭拜，可这两人全然忘记了兵卫的一番
　　　　　好意。）
　　例（26）一体生徒が全然悪いです。どうしても詫まらせなくっちあ，癖に
　　　　　なります。退校さしても構ひません。『坊ちゃん』（悪い＝良く
　　　　　ない）
　　　　　　（译文：说到底还是学生的错。无论如何必须让他们道歉，不然要养
　　　　　成坏习性。让他们退学也在所不惜。）
　　例（27）ビジテリアニの主張は全然誤謬である。『銀河鉄道の夜』（誤謬
　　　　　である＝正しくない）
　　　　　　（译文：素食主义者的主张完全是错误的。）

　　这些用例中，「全然（ぜんぜん）」在修饰「破れてしまった」「忘却していた」
这些动词时，多少还蕴含了数量、范围之意，但在修饰「悪い」「誤謬である」这些
带有定性含义的形容词时，就基本上读取不到诸如数量、程度等量性的含义，转
而对于主观判断的强调作用就凸显出来了。

　　关于「全然（ぜんぜん）」在肯定句中修饰含有积极评价的谓语这个俗语用
法的产生时期，除了普遍的战后说（如梅林博人，1995，2000）以外，还有宫内和
夫（1961）和金田一春彦（1966）的战前说。关于其产生的原因，有上述两者的误
用说。

　　宫内和夫（1961）推测，现在流行的「全然（ぜんぜん）」的俗语用法产生在
1935年左右。

　　宫内和夫将这种俗语用法分为战前派和战后派。虽然他没有给出这样分
类的根据和用例，但从其"即使战前派'全然'的矿脉再次出现在地表，其间也有
中断。所以我认为不应该看作是相同的"这句话来看，可以认为这暗示了战前
派和战后派之间存在某种差异。此外，宫内和夫把芥川龙之介『年末的一天』中
的「それは人々の同情を，——少々とも人々の注意だけは惹こうとする顔に
違いなかった。が，誰も言い合わせたやうに全然彼女には冷淡だった。」（译
文：那无疑是为了引起人们的同情——至少是要引起人们的注意。但是，大家
对她完全冷淡，就像约好了一般。）作为「全然（ぜんぜん）」的新用法的例子进行
了分析，断定"是由于忘记了「全然（ぜんぜん）」的否定呼应而发生的误用"。其
实，从与前文「人々の注意だけは惹こうとする」（"想要吸引人们的注意"）的呼
应看，这里的「冷淡だ」既是语用否定也是语义否定，「全然（ぜんぜん）」的用法
是修饰语义否定。

　　同样将语义否定误认的还有语言学大家金田一春彦(1966)。他认为表示与积极评价的谓语共现的「全然（ぜんぜん）」战前就有，「全然（ぜんぜん）」「てんで」等用于肯定的用法属于"呼应的错误"。

　　　　这种呼应的错误，在战前也有。我记得中学时代(1927～1930年)就经常使用，绝非战后突然诞生的。……(省略，引用者)「全然いい」的意思是「全然欠点がないくらいいい（好到完全没有缺点）」，否定的意思仍然是隐性存在的。换句话说，也就是「まったくいい」吧。「まったく」这个副词，原来也和现在的「全然」「てんで」一样，只用于否定句中。

　　从文中"经常使用"这个说法判断，「全然いい」应该是作为套语或习语使用的。这跟当今作为应答的用法一致。「いい」不是通常含积极评价的赞叹词，而是暗含否定的宽慰语，作为「困る」「ダメだ」的反义词表示"没问题""不妨事"，是基于负面预设的否定，属于较为隐蔽的语义否定。工藤真由美(1999b)将其列在语义否定分类的「かまわない」（"无妨"）类中。「全然いい」作为应答语，是对担忧和顾虑进行打消、否定的用法。其真正意义是对"不要紧"的强调——"一点儿也不要紧""完全没问题"。"二战"后至今流行的「（全然）大丈夫だ」「（全然）平気だ」「（全然）OK」等也是同样用法。这些用法都基于一个否定的预设，即对"是否有什么困难或问题"之类的担忧的打消或否定。因此「全然いい」等并非误用，实质上是语法否定「かまわない」经由语义否定「いい」「大丈夫だ」「平気だ」「OK」而转化成的肯定用法。

　　事实上，我们观察到所谓俗语性用法的大部分都有一个偏向消极的预想或以对立面为预设，很难在毫无背景的场合使用。

　　宫内和夫(1961)和金田一春彦(1966)的两个误用说和两个例证佐证了当时人们对于语义否定认知的局限性。人们往往只看到显性的语义否定，而意识不到隐性的语义否定。尤其是"二战"后的人们往往在并未意识到「（全然）いい」「全然大丈夫だ」「全然平気だ」「全然OK」等用法中隐性否定的存在，而在形式上进行模仿，将「全然（ぜんぜん）」跟表示积极评价的谓语共现的用法扩展到跟一般带有积极评价的谓语共现。

　　但是这种缺乏充分理据的扩展在战败以前的社会中并没有出现。我们检索了『新潮文库100册』和『青空文库』中的战前作品，没有发现一例「全然（ぜんぜん）」跟一般带有积极评价的谓语共现的用法。

同样的用法在「まったく」却有数十例之多,可以看出其是被普遍使用的。其中大一部分的用例完全可以用现在俗语用法的「全然(ぜんぜん)」替换。

例(28)ペムペムという子はまったくいい子だったのにかあいそうなことをした。『銀河鉄道の夜』(＝全然いい子だった)

　　　(译文:佩姆佩姆这孩子本是个乖孩子,做的事情却令人叹息。)

例(29)西洋の方はたとい御婦人でも,其処はキチンとしていらしって,まったく気持がようございますのよ。『痴人の愛』(＝全然気持がようございますのよ)

　　　(译文:西洋人哪怕是女人,在这方面也做得很好,令人感觉舒坦。)

例(30)まったく奇遇だったな。『路傍の石』(＝全然奇遇だったな)

　　　(译文:这真是奇遇啊!)

例(31)まったく商売じょうずになった。(＝全然商売じょうずになった)

　　　(译文:真是生意做精了呀!)

这些用例对作为同义词的「全然(ぜんぜん)」起到了示范和诱导的作用。

那么为什么「まったく」对「全然(ぜんぜん)」的示范和诱导作用在日本战败以前没有发生,而在战后发生了呢?

这是因为日本战败前基于分工的"「全然(ぜんぜん)」要用于否定"这样的刻板印象已经形成,人们遵循着旧有的秩序、规程和思维方式,没有充分的理由和动力不会轻易改变。

而日本战败以后,整个日本社会结构、思想价值观、行为方式都发生了改变,甚至战后派的年轻人刻意要在衣着、行为做派等各方面标新立异,语言风格与习惯的改变自然也不例外,尤其是词汇的变化走在前头。在这样的背景和动力下,又有着「全然いい」「まったくいい」等前导示范作用的,「全然＋ポジティブな述語」用法就轻易突破了"「全然(ぜんぜん)」要用于否定"等旧观念的束缚,应运而生了。

例(32)アプレケールは全然エライよ。『安吾巷談・田園はレム』(＝まったくエライよ。)

　　　(译文:战后派那些人可是了不起呢!)

例(33)スゴイぢゃないの。全然肉体派ね。『自由学校・ふるさとの唄』(＝まったく肉体派ね。)

　　　(译文:了不起啊! 简直就是肉体派啊!)

8.2.1.2 「全然(ぜんぜん)」用法与意义功能演变的5个阶段

「全然(ぜんぜん)」的共现对象从异同表达到积极评价的表达的变化过程可以梳理如下。

ⅰ．与异同表达共现

私は全然同意見だ。

それは全然別件だ。

ⅱ．与语法否定共现

それは全然出来そうもないことだ。

(译文：这事完全不可能成功。)

ⅲ．与表示语义否定或消极评价的表达共现

それは全然無理な作業だ。

(译文：这事完全不可能。)

それは全然不可能なことだ。

(译文：这事完全不可能。)

それは全然困ったことな。

(译文：这事实在不好办啊。)

それは全然難しい作業だ。

(译文：这活儿实在难做。)

それは全然きつい作業だ。

(译文：这活实在费劲。)

ⅳ．与隐性语义否定共现

それは全然いいよ。

(译文：那一点儿也不要紧。)

それは全然大丈夫だ。

(译文：那完全没关系。)

ⅴ．与表示中性意义或积极评价的表达共现

それは全然手間暇かかる作業だ。

(译文：这工作真费工夫。)

あの打球は全然手応えがあった。

(译文：那个球打得真有感觉。)

あれは全然手強い相手だ。

(译文：那个对手真难对付。)

あれは全然すごい相手だ。

（译文：那个对手实在厉害。）

我们可以看到，「全然（ぜんぜん）」的被修饰语从异同表达到语法否定，再从语义否定到消极评价，进而到中性评价和积极评价，其间可以依托近义关系很顺畅地依次转换。每一次转换都会给「全然（ぜんぜん）」的用法与意义功能带来微妙的发展变化。「全然（ぜんぜん）」的语义与功能也在这五个阶段中依次从量性（命题性）演变到主观性。

第一阶段，用于肯定句，修饰「同じだ」「似ている」「違う」「別だ」等表示异同的谓语。具有「完全に（完全）」「まるっきり（全部）」等实义，进行量性修饰，兼具主观强调的功能。修饰对象中既有动作性的谓语，也有状态性的谓语。

第二阶段，用在否定句中，与否定（语法否定）共现，从范围、程度等方面夸张强调否定的彻底性。与语法否定共现，在规定否定的范围、频率和程度的同时，夸张强调否定的彻底性。修饰对象中既有动作性的谓语，也有状态性的谓语。

第三阶段，在肯定句中与表示语义否定、消极评价的表达（肯定形式）共现，强调对否定性或消极性状况的判断。程度义消失，主观性突显。修饰对象限定于性状谓语。

第四阶段，在肯定句中与包含对负面事态的否定态度的隐性否定表达共现，表示对该判断的强调。主观性较强。修饰对象限定于「いい」「大丈夫だ」「平気だ」「OK」等少数性状谓语。

第五阶段，在肯定句中与表示中性或积极评价的谓语共现，强调对积极或中性状况的判断。修饰对象仅限于性状谓语。

在第一、二阶段中的「全然（ぜんぜん）」都能读取到涉及谓语及相关项的「まるきり」「すっかり」「完全に」等量性意义。但量性意义是服务于强调否定彻底性的主观意图的。既有量性意义又有主观性功能，游走于命题性与主观性之间，可以说是这两个阶段「全然（ぜんぜん）」的特色。

同样是否定表达，第三、四阶段中，与表语义否定或消极评价的表达共现的「全然（ぜんぜん）」在意义功能上相较于与动词否定形式（语法否定）共现的用法有明显差异。量性意义的消失是这两个阶段「全然（ぜんぜん）」的特色。「全然（ぜんぜん）」的功能不是修饰否定性状，而是强调是对否定性、消极性事态的肯定判断。

由于第五阶段「全然（ぜんぜん）」修饰的表示积极评价的谓语都是可以接

受高程度修饰的,因而在意义理解上容易引起程度修饰的解释,但从其与表示语义否定、消极评价的表达等一脉相承的产生路径,以及与同义词「まったく」的追随关系来看,其真实的意义功能还是强调对性状的判断。

　　如果单纯从句子形式看的话,「全然(ぜんぜん)」在其用法演变的第一阶段,即修饰表示异同等同一性词语的阶段,已经出现了如「全然賛同です」「全然新しい」这样的与表示积极评价的词语共现的用例。撇开否定性质的语境,单就句子形式来看,已经跟当今的所谓俗语性用法完全相同。这些用例至少暗示了「全然(ぜんぜん)」修饰表示积极评价的表达的可能性。

　　如果单纯地从「全然(ぜんぜん)」自身功能来看的话,「全然(ぜんぜん)」在修饰表示语义否定或消极评价的表达时,跟修饰表示积极或中性意义的表达时一样,在强调判断和评价这一点上显然是一脉相承的关系。到了与隐性的语义否定共现时,不管是在功能上还是在谓语的意义上,都跟当今所谓俗语用法完全一致了。所以说,隐性语义否定的出现和高频使用是俗语用法产生的关键依据和契机。

　　最后,从中文引进的「全然」与和语固有的同义词「まったく」的发展阶段上的先后顺序及角色与功能的分担又为修饰积极评价的所谓俗语性用法的产生提供了依据和借鉴。

　　虽然在第五阶段否定表达的语义范围的扩大、推移和偏移受到了抵抗,无法自然而然地顺利进行,但因有第三、四阶段语义功能的变化和共现对象向积极评价的词语转化这一背景,这迟早会成为现实。

　　由此来看,所谓俗语用法的「全然(ぜんぜん)」的产生是有着深刻的根源的,并非单独依赖于战后的时代因素造成的突变。战后在日本年轻人中大量应用只是起到了推广的作用。反而是"与否定共现才是规范用法"的"迷信"人为地阻碍了其正常的推广和应用。

　　随着「全然(ぜんぜん)」的变化发展,关于所谓陈述副词、诱导副词呼应本质的问题,以及「まったく」「とても」「なかなか」「断然」等类似于「全然(ぜんぜん)」,在否定用法/肯定用法转变的同时意义功能上也发生转化的问题再次被提起。

　　「全然(ぜんぜん)」的语义和意义功能的演变可以用表8-1来总结。

表8-1 「全然(ぜんぜん)」的语义和功能的变化一览表

1. 与表示异同的词语共现。以完全的数量、程度、范围强调异同	ここの土器と蓮台野の土器とは様式全然異なり。/柳田國男『遠野物語』 主観と対象とは全然一つとなりて/『児童研究』
↓	↓
2. 与语法否定共现的用法。以完全的数量、程度、范围强调否定的彻底性	このように全然発言権を与えない自分のやり方は少しひど過ぎるかしらと彼は思った。/志賀直哉『晩秋』
↓	↓
3. 与表示语义否定及消极表达共现。强调否定的判断	ビジテリアニの主張は全然誤謬である。/宮沢賢治『銀河鉄道之夜』 私は仏教については全然素人です。/井伏鱒二『黒色雨』)
↓	↓
4. 与隐性语义否定共现。强调对肯定的判难断。暗含对担忧等消极状态的否定	一限の授業がある。でも構やしない。全然平気。/赤川次郎『三毛猫ホームズの世紀末』
↓	↓
5. 在肯定句中与表示中性或积极评价的表达共现。强调肯定的语气	(4)アプレケールは全然エライよ。/坂口安吾『安吾巷谈・田園ハレム』

8.2.1.3　从「全然(ぜんぜん)」到「まるで」

「まるで」跟「全然(ぜんぜん)」一样,是伴随着用法由否定到肯定,意义功能由量性(程度性)向主观性转化的类型。

关于「まるで」,小矢野哲夫(1995,1997)分别探讨了其在程度用法和比况用法中的意义功能,指出前者属于命题性的修饰,后者是属于主观性的修饰。但对这两种用法与两种意义功能之间的联系及转化过程并未涉及,俨然是一对同形词。

我们把「まるで」的用法归纳起来,有如下几种:

用法1,与异同表达共现。

例(34)雪が溶けると同時に、花が咲きはじめるなんて、まるで、北国の春と同じですね。『春』

（译文：冰雪融化的同时，花儿也开始绽放了。简直就像北国的春天一样。）

例（35）向こうの藤棚の陰に見える少し出張った新築の中二階などとくらべると、まるで比較にならないほど趣が違っていた。『手紙』

（译文：跟那边藤架的阴影下微微凸出的中二层的小楼相比，两厢迥然异趣，无法相提并论。）

例（36）「芳子さんが来てから時雄さんの様子はまるで変りましたよ。二人で話しているところを見ると、魂は二人ともあくがれ渡っているようで、それは本当に油断がなりませんよ」と言った。『蒲団』

（节译：她说："自从芳子来了以后时雄就完全变样了。看他两说话时的样子，就像魂都移到对方身上了，可不能大意啊！"）

例（37）私は自分の側に来たものの顔をつくづくと眺めて、まるで自分の先入主となった物の考え方や自分の予想して居たものとは反対であるのに驚かされた。『三人の訪問者』

（译文：我留心观察着来到身边的这个人，大为惊讶。这人跟我原先想定的样子完全不是一回事。）

用法2，与语法否定共现，强调否定的彻底性。

例（38）母は案外平気であった。都会から懸け隔たった森や田の中に住んでいる女の常として、母はこういう事に掛けてはまるで無知識であった。『こころ』

（译文：没想到母亲居然很平静。跟居住在远离都市的山林田野的女人一样，母亲对这种事情毫无认知。）

例（39）君、釣りに行きませんかと赤シャツがおれに聞いた。赤シャツは気味の悪るいように優しい声を出す男である。まるで男だか女だか分りゃしない。『ぼっちゃん』

（译文："哎，要不要去钓鱼啊？"红衫对我说。那家伙说话很柔和，柔和到叫你不舒服。简直听不出是男是女。）

例（40）その外は机も、魔法の書物も、床にひれ伏した婆さんの姿も、まるで遠藤の眼にははひりません。/介『アグニの神』

（译文：除此之外远藤对面前的桌子、魔法书、地板上匍匐着的老太婆都视而不见。）

例（41）和尚の話によると、和尚は絶えず描くことをすすめているらし

かったが、再度生老人は、まるで和尚の言うことなどは問題にしなかった。/『再度生老人』

（译文：那和尚说，他再三劝再度生老人继续画下去，可老人完全没当一回事。）

用法3，与语义否定共现，强调否定的彻底性。

例（42）私はまるで泥棒の事を忘れてしまった。/『こころ』

（译文：我完全忘了小偷的事。）

例（43）路をどこから間違ったのかもはっきりしなかった。頭はまるで空虚であった。ただ、寒さだけを覚えた。/『過古』

（译文：不清楚是在哪儿走错路了，我的脑袋里一片空白。只记得寒冷。）

用法4，肯定强调/暗喻的用法。

例（44）まるで蒐集マニアだ。母親蒐集マニアだなんて、まあひどい。/『新学期行進曲』

（译文：简直就是个收集迷。母亲成了收集迷，这也太过分了！）

例（45）入院して十日餘りは私はまるで夢中だつた。/『病院の窓』

（译文：住院以后的十来天里我简直就是活在梦里。）

例（46）政夫さん、私はお民さんが可哀相で可哀相でならないだよ。何だってあなたが居なくなってからはまるで泣きの涙で日を暮らして居るんだもの……/『野菊の墓』

（节译：政夫，阿民她太可怜了。自从你走了以后她简直就是每天以泪洗面……）

例（47）「どんな奴だい?」と紳士はたずねました。「へんな奴だよ。めっかちで鼻がつぶれていて、口が耳までさけてるんだよ。背の高さは二メートルか三メートルもあって、にぎり拳が犬の頭くらいあるんだよ」「まるで化け者じゃないか」「うん、化け者だ。角もあるかも知れないよ。そいつが、しじゅう僕をつけねらってるんだ。助けておくれよ」トニイはなおしっかと紳士の胸にしがみつきました。/『街の少年』

（节译：那位绅士问："什么样的家伙?""是个怪家伙哦！一只眼睛的，鼻子裂开，嘴一直裂到耳朵。有两三米那么高，拳头有狗头那么大。""那不就是个妖怪吗?""嗯，是个妖怪，也许还长者角呢……"）

用法5,明喻、比况的用法。

例(48)僕はこの部屋にゐると、まるで囚人のやうな気持にされる。四方
　　　の壁も天井もまつ白だし、すりガラスの回転式の小窓の隙間から
　　　見える外界も、何か脅威を含んでゐる。『飢ゑ』

　　　(节译:我待在这屋里,简直就跟囚犯一样的感觉。)

例(49)まるで町全体が、ちょうど死んだもののように静かでありまし
　　　た。『眠い町』

　　　(译文:整个小镇死一般寂静。)

例(50)逃亡者はまるで芝居の型そっくりにフラフラッとした。頭が
　　　ガックリ前にさがった。そして唾をはいた。『人を殺す犬』

　　　(译文:那逃犯软捏得就像演戏用的提线木偶一样。耷拉着脑袋,吐
　　　了一口痰。)

「まるで」也和「全然(ぜんぜん)」一样,从一开始就在肯定句中修饰表示异
同的谓语,从量的角度表示对异同的强调。例如:

雪が溶けると同時に、花が咲きはじめるなんて、まるで、北国の春と同じ
ですね。

まるで比較にならないほど趣が違っていた。

芳子さんが来てから時雄さんの様子はまるで変りましたよ。

まるで自分の先入主となった物の考え方や自分の予想して居たものと
は反対である。

表示差异的谓语很容易转换成语法否定。在与语法否定共现时,「まるで」
的功能是从数量和范围的角度强调否定的彻底性。例如:

まるで趣が違っていた。=まるで趣が一致していない。

時雄さんの様子はまるで変りました。=時雄さんの様子はまるでいつ
もと同じじゃなくなりました。

まるで自分の先入主となった物の考え方や自分の予想して居たものと
は反対である。=まるで自分の先入主となった物の考え方や自分の予想し
て居たものとは一致していない。

由于语法否定与语义否定及消极评价表达的同义、近义关系,与「まるで」
的共现关系很容易地扩展到表示语义否定和消极评价的表达中。

私はまるで泥棒の事を忘れてしまった。=まるで覚えてない。

頭はまるで空虚であった。=まるで何も記憶していない。

与「全然（ぜんぜん）」不同，「まるで」从语法否定到词汇否定，再到消极评价表达的扩张，转移仅限于"不存在类"和"非同一性类"及"非现实类"的"不可能系"，而不能扩大到「非肯定評価類」「非現実類」的「困難系」以及「構わない類」。这样，「まるで」通过异同表达的"异"的一方的连续转换，实现了与语法否定、语义否定及积极评价表达的共现。但是，「まるで」不能像「全然（ぜんぜん）」那样，由「出来そうもない」「無理」「不可能」「困った」「難しい」「きつい」「手間暇かかる」「手応えがあった」「手強い」「すごい」这样的近义接转而实现由修饰负面表达到修饰正面表达的用法转换，也无法通过隐性语义否定来实现这一转换。

「まるで」这一转换的实现是通过异同表达的"同"的一方的渐进变化实现的。例如：

雪が溶けると同時に、花が咲きはじめるなんて、まるで、北国の春と同じですね。

由「まるで同じだ」「まるで一緒だ」等同一性表达，可以很容易地扩展到认定表达。例如：

まるで化け者じゃないか。

まるで蒐集マニアだ。母親蒐集マニアだなんて、まあひどい。

だってあなたが居なくなってからはまるで泣きの涙で日を暮らして居るんだ。

这种带有状况描写的认定可以看作暗喻。我们把暗喻的用例跟下面明喻的用例对照一下就可以看到两者的通用性。例如：

入院して十日餘りは私はまるで夢中だった。（暗喻）

例（51）思わず伸上って見ると二三間先の線路のわきに黒っぽい着物を着た男が、ごろんと転がっていました。皆んなが無言でぞろぞろ行って見ますと、まるでレールの上に寝ていたのじゃないかと思われるほど見事に太腿と首とが轢き切られているのです。『穴』（明喻）

（译文：众人战战兢兢地默默看了一眼，只见那人浑如躺在铁轨上似的，大腿和脑袋被火车轧掉了。）

从同一性认定到近似性认定「みたいだ」「そっくりだ」「似ている」「ようだ」，从暗喻到明喻的转换，「まるで」随着被关联谓语性质的变化而失去了程度性的意义功能，转向"简直""宛如"等主观强调的意义功能。

例（52）東の空はまるで白く燃えているようですし、下では小さな鳥なん

　　かもう目をさましている様子です。『双子の星』

　　（译文：东边的天空泛起鱼肚白，下面小鸟之类似乎已经苏醒。）

例（53）まるで『四谷怪談』のあの幽霊の執念に似ている。『アンゴウ』

　　（译文：简直就像四谷怪谈里那个幽灵那样偏执。）

例（54）まるで、大きな鉄のだるまストーブの前にいるみたいでした、い
　　え、本当にいたのです。目の前にはぴかぴかの金属の足とふたの
　　ついた、だるまストーブがあるのです。『マッチ売りの少女』

　　（译文：她感觉好像坐在大大的铁炉子面前一样。不，真就是在那面前。）

如此，「まるで」从程度副词到主观副词的过渡过程详见用表8-2。

表8-2　「まるで」从程度副词到主观副词的过渡过程

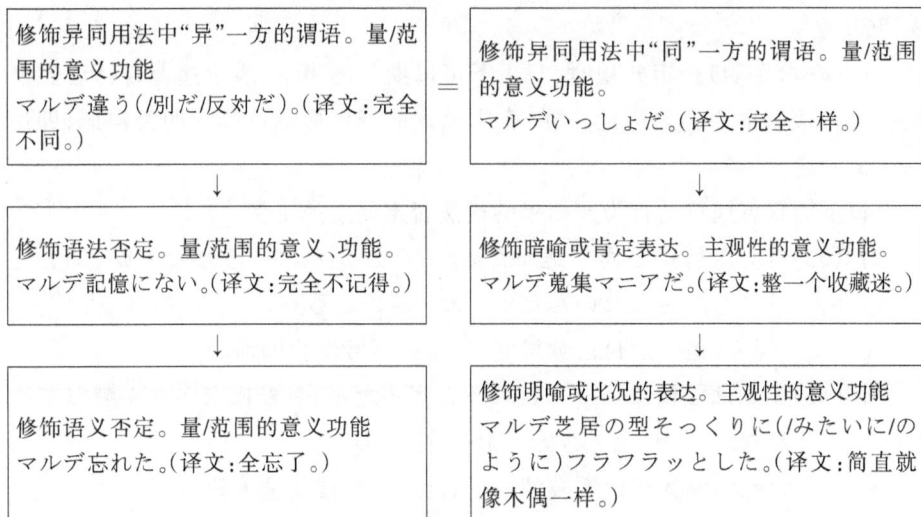

修饰异同用法中"异"一方的谓语。量/范围的意义功能 マルデ違う（/別だ/反対だ）。（译文：完全不同。）	=	修饰异同用法中"同"一方的谓语。量/范围的意义功能。 マルデいっしょだ。（译文：完全一样。）
↓		↓
修饰语法否定。量/范围的意义、功能。 マルデ記憶にない。（译文：完全不记得。）		修饰暗喻或肯定表达。主观性的意义功能。 マルデ蒐集マニアだ。（译文：整一个收藏迷。）
↓		↓
修饰语义否定。量/范围的意义功能 マルデ忘れた。（译文：全忘了。）		修饰明喻或比况的表达。主观性的意义功能 マルデ芝居の型そっくりに（/みたいに/のように）フラフラッとした。（译文：简直就像木偶一样。）

8.2.2　意义功能由主观性转向量性（程度性）的类型

　　「なかなか」和「とても」同属于随着用法由否定转向肯定，意义功能也由主观性转向量性（程度性）的类型。

8.2.2.1　「なかなか」的用法与意义功能转化过程与途径

　　「なかなか」的转换是从与否定相联系的主观性用法转变为与肯定相联系、偏向程度性又兼有主观性的用法。

　　据塚原鉄雄（1991b），「なかなか」原本发挥主观性的意义功能，与动词之外的状态性谓语共现。从中世纪早期到中期，意义功能从情态转变为程度。到中

世纪中期,出现了与否定相呼应的意义功能。到了中世纪后期,「なかなか」的用法和意义功能已与现代日语中的「なかなか」基本一致。

福井淳子(1996)认为,江户后期至明治时期的「なかなか」伴随否定的用法都属于说话和传达的情态,而从动词以外的词性带有否定的句型的分类 A 向现代表示困难的用法分类 B 的转变,则是「なかなか」伴随否定的用法的最后阶段。对于没有伴随否定的用法,分类 D(不能简单地解释为表示程度的用法)将程度与主观视为一体。

上述研究按时间顺序划分了「なかなか」的发展阶段,但其变迁的原因和各阶段之间的联系尚不明确。笔者想从共时的角度来阐明这一点。据朴秀娟(2010)的统计,「なかなか」的 556 个现代用例中,与语法否定共现的有 317 个,占 57.0%;与语义否定共现的有 40 个,占 7.2%;与肯定表达共现的有 199 个,占 35.8%。

「なかなか」与否定共现时,只用于可以期待的事情,表示违背说话者意愿的失意和慨叹的心情。因此,选择意志动词的否定形或可能形的否定形,即语法上的否定。

以下为跟可期待的行为或结果的语法否定共现的用例。

例(55)自分が好いと思い込んだら、なかなか私のいう事なんか、聞きそうにもなさらないんだからね。『こころ』

（译文:他一旦自己觉得好,就总也不肯听我的话。）

例(56)鮎太は雪枝に替って貰おうと思ったが、雪枝はなかなか替ってくれなかった。『あすなろ物語』）

（译文:鮎太想让雪枝替一下自己,可雪枝就是不替。）

例(57)五月さんの姿は、遠くからちらと見えていたのだが、太郎たちのテーブルは、彼女の受持ではないと見えて、五月さんはなかなか近寄って来なかった。『太郎物語高校編・大学編』

（译文:远远地瞥见了五月的身影,可太郎他们这一桌好像不归五月管,她总也不往这儿来。）

以下为可能表达的语法否定共现的用例。

例(58)口惜しさで全身がふるえ、あふれ出る涙がなかなか止らなかった。『さぶ』

（译文:我说不出话,浑身发抖,眼泪夺眶而出,止也止不住。）

例(59)行助はこの日疲れていながらなかなか眠れなかった。疲れすぎ

かな、と思った。なんとなくからだがだるく、頭が重かった。/
『冬の旅』

（译文：行助这天虽然疲惫却总也睡不着。是累狠了吧，他想。想着想着，不由得身体倦怠，脑袋发沉。）

例（60）身長の高い良平と、小柄な佑樹では、勝負は決まったようなものだった。良平からなかなかボールをうばえずに、佑樹は苦戦している。/『ハードル』

（译文：高大的良平跟矮小的佑树，一看已知胜负。佑树总也抢不到良平的球，陷入苦战。）

可能动词有语义否定（「無理だ」「駄目だ」等）与之相应，「なかなか」因此可以通过语义否定在否定用法和肯定用法之间自由转换。

例（61）ものをこわがらな過ぎたり、こわがり過ぎたりするのはやさしいが、正当にこわがることはなかなかむつかしいことだと思われた。/『小爆発二件』（なかなかむつかしい＝なかなかできない）

（译文：藐视容易，畏惧也容易，恰如其分地畏惧可不容易。）

例（62）その妻の伝えようとしていることはなかなか理解し難く、たとえどうにか理解できてもわたしを大きくとまどわせるようなものでした。/『エディプスの恋人』（なかなか理解し難い＝なかなか理解できない）

（译文：妻子想要传达的信息我总也理解不了。就算勉强理解了，也让我大感困惑。）

例（63）太郎はこういう話をした後、決って、胸の奥のどこかが、ちょっと痛くなるような気がすることがある。この感じは、ひとにはなかなか説明しにくい。/『太郎物語高校編・大学編』
（なかなか説明しにくい＝なかなか説明できない）

（译文：我有时觉得太郎说了这样的话以后，心中一定会痛。这种感觉实在难以言说。）

跟语义否定共现的「なかなか」虽然转换到了肯定用法，但其意义功能还是属于主观性的。因为语义否定难以接受程度性（量性）的修饰。例如「理解し難い」表示的是由于主观上的抵触而造成的困难，很难用带有客观尺度的程度或量来修饰，因此「なかなか」依然是表示对事态的失意与慨叹。

可是意志动词没有相应的语义否定形式。因此，「なかなか」从否定用法到

肯定用法的转换,仅限于与可能动词共现时。像"不现实类"的「不可能だ」「駄目だ」「無理だ」、"不存在类"的「無意味だ」「空だ」「失せる」「やめる」「忘れる」、"非同一性类"的「違う」「別だ」「反対する」等语义否定都不能与之共现。

由于消极评价表达与语义否定在语义上的接近,「なかなか」可以很容易地与之共现。

例(64)寝静まった夜の二時、山の木にロープをかけながら降りたが、なかなか困難で前に進まず……『聞いて下さい私たちの十六歳』

(节译:万籁俱寂的深夜两点,我们将绳索系上山木,向下爬行。可实在太艰难了,前进不了……)

例(65)五ヵ年間の契約を結ぶよう要求された。途中で引取りを中止できないのである。その保証として、最初に三ヵ年分の信用状も出さなければならない。さらに、契約と同時に、とりあえずジャワに滞貨している三百トンのキナ皮を一時に引取れとの条件もつき、なかなかきびしかった。『人民は弱し官吏は強し』

(译文:我们被迫签订五年的合约,中途不得停止。作为保证,头三年还必须出具信用证明。签约同时,还附带了将积压在爪哇岛的三百吨金鸡纳树皮暂扣的条款,实在太苛刻了。)

例(66)「そうしたからって、許してくれるかどうか、わかんないもんな。あのオヤジはなかなか手ごわいぜ。」『塩狩峠』

(译文:虽然如此,也不知道能不能得到谅解。那老爷子实在是太难缠了。)

由于表示消极评价的表达能够接受程度性(量性)的修饰,因而随着谓语否定意义的减弱,「なかなか」中程度性(量性)的色彩逐渐增强。以上三例中,「困難だ」「きびしい」「手ごわい」的否定(消极)意义递减,而肯定(积极)意义递增。随之「なかなか」的"失意"感消失,程度性愈益突显。

尽管如此,「なかなか」原有的慨叹的感觉并没有消失。例如「あのオヤジはなかなか手ごわいぜ」句,「手ごわい」已经是表示积极评价的谓语,但从句末语气词「ぜ」仍可以明显感受到赞叹的语气。

这种慨叹的语气甚至在「なかなか」修饰名词的场景中也还保持着,成为「なかなか」固有的含义。

例(67)実際サー・ヒューバート・サンドは新聞紙上ではなかなかの名声を得ていた。『ピンの先き』

（译文：事实上，萨·休伯特·桑德已经在报刊获得了响亮的名声。）

由此判断，「なかなか」在由否定用法向肯定用法的转换中，意义功能也由主观性转向了程度性，但仍然没有脱尽主观性色彩。属于表示主观程度的一种副词。

「なかなか」的语义功能的转换过程与途径详见表8-3。

表8-3 「なかなか」的语义功能的转换过程与途径示意

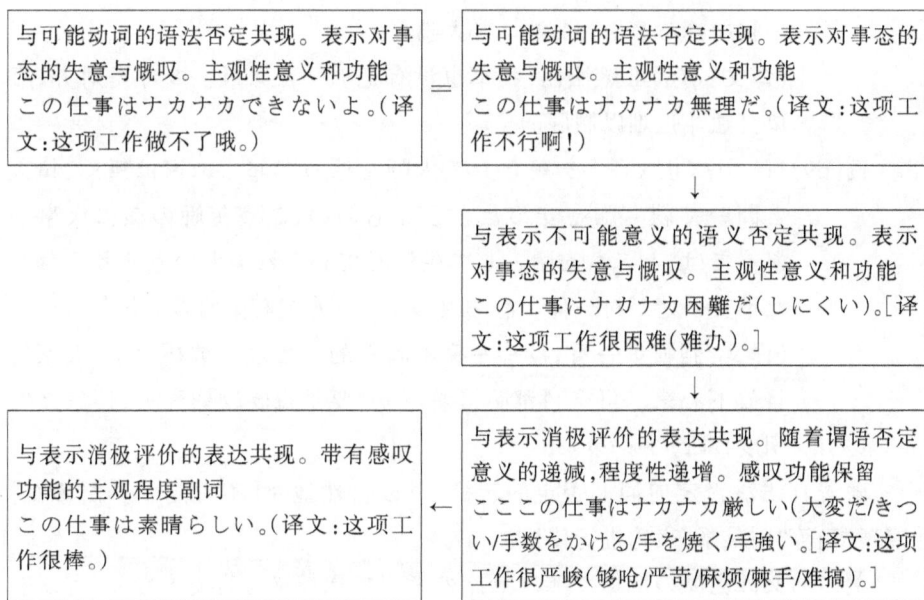

与可能动词的语法否定共现。表示对事态的失意与慨叹。主观性意义和功能 この仕事はナカナカできないよ。（译文：这项工作做不了哦。）	与可能动词的语法否定共现。表示对事态的失意与慨叹。主观性意义和功能 この仕事はナカナカ無理だ。（译文：这项工作不行啊！）

（左右两栏间以"="连接）

↓

与表示不可能意义的语义否定共现。表示对事态的失意与慨叹。主观性意义和功能
この仕事はナカナカ困難だ（しにくい）。[译文：这项工作很困难（难办）。]

↓

与表示消极评价的表达共现。带有感叹功能的主观程度副词 この仕事は素晴らしい。（译文：这项工作很棒。）	与表示消极评价的表达共现。随着谓语否定意义的递减，程度性递增。感叹功能保留 こここの仕事はナカナカ厳しい（大変だ/きつい/手数をかける/手を焼く/手強い。[译文：这项工作很严峻（够呛/严苛/麻烦/棘手/难搞）。]

（右栏以"←"指向左栏）

8.2.2.2 「とても」的转化过程与途径

关于「とても」从否定到肯定的用法转换，坪内逍遥和芥川龙之介判断为上世纪20年代的初期，坪内逍遥在「所謂漢字節減案の分析的批評」（1923）中认为「とても」是「とてもかくても」的缩写词，芥川龍之介（1924）则认为肯定用法的「とても」来自三河方言，新村出（1940）则认为其为否定用法的省略，如「とても耐えきれない程面白い」省去了「耐えきれない程」。

这种中间省略或前后呼应的忘却等等误用说在「全然（ぜんぜん）」「まるで」「なかなか」等上都出现过，都是因为不明了变迁过程而做出的牵强解释。

关于「とても」的发展变迁，有新村出（1940）、松井栄一（1977）、涌井（1988）、播磨桂子（1993）、中尾比早子（2005）、朴秀娟（2010）等从历时角度进行的考察。

　　据朴秀娟(2010)的统计,在1910年以前,「とても」的用法全部都是与否定共现的,到1910年时才有个别与肯定共现的用例,以后每10年占比都有10%以上的增长,到战后的20世纪50年代已经占到总用例数的66.7%,成为主要的用法。

　　「とても」原本与表示可能表达的语法否定、语义否定都可共现。

　　例(68)清兵は怯懦ではあるが、我兵は到底一騎撃の戰をしたら協はない、捕虜にするにも、とても一人と一人との組打では、我兵は清兵の腕を捻る事も出来ぬ。『太陽』

　　　　　(译文:清兵虽然怯懦,我军也没有把握一击必胜。要俘虏对方,靠单打独斗也难以制服。)

　　例(69)村へ出て見ると、一軒として大騒を遣っておらぬ家は無く、鎮火と聞いて孰も胸を安めたようなものの、こう毎晩の様に火事があっては、とても安閑として生活していられぬというそわそわした不安の情が村一体に満ち渡って……『重右衛門の最後』

　　　　　(译文:到村里一看,没有一家不闹腾的。虽说火被扑灭了,大家暂且放下心来。可全村都弥漫着不安:要是每晚这样失火,还怎么安闲度日呀!……)

　　随着其语法否定向词汇否定的转换,可以自然地对「不可能だ」「だめだ」「無理だ」等“困难系”表达进行修饰。

　　例(70)又は党派の関係で無才無能の者出て議員又は官吏となり、有才有能の者は下に隠れて仕舞ふと云ふ有樣ではとても駄目です。/『太陽』

　　　　　(译文:如果因党派关系无才无能者出任议员或者官吏,有才有能者却被迫隐于下层,这种情况无论如何不能容忍。)

　　例(71)「でも医者はあの時到底(とても)むずかしいって宣告したじゃありませんか」。『こころ』

　　　　　(译文:"医生当时不是宣告说无论如何都救不回来了吗?")

　　从“困难系”的词汇否定到消极评价表达「し難い」「むずかしい」,主观性递减,程度性递增。在此阶段,「とても」的语义功能究竟属于程度性抑或主观性变得暧昧,两者都可以解释。

　　例(72)今の如く骨に入りたる大腐敗を治療せんとするに、此の如き勢力なき少数の人にてはとても六ヶしい事と思ひます。/『太陽』

（译文：如不治理这深入骨髓的腐败，无权无势的少数群体处境将非
常艰难。）

例（73）「奥さんの病院が丸焼けに……（ここで事務長は目に見えて逡巡
した）なったとしたら、とても私は壁掛を頂きかねますから
ね」。『楡家の人びと』

（译文："如果夫人的医院全被烧了……（事务长眼看着犯难了）那我
也无论如何逃不了完蛋的下场啊。"）

到与消极表达共现的阶段，消极表达几乎都是可以接受程度的修饰的，随
着其否定意义的淡化、消失，修饰这些谓语的「とても」中强调否定的主观性功
能也随之消失。「とても」的程度性语义功能从而确立。松井栄一（1977）认为，
这样的表达在不断使用的过程中，意思逐渐转移到了程度强调上。

例（74）このごろの自分の一日一日が、なんだか、とても重大なもののよ
うな気がして来たからである。『正義と微笑』

（译文：近来感觉自己的每天都非常重要。）

例（75）「それでね、あとで院長がとても心配して……結局そんなことが
あったから、あの人は洗礼を受けたんでしょうね。」『草の花』

（译文：所以过后院长非常担心……因为那件事，他最终还是受洗入
教了。）

继而，由表示消极评价的表达向表示中性乃至积极评价的表达推移就成为
自然的趋势。随着谓语中否定的意思的消失，修饰这些谓语的「とても」中强调
否定的主观性功能也随之消失。「とても」的程度性语义功能从而确立。

例（76）飲み初めを三度に区切って飲むべきことも忘れていた。ただ
飲んだ。とてもうまかった。『黒い雨』

（译文：我忘了开始喝水时要分三口，只是一个劲儿地喝。那水很
清甜。）

例（77）あのひとはたしかにあなたのかれとはおもえなかった。それに
してもあのときの笑いかたがとてもはっきり頭に残っているの
はふしぎだ。『聖少女』

（译文：我没想到那人就是你的那位。奇怪的是他那时的笑容令我
印象深刻。）

例（78）その時見た月が、とても大きな、白く輝く満月だったことをきゅ
うに思い出して、私は空を見上げた。『ポプラの秋』

（译文：我看向天空，突然想起那时看到的月亮非常大，非常白，是一轮晶莹透亮的满月。）

如此，「とても」从情态副词向程度副词的转换详见表8-4。

表8-4 「とても」从情态副词向程度副词的转换过程一览表

1. 与表示不可能的语法否定共现。强调否定的绝对性	とても一人と一人との組打では、我兵は清兵の腕を捻る事も出来ぬ。『太陽』 （译文：要俘虏对方，靠单打独斗也难以制服。）
↓	↓
2. 与表示不可能的语义否定共现。强调否定判断	無才無能の者出て議員又は官吏となり、有才有能の者は下に隠れて仕舞ふと云ふ有様ではとても駄目です。『太陽』（译文：无才无能者出任议员或者官吏，有才有能者却被迫隐于下层，这种情况无论如何不能容忍。）
↓	↓
3. 与接近于不可能的「難しい」「きつい」等表示消极评价的表达共现，强调义消减，程度义增强	「奥さんの病院が丸焼けに……（ここで事務長は目に見えて逡巡した）なったとしたら、とても私は壁掛を頂きかねますからね。」/『楡家の人びと』）［译文："如果夫人的医院全被烧了……（事务长眼看着犯难了）那我也无论如何逃不了完蛋的下场啊！"］
↓	↓
4. 程度义普遍应用于修饰中性、积极评价的表达的用法。	このごろの自分の一日一日が、なんだか、とても重大なもののような気がして来たからである。『正義と微笑』（译文：近来感觉自己的每天都非常重要。）
↓	↓
5. 在肯定句中与中性或积极评价的表达共现。强调肯定的语气。	飲み初めを三度に区切って飲むべきことも忘れていた。ただ飲んだ。とてもうまかった。『黒い雨』（译文：我忘了开始喝水时要分三口，只是一个劲儿地喝，那水很清甜。）

8.3 否定极性副词用法转换与意义功能转化的小结

汉语中肯否同形副词本来并不多，其用法的变化是由肯定用法转向否定用法，显现了否定极性副词的生成过程。日语由肯定用法转向否定用法，显现否

定极性副词的生成过程的副词也不多。伴随着用法的转换,"不太"和「あまり」在此过程中对谓语修饰的作用丧失、与否定词的关系固化,以及谓语是否受微小程度修饰的分化,导致意义功能由量性(命题性)转化为主观性。

汉语"并"和日语「別に」由肯定用法到否定用法的转变、由命题性意义功能向主观性意义功能的转化,则是以同向并列的两项事物、行为转为对立的预想与现实为契机的。原本并行不悖的操作变成了二者择一的操作促成了汉语"并"和日语「別に」意义功能的转化。

日语中肯否同形副词的用法的转换主要表现在由否定用法向肯定用法的转换,即否定极性副词的转换上。既有由命题性意义功能转向主观性意义功能的,也有由主观性意义功能转向命题性意义功能的。在命题性意义功能与主观性意义功能的相互转化过程中,其转换触发点各不相同,并不是固定在一处的。「全然(ぜんぜん)」的功能转换触发点在共现对象由语法否定转换为语义否定时(如「無理だ」「だめだ」「不可能だ」等),「とても」和「なかなか」不在词汇否定,而在由词汇否定扩展为消极评价表达(如「～にくい」「困難だ」「難しい」)时,「まるで」进一步推后,在从表示同一性的肯定表达扩展为类似性的表达[「～のようだ(な)(に)」「～みたいだ(な)(に)」]时,功能转换便得以实现。

转换点虽然不同,但共通内容是:通过语法否定与语义否定的转换,均获得了功能转换的契机。因此,语法否定和语义否定能够相互转换是日语肯否同形的否定极性副词功能与性质转换的重要条件。

9　本书的结论

迄今为止的语言研究多是在肯定的语境下进行的,而本书则从否定视角对语言进行了观察与分析。本书不但考察了汉语、日语的否定极性副词的整体状况,还对各类型的否定极性副词进行了组对组、词与词的比较研究。此外,本书还对其演化、发展变迁的规律性进行了考察探索。

本书对结构主义语言学、功能主义语言学、转换生成语言学、描写语言学、认知语言学、语言类型论的方法进行了有机的结合和综合的运用。采用共时的描写与历时的考察相结合的方法,从语义、结构、与否定的关系等角度对汉语、日语中六十多个否定极性副词进行了综合的分类,并就各个类型进行了系统的考察分析。包括对相同类型间的比较,对功能、语义接近的各组群的比较和对功能、语义相对应的单个副词的比较。在对副词的用法、功能、语义进行写实性考察的基础上,借助转换生成语法的方法对否定极性副词的产生、变化过程中较普遍的命题性—主观性转换的过程、机制进行了考察分析比较。

本书重点关注了具有日语特色的肯定否定同形副词与具有汉语特色的否定融合型副词,对具有较多共通之处的汉语"全然"与日语「全然(ぜんぜん)」「まったく」、汉语"(不)太"与日语「あまり」、汉语"并(不)"与日语「别に」、汉语"莫非""难道"与日语「まさか」「よもや」等组别,进行了对照分析。并以肯定用法与否定用法的转化为中心探讨了否定极性副词的程度性与主观性的连续性与转化机制。

本书的主要结论如下:

①汉语与日语的否定表达各有特色。汉语的显著特色在于采取否定融合形态的部分否定与间接否定的存在。它们在结构上采用否定融合的独特形态,在意义功能上既有否定词的特征,又有否定极性副词的特征,是介在于两者之间的存在。

这些含有否定成分的副词结构上多存在由紧密到松散并扩展为句法结构的情形。虽然结构中的词(词素)不同,结合的紧密程度不同,却具有相同的意义功能。例如汉语"不大""(不)太"的态度保留功能普遍存在于"不(是)+程度+谓语"构式之中,可以从一个词语扩展到适用同一种"不是+程度副词+状态性谓语"构式的一系列短语。

日语的否定表达与肯定表达之间由于语义否定的发达而形成"语法否定—

语义否定—有消极含义的表达—中性表达—积极评价的表达"的链式演变,导致日语中肯否同形的否定极性副词较多。这反映了日语的肯定与否定之间、命题性意义功能与主观性意义功能之间不是截然对立的,而是可以通过连续性变化相互转化的。

②否定极性副词都有两方面的功能,一是根据原义与否定句的谓语及相关项发生关系,二是与否定句的否定表达发生关系。否定极性副词与否定表达的关系从根本上来说就是否定态度与否定行为的关系。属于主观范畴的否定极性副词除了表示倾向否定的态度外,还赋予了否定以丰富的表情。而属于命题范畴的否定极性副词,除表示跟谓语及相关项相关联的意义功能外,都明显地倾向于否定的态度,表现出向主观性副词接近的主观化倾向。

否定极性副词一方面对句子或句中相关成分施加作用与影响,另一方面也受到句中相关成分的影响,在意义功能等方面发生变化。影响否定极性副词的语义功能的,一是谓语的评价性及与谓语之间的关系,二是否定表达的形式,三是谓语相关项的性质及相互关系等。

由肯定用法到否定用法,由命题性意义功能到主观性意义功能,汉语与日语在谓语、否定表达、谓语相关项等各方面的变化都可促成否定极性副词的生成与转化,但是实现的途径各不相同。"不太"与「あまり」是由于副词与谓语的关系的变化及谓语评价意义的分化而实现的,"并"与「別に」则是由于谓语所涉事项由实在的事物转向虚拟化的事态而实现的,而「全然(ぜんぜん)」「まったく」「まるで」「とても」「なかなか」等则是由于日语否定表达方式的连续性变化而实现的。这种连续性可以"语法否定—语义性否定—消极评价的谓语—中性评价的谓语—积极评价"的谓语这样一种日语谓语特有的链式呈现出来。

这一事实说明,句子的核心成分与附属成分之间并非单纯的作用与被作用,修饰与被修饰的关系,而是相互依存、相互作用的关系。

③通过对中日否定极性副词的考察发现,表示数量少、程度低的"一点儿"、「少し」等用于否定需以让步复句关系为条件,而无须任何条件的第一义的用法是肯定用法。相反,表示数量范围大的「全然(ぜんぜん)」和程度高的"(不)太"「あまり」却多用于否定。这个结论与石毓智(2000)等所概括的"语义程度高的词语趋向于肯定用法,语义程度低的词语趋向于否定用法"的"肯定否定公理"几乎完全相反。

④日语中的异同表达虽然意义截然不同,但其语法功能及对于否定极性副词的意义功能的影响相同,因此我们认为应将其从语义否定中独立出来,单独

作为一种表达类型。工藤真由美(1999)将表示"异"的一系列词语列入语义否定的「〈非同一性〉類」,我们认为这个分类忽略了异同类词语在语法方面的共通性,不利于阐明否定与否定极性副词的关系。

⑤日语的否定极性副词并不直接与否定表达形式(否定词)相连接,而是隔着谓语与否定词遥相呼应。由于这种离散的结构,因此其作为否定态度的表达与作为否定行为实施手段的否定表达形成很强的磁场(中右实,1994),以至于即使省略了谓语和否定表达,多数日语否定极性副词也能在对话中单独成句,表示否定的意向。

在汉语的否定极性副词中,否定融合型(内含否定词)因含有否定词,自成一个表示判断的意义单元而能够独立表示否定,而非否定融合型(不含否定词)则因只表示否定态度,有待于否定词(否定行为)的出现才完成否定的表达,因而不能在否定词缺失的条件下单独表示否定。

汉语与日语的这种比较性特征,从正反两面反映了否定极性副词对于以否定词为核心的否定表达的依存性关系。

后 记

　　本书是在日本国立神户大学人间科学研究科博士论文「日本語と中国語の主観表現副詞の対照研究：否定対極副詞を中心に」的基础上，经多年多次修改加工而成的，书中绝大部分内容在中日不同的学刊、杂志及丛书，或者学会上发表过。曾获得2011年教育部人文社科研究规划项目立项并已结项。后又申报国家社科基金后期资助项目。为这两个大项目，不得不将全文翻译（改写）成中文，仅此就花费了两年多的时间。这次成书，更改了书名，增加了关于中日否定表达的内容、中日否定极性副词概观性比较的内容、汉语"难道""莫非"与日语「まさか」比较的内容，大幅扩写了中日否定极性副词的生成与转换的内容，并且改写了原论文中作为补说的关于「全然(ぜんぜん)」俗语性用法来源的内容。当然，笔者对结论部分也相应进行了增改。

　　本书从当初的博士论文写作到现在的成书，始终得到日本著名学者中右实先生的『認知意味論の原理』的理论支撑。虽然该书是研究英语语法语义问题的，并没有专门涉及否定极性问题与日语、汉语的具体问题，但本书从中受益良多。从认知语言学的语义构成树形图到肯否极性的定位，从命题概念到主观概念，从发语内力到双重否定的语义构成再到否认态度与否定行为理论，笔者从中右实先生的著作中得到了很多理论上的支持。这里谨向中右实先生致以崇高的敬意和感谢！虽然中右实先生在国内不大为人所知，但笔者认为其认知意味论的理论成就应该受到中国学界的重视与借鉴。

参考文献

中文文献

安汝磐,1991.谈多用于否定式的词语[J].北京师范学院学报(4):48–52.

陈昌来,2000.现代汉语句子[M].上海:华东师范大学出版社.

陈敏,2012.不+太+X"格式探析[J].文学界(理论版)(5):69–70.

程璐,2006.特殊述补结构"V不太/不大+C"的考察[J].现代语文(语言研究版)
(1):45–48.

楚艳芳,2008.现代汉语反诘语气副词探源[D].石家庄:河北师范大学.

楚艳芳,2008.语气副词"莫非"的语法化过程[J].齐齐哈尔师范高等专科学校学
报(6):54.

戴耀晶,2000.试论现代汉语的否定范畴[J].语言教学与研究(3):45–49.

董秀芳,2002."都"的指向目标及相关问题[J].中国语文(6):495–507.

董秀芳,2003."不"与所修饰的中心词的粘合现象[J].当代语言学(1):12–24.

葛金龙,2012.汉语的否定极性副词[J].汉语学习(1):46–52.

雷雨芸,2013.现代汉语否定的主观量研究[D].长沙:湖南大学.

李杰,2005.试论现代汉语语气副词的疑问功能[J].徐州师范大学学报,31(3):
54–56.

李茜,2006.语气副词"并"的句法、语用分析[J].现代语文(4):75–77.

李宇明,2000.汉语量范畴研究[M].武汉:华中师范大学出版社.

栗学英,2010.汉语否定极性副词研究综述[J].语文知识(4):44–46.

刘华丽,2011.弱化义副词"不大"的立体考察[J].国际汉语学报(2):164–177.

刘钦荣,2004.反问句的句法、语义、语用分析[J].河南师范大学学报(哲学社会
科学版),31(4):107–110.

刘叔新,2002.现代汉语理论教程[M].北京:高等教育出版社.

刘欣朋,2015."不大"与"不太"的比较分析[J].语文学刊(5):14–15.

刘玉兰,2010.极性词的肯定与否定及其相关句式探索[J].沈阳大学学报, 22(1):99.

卢俊霖,2016.疑问词"怎么"句法功能的演变及其动因[J].国际汉语学报,7(2):80-87.

陆俭明,马真,1985.现代汉语虚词散论[M].北京:北京大学出版社.

吕叔湘,1982.中国文法要略[M].北京:商务印书馆.

马清华,1986.现代汉语的委婉否定格式[J].中国语文(6):437.

马真,2001.表加强否定语气的副词"并"和"又":兼谈词语使用的语义背景[J].世界汉语教学(3):12-18.

聂亮,2008.浅析副词「まさか」[J].日语知识(9):8-9.

聂仁发,2001.否定词"不"与"没有"的语义特征及其时间意义[J].汉语学习(1):21-27.

彭小川,1999.副词"并"、"又"用于否定形式的语义、语用差异[J].华中师范大学学报(人文社会科学版)(2):54-61.

齐春红,2008.现代汉语语气副词研究[M].昆明:云南人民出版社.

齐沪扬,2003.语气副词的语用功能分析[J].语言教学与研究(1):62-71.

齐沪扬,于婵婵,2006.反诘类语气副词的否定功能分析[J].汉语学习(5):3-13.

邵敬敏,2007.论"太"修饰形容词的动态变化现象[J].汉语学习(1):3-12.

沈家煊,1999.不对称和标记论[M].南昌:江西教育出版社.

沈家煊,2001.语言的"主观性"和"主观化"[J].外语教学与研究(外国语文双月刊)(4):268-275.

施发笔,2001."不大"是个词[J].汉语学习(5):39.

石毓智,2001.肯定和否定的对称与不对称[M].增订本.北京:北京语言文化大学出版社.

史金生,2003.语气副词的范围、类别和共现顺序[J].中国语文(1):17-31.

苏英霞,2000."难道"句都是反问句吗?[J].语文研究(1):56-60.

隋长虹,侯振岩,2000.对"根本"类否定性副词的语用分析[J].临沂师范学院学报(5):17-19.

孙琴,2005.现代汉语否定性结构专用副词的考察[D].桂林:广西师范大学.

童盛强,2003."不大"是词吗[J].汉语学习(15):51.

王华伟,2006.现代日语否定表达研究[D].上海:上海外国语大学.

王欣,2011.汉日否定表达对比研究[D].吉林:吉林大学.

王兴才,2011."难道"的成词及其语法化[J].长江师范学院报,27(2):41-48.

肖奚强,2002.现代汉语语法与对外汉语教学[M].上海:学林出版社.

小野绘里,2016.指示词的选择和肯定/否定的关系[J].国际汉语学报,7(2):67-71.

徐慧馨,2010.汉语负极性词语的类型分析及其在疑问句中的表现[D].上海:复旦大学.

杨荣祥,2005.近代汉语副词研究[M].北京:商务印书馆.

杨万兵,2008."莫非"的功能差异及其历时演变[J].汉语学习(6):30-36.

叶建军,2002.疑问副词"莫非"的来源及其演化:兼论"莫"等疑问副词的来源[J].语言科学,6(3):10-20.

尹洪波,2011.否定词与副词共现的句法语义研究[M].北京:外语教学与研究出版社.

应学凤,2008.现代汉语"不大 VP"结构[J].南昌大学学报(人文社会科学版)(1):156.

俞晓明,1999.现代日语副词研究[M].大连:大连理工大学出版社.

袁劲,2001."难道"也用于测度疑问句[J].咬文嚼字(8):16-17.

袁毓林,2002.多项副词共现的语序原则及其认知解释[G]//北京大学汉语语言学研究中心《语言学论丛》编委会.语言学论丛(第26辑).北京:商务印书馆:313-339.

袁毓林,2018.汉语否定表达的认知研究和逻辑分析[M].北京:商务印书馆.

曾鑫,2008.试析程度副词"不大"的量级归属[J].语言应用研究(3):39-40.

张斌,2010.现代汉语描写语法[M].北京:商务印书馆.

张谊生,2000a.论与汉语副词相关的虚化机制:兼论现代汉语副词的性质、分类与范围[J].中国语义(1):3-15.

张谊生,2000b.现代汉语副词[M].上海:学林出版社.

张谊生,2010.现代汉语副词分析[M].上海:上海三联书店.

张云秋,2002.现代汉语口气问题初探[J].汉语学习(4):44-50.

张正,2013."不太 A"语义分析与语用考察[J].中国社会科学院研究生院学报(2):114.

赵世开,1999.汉英对比语法论集[M].上海:外语教育出版社.

郑剑平,1996.副词修饰含"不/没有"的否定性结构情况考察[J].四川师范大学学报(社会科学版)(2):72-78.

仲玉贞,1988.副词"特に"、"殊に"、"别に"、"特别に"的比较[J].日语学习与研究(5):49-57.

周小兵,1992.试析"不太 A"[G]//中国语文杂志社.语法研究和探索(六).北京:语文出版社:230-238.

朱德熙,1982.语法讲义[M].北京:商务印书馆.

朱丽,2005.揣测语气和揣测语气副词[D].上海:上海师范大学.

庄会彬,2015.现代汉语否定的句法研究[M].北京:科学出版社.

宗守云,2009.试论"不怎么"的语义表现和语用功能[J].广西师范大学学报(哲学社会科学版)(4):37.

日文文献

AUSTIN J L,1978.言語と行為[M].坂本百大,訳.東京:大修館書店.

つくば言語文化フォーラム,1995.「も」の言語学[M].東京:ひつじ書房.

安達太郎,1997.副詞が文末形式に与える影響[J].広島女子大学国際文化学部紀要(3):1-11.

奥津敬一郎,1986.いわゆる日本語助詞の研究[M].東京:凡人社.

坂口昌子,1999.否定形式との関係からみた程度副詞の体系[J].国語語彙史の研究(18):1-19.

本田畠治,1981.日本語の否定構文(1):「否定副詞」の分布をめぐって(1)[J].静岡大学教養部研究報告,17(1):149-170.

本田畠治,1981.日本語の否定構文(1):「否定副詞」の分布をめぐって(2)[J].静岡大学教養部研究報告,17(2):212-234.

柄沢衛,1977.「全然」の用法とその変遷:明治二、三十年代の四迷の作品を中心として[J].解釈(264):38-43.

播磨桂子,1993.「とても」「全然」などにみられる副詞の用法変遷の一類型[J].語文研究(75):11-22.

池上嘉彦,2006.英語の感覚・日本語の感覚―「ことばの意味」のしくみ[M].日本語と日本語論.東京:日本放送出版社:124-156.

丹保健一,1981.否定表現の文法(二):副詞と否定辞との係わりをめぐって[J].三重大学教育学部研究紀要(人文科学)(32):153-163.

定延利之,1995.心的プロセスからみた取り立て詞も・デも[M]//益岡隆志,野田尚史,沼田善子.日本語の主題と取り立て.東京:くろしお出版.

東瀬戸正人,2000.「程度副詞」における程度性の変遷について:「あまり」と「あまた」を中心に[J].別府大学国語国文学(42):162-178.

渡辺実,1971.国語構文論[M].東京:塙書房.

渡辺実,1983.副用語の研究[M].東京:明治書院.

服部匡,1993.副詞「あまり(あんまり)」について:弱否定および過度を表す用法の分析[J].同志社女子大学学術研究年報,44(4):451-477.

服部匡,1994a.アマリ〜ナイとサホド(ソレホド)〜ナイ[J].同志社女子大学日本語日本文学(6):1-21.

服部匡,1994b.「大して(〜ない)」「大した」について[J].同志社女子大学学術研究年報,45(4):299-314.

服部匡,1994c.副詞「なかなか」の意味用法の分析[J].言語学研究(13):79-90.

福井淳子,1996.「なかなか」の語誌:江戸後期から明治を中心に[C]//国語語彙史研究会.国語語彙史の研究15.東京:和泉書院:141-152

葛金龍,1999.日中同形漢語副詞「全然」についての比較研究[J].愛媛国文と教育(32):22-28.

葛金龍,2002.「全然」の意味機能について:俗語的用法を中心に[J].愛媛国文と教育(35):11-24.

葛金龍,2003.日本語と中国語の否定呼応副詞「あまり」と"太"の意味機能に関する比較研究:肯定用法・否定用法の比較も兼ねて[J].愛媛国文と教育(36):15-28.

葛金龍,2004.日中程度副詞「あまり」と"太"の対照研究[J].国際文化学(10):73-86.

葛金龍,2005.日本語と中国語の主観表現副詞の対照研究:否定対極副詞を中心に[D].神戸:神戸大学大学院.

葛金龍,2010.日本語と中国語における否定対極副詞の比較研究[C]//中日韓朝语言文化比较研究(第1辑).延吉:延边大学出版社.

葛金龍,2012.肯定・否定同形副詞に見られる程度性ともーダル性の連続性[J].愛媛国文と教育(44):28-35.

葛金龍,2016.日本語の否定対極副詞の概観的研究[J].北研学刊(12):30-45.

工藤浩,1982.叙法副詞の意味と機能:その記述方法をもとめて[J].国立国語研究所報告(3):45-92.

工藤浩,1983.程度副詞をめぐって[M]//渡辺実.副用語の研究.東京:明治書

院:176-198.

工藤真由美,1999a.否定と呼応する副詞をめぐって:実態調査から[J].大阪大学文学部紀要(39):69-107.

工藤真由美,1999b.現代日本語の文法的否定形式と語彙的否定形式[J].現代日本語研究(6):1-22.

工藤真由美,2001.述語の意味類型とアスペクト・テンス・ムード[J].言語,30(13):40-47.

宮内和夫,1961.「全然」の改新:「とても」にふれて[J].実践国語教育,22(247):7-13.

廣坂直子,1996.「あまり」についての一考察[J].同志社女子大学日本語日本文学(8):48-66.

郭春貴,1998.語気副詞"都"について[J].広島修大論集,38(2):157-177.

国立国語研究所,1991.日本語教育指導参考書19:副詞の意味と用法[M].東京:大蔵省印刷局.

吉村アキ子,1999.否定極性現象[M].東京:英宝社.

吉井健,1993.国語副詞の史的研究:「とても」の語史[J].文林(27):1-30.

蒋家義,2010.もダリティ分類の一試案:文法化の研究成果と「関与」の概念による[J].言語と交流(13):64-78.

芥川竜之介,1922. 澄江堂雑記 23・27[M].東京:新潮出版社.

金水敏,工藤真由美,沼田善子,2000.時・否定と取り立て[M].東京:岩波書店.

金田一春彦,1966.新日本語論:私の現代語教室[M].東京:筑摩書房.

近藤泰弘,1997.否定と呼応する副詞について[M]//川端善明,仁田義雄.日本語文法:体系と方法.東京:ひつじ書房:89-99.

鈴木英夫,1993.新漢語の受け入れについて:「全然」を例として[C]//松村明先生喜寿記念会.国語研究.東京:明治書院:428-449.

鈴木英夫,1996.「全く」の用法の推移と副詞としての特性について[C]//山口明穂教授還暦記念会.山口明穂教授還暦記念国語学論集.東京:明治書院:458-484.

梅林博人,1994.副詞「全然」の呼応について[J].国文学:解釈と鑑賞,59(7):103-110.

梅林博人,1995.「全然」の用法に関する規範意識について[J].人文学報(266):

35-53.

梅林博人,1997.肯定表現を伴う「全然」の異同について[J].人文学報(282):
　21-37.

梅林博人,2000.流行語批判とその背景:「全然」の場合について[J].相模国文
　(27):57-70.

坪内逍遥,1923.所謂漢字節減案の分析的批評[M]//坪内雄蔵.逍遥選集.東京:
　春陽堂.

朴秀娟,2010.現代日本語における極性に関わる副詞の記述的研究[D].大阪:
　大阪大学大学院.

仁田義雄,2000.認識のモダリティとその周辺[C]//仁田義雄,益岡隆志.日本
　語の文法3 モダリティ.東京:岩波書店.

仁田義雄,益岡隆志,1989.日本語のモダリティ[M].東京:くろしお出版.

若田部明,1991.「全然」の語誌的研究:明治から現代まで[J].解釈,37(11):
　24-29.

森本順子,1994.話し手の主観を表す副詞について[M].東京:くろしお出版.

森山卓郎,仁田義雄,工藤浩,2000.モダリティ[M].東京:岩波書店.

森脇茂秀,2006.陳述副詞「よも」をめぐって:平安時代仮名文学作品を中心に
　[J].別府大学国語文学(48):51-71.

山崎誠,1990.否定の焦点について[J].日本語学(12):10-17.

山田潤子,1991.「誰も」と「何も」:否定対極性をめぐって[J].百舌鳥国文(11):
　49-62.

山田小枝,1997.否定対極表現[M].東京:多賀出版.

山田孝雄,1936.日本文法学概論[M].東京:宝文館.

杉村泰,1998.もダリティ副詞「マサカ」について[J].日本語学・日本語教育論
　集(5):23-41.

杉村泰,2000.もダリティ副詞「マサカ」再考[J].日本語・日本語教育論集(7):
　11-29.

杉村泰,2004.事態の蓋然性と判断の蓋然性再考[J].ことばの科学(17):
　117-138.

時衛国,1997.中国語と日本語における程度副詞の対照研究:「"太"」と〈あま
　り(に)(も)〉[J].東アジア地域研究(4):57-66.

時衛国,2009.日本語と中国語における程度副詞の対照研究[M].東京:風間

書房.

時衛国,2011.中国語の程度表現の体系的研究[M].東京:白帝社.

時枝誠記,1941.国語学原論[M].東京:岩波書店.

寺村秀夫,1992.日本語のシンタクスと意味 第Ⅲ巻[M]. 東京:くろしお出版.

松井栄一,1977.近代口語文における程度副詞の消長:程度の甚だしさを表す場合[C]//松村明教授還暦記念会. 松村明教授還暦記念 国語学と国語史. 東京:明治書院:737-758.

松浦純子,永尾章曹,1996.「全然」と「全く」について:陳述副詞についての一考察[J].国語国文論集(26):619-628.

太田朗,1980.否定の意味:意味論序説[M].東京:大修館書店.

田中宏明,2004.日英語の否定対極表現と否定構造をめぐる一考察[J].高知大学学術研究報告(人文科学)(53):27-35.

田中敏生,1983.否定述語・不確実述語の作用面と対象面:陳述副詞の呼応の内実を求めて[J].日本語学,2(10):77-89.

王信,1986.肯定部を修飾する「とても」の用法[J].湘南文学(26):94-103.

王信,1987.「とても」の程度副詞化への展開[J].湘南文学(27):142-151.

王学群,2003.現代日本語における否定文の研究:中国語との対照比較を視野に入れて[M].東京:日本僑報社.

小坂光一,1997.否定命題と命題否定[J].ことばの科学(10):257-280.

小池康,1998.副詞一語文に関する意味と自然さの計量的研究[J].日本語と日本文学(27):1-12.

小池康,2002.現代日本語におけるもダリティ副詞マサカの意味と用法の変遷[J].文藝言語研究・言語篇,42(10):13-36.

小池清治,1994.日本語はどんな言語か[M].東京:筑摩書房.

小川輝夫,1984.否定表現の原理[J].文教国文学(14):22-39.

小川輝夫,1985.否定誘導表現:陳述副詞の機能再考[J].文教国文学(15):20-39.

小矢野哲夫,1995.程度副詞としての「まるで」[J].日本語・日本文化研究(5):1-14.

小矢野哲夫,1997.擬似もダリティの副詞について:「まるで」を例として[J].国語論究(Ⅳ):29-42.

小矢野哲夫,1998.もダリティ副詞の文章上の機能[M]//吉田金彦.ことばから

人間を.東京:昭和堂.

新藤一男,1983.「あまり」の文法［J］.山形大学紀要(人文科学),10(2):149-160.

新野直哉,1997.「"全然"＋肯定」について［M］//佐藤喜代治.国語論究6・近代語の研究.東京:明治書院:258-281.

新野直哉,2000.「近年の"全然"＋肯定」関係の文献について［M］//佐藤喜代治.国語論究8・国語史の新視点.東京:明治書院:215-234.

須賀一好,1992.副詞〈あまり〉の意味する程度評価［J］.山形大学紀要(人文科学),12(3):35-46.

徐建敏,1988.中国語の「也」と日本語の「も」:取立ての観点からみた対応［J］.都大論究(25):13-27.

楊凱栄,2002.「も」と"也":数量強調における相異を中心に［M］//生越直樹.シリーズ言語科学4 対照言語学.東京:東京大学出版会:161-182.

野田春美,2000.全然と肯定形の共現［J］.計量国語学,23(5):169-182

野田尚史,1983.副詞の語順［J］.日本語教育(52):79-90.

涌井澄子,1988.程度副詞「とても」の研究:陳述副詞から程度副詞への用法の変化を中心に［J］.上越教育大学国語研究(2):30-34.

原田登美,1982.否定との関係による副詞の四分類:情態副詞・程度副詞の種種相［J］.国語学(128):138-122.

増井典夫,1996.否定と呼応する副詞と程度副詞についての覚書［J］.愛知淑徳大学現代社会学部論集(1):1-9.

張麗群,1994.否定の「ない」と呼応する程度副詞について［J］.言語学論叢(13):77-90.

中川正之,1983.中国語:とくに助詞「も」に対応する一音節副詞をめぐって［J］.講座日本語学(11):142-160.

中山郁雄,1999.近代小説言説中の「全然」の用法(第一回)［J］.解釋學(27):24-33.

中山郁雄,2000.近代小説言説中の「全然」の用法(第二回)［J］.解釋學(28):30-38.

中尾比早子,2005.副詞「とても」について―陳述副詞から程度副詞への変遷―雑誌『太陽』による確立期現代語の研究［C］//国立国語研究所.『太陽コーパス』研究論文集(国立国語研究所報告 122).東京:博文館新社:213-226.

中右実,1994.認知意味論の原理[M].東京:大修館書店.

塚原鉄雄,1991a.「なかなかに」から「なかなか」へ[M].濱田敦,井手至,塚原鉄雄.国語副詞の史的研究.東京:新典社:25-90.

塚原鉄雄,1991b.「なかなか」の史的展開[M]濱田敦,井手至,塚原鉄雄.国語副詞の史的研究.東京:新典社:165-214.

足立広子,1990.副詞「全然」の用法について[J].南山国文論集(14):37-46.

佐藤晴彦,1993."難道"小考[G]//大河内康憲.日本近、現代汉语研究论文选.靳卫卫,译.北京:北京语言学院出版社:42-51.

辞书类资料

伊地智善継,2002.中国語辞典[M].東京:白水社.

上田萬年,松井簡治,1915.大日本国語辞典第1-4巻[M].東京:金港堂書籍.

金沢庄三郎,など,1925.広辞林[M].東京:三省堂.

金田一京助,など,1989.新明解国語辞典[M].4版.東京:三省堂.

三省堂,1999.スーパー大辞林[M].東京:三省堂.

島本基,1989.日本語学習者のための副詞用例辞典[M].東京:凡人社.

新村出,1998.広辞苑[M].5版.東京:岩波書店.

小学館辞典編集部,1994.使い方の分かる 類語例解辞典[M.]東京:小学館.

田忠魁,等,1998.類義語使い分け辞典[M].東京:研究社.

土井忠生,1960.日葡辞書[M].東京:岩波書店.

中村幸彦,など,1982.角川古語大辞典[M].東京:角川書店.

日本国語大辞典第二版編集委員会,2000.日本国語大辞典第1巻[M].2版.東京:小学館.

飛田良文,浅田秀子,1994.現代副詞用法辞典[M].東京:東京堂出版.

松平圓次郎,山崎弓束,堀籠美善,1909.俗語辞海[M].東京:集文館.

松村明,1988.大辞林[M].東京:三省堂.

森田良行,1989.基礎日本語辞典[M].東京:角川書店.

森田良行,1996.基礎日本語辞典[M].7版.東京:角川書店.

吕淑湘,1980.现代汉语八百词[M].北京:商务印书馆.

吕淑湘,1999.现代汉语八百词[M].增订本.北京:商务印书馆.

中国社会科学院语言研究所词典编辑室,2012.现代汉语词典[M].6版.北京:商务印书馆.

王自强,1984.现代汉语虚词用法小词典[M].上海:上海辞书出版社.

北京大学中文系1955、1957级语言班,1982.现代汉语虚词例释[M].北京:商务印书馆.

北京大学中文系1955、1957级语言班,1996.现代汉语虚词例释[M].北京:商务印书馆.

张泽华,胡裕树,张斌,等,1988.汉语语法修辞词典[M].合肥:安徽教育出版社.

中国社会科学院语言研究所词典编辑室,2005.现代汉语词典[M].5版.北京:商务印书馆.

朱景松.2007.现代汉语虚词词典[M].北京:语文出版社.

语料库类参考资料

北京大学《现代汉语语料库》(CCL语料库)

北京语言大学《现代汉语语料库》(BCC语料库)

北京大学中文系《平衡语料库》(TIR)

国家语委《现代汉语语料库》

中国台湾"中央"研究院《近代汉语标记语料库》

日本国立国语研究所『現代日本語書き言葉均衡コーパス』(少納言コーパス)

新潮出版『新潮文庫100册』

『青空文庫』

自创《日语视频语料库》